Peter Bachmann

Flugzeuge kaufen, leasen, chartern

Peter Bachmann

Flugzeuge kaufen, leasen, chartern

Einbandgestaltung: Nicole Lechner

ISBN 3-613-02144-7

1. Auflage 2001

Copyright © by Motorbuch Verlag, Postfach 103743, 70032 Stuttgart
Ein Unternehmen der Paul Pietsch Verlage GmbH + Co.

Nachdruck, auch einzelner Teile, ist verboten. Das Urheberrecht und sämtliche weiteren Rechte sind dem Verlag vorbehalten. Übersetzung, Speicherung, Vervielfältigung und Verbreitung einschließlich Übernahme auf elektronische Datenträger wie CDROM, Bildplatte usw. sowie Einspeicherung in elektronische Medien wie Bildschirmtext, Internet usw. ist ohne vorherige schriftliche Genehmigung des Verlages unzulässig und strafbar.

Produktion: Air Report Verlag, 64739 Höchst, http://www.air-report.de
Druck: Rung-Druck, 73033 Göppingen
Bindung: E. Riethmüller, 70176 Stuttgart
Printed in Germany

Die Informationen und Daten in diesem Handbuch sind von Autor und Verlag sorgfältig erwogen und geprüft. Dennoch kann eine Garantie für Richtigkeit und Vollständigkeit nicht übernommen werden. Eine Haftung des Autors oder des Verlags und seiner Beauftragten für Personen-, Sach- und Vermögensschäden ist ausgeschlossen.

Unser Dank gilt allen Unternehmen, die uns bei diesem Handbuch unterstützt haben. Besonders danken wir der Cessna Vertretung Röder Präzision (Egelsbach), der Disko Leasing Aero Finanz (Düsseldorf), der VFS Heinz Grümmer GmbH (Dortmund) sowie dem Flugsportclub Aschaffenburg-Großostheim für das uns zur Verfügung gestellte Informationsmaterial und die Genehmigung zur Veröffentlichung in diesem Handbuch. Grundlage aller Berechnungen und Musterkalkulationen sind folgende Werte per September 2001: US-Dollar 2,20 DM / 1,12 €, Avgas 3,09 DM / 1,58 €, Kerosin Jet A1 2,54 DM / 1,30 €, Mogas (Super bleifrei) 2,56 DM / 1,31 € (Treibstoffpreise je Liter inkl. MWSt). Korrekturen und Ergänzungen zu diesem Handbuch können auf der Website des Air Report Verlages http://www.air-report.de eingesehen und abgerufen werden.

Inhalt

Vorwort 9

1. Einführung und Grundlagen

Einführung.. 12

Luftfahrzeugbestände in Deutschland.. 13
    Die Luftfahrzeugklassen 13
    Resumée 18

Aspekte zur Anschaffung eines privaten Reiseflugzeuges................................... 19
    Alternative zu konventionellen Verkehrsmitteln 19
    Kostenvergleich bei Geschäftsreise 21
    Kostenvergleich bei privater Flugreise... 23

Aktuelle Produktionen ein- und zweimotoriger Flugzeuge 26
    Flugzeughersteller und -typen 26

Kaufentscheidung 28
    Ein- oder zweimotorig?... 29
    VFR- oder IFR-Ausrüstung?... 34
    Einsatzprofile und Flughöhen 36
    Triebwerksauswahl: Vergasermotor, Einspritzer, Turbocharger,
    Propellerturbine oder Dieselmotor? 37
    Starr- und Verstellpropeller.. 44
    Fahrwerk.. 46
    Anordnung der Tragflächen... 48
    Avionic bei Neuflugzeugen 49
    Leistungs- und Flächenbelastung.. 51
    Gesamtzuladung, Nutzladung 51
    Reichweite.. 52
    Neu- oder Gebrauchtflugzeug? 52

Flugzeugkauf in den USA 59
    Zulassung des Flugzeuges in Deutschland... 61
    Betrieb N-registrierter Flugzeuge in Deutschland.. 62
    Überführen von Flugzeugen aus den USA.. 62

2. Kauf, Leasing, Charter

Allgemeine Kostenbegriffe 66
    Betriebserschwernisse 69
    Betriebsstunde 70
    Flugkilometerkosten 70
    Kaufpreis (Anschaffungspreis) 70
    Sitzplatzkilometerkosten 71
    Treibstoffverbrauchsindex (TVI) 71
    Wirtschaftliche Reisegeschwindigkeit 73
    Datenvergleiche TVI und wirtschaftliche Reisegeschwindigkeit 73

Fixe Kosten 76
    Abschreibung 76
    Kapitalverzinsung 77
    Luftfahrt-Versicherungen 77
    Hangarierung oder Abstellplatz 84
    Verteilung der Fixkosten 84

Variable Kosten 85
    Treibstoff, Öl und Reifen 86
    Umlagen 86
    Betriebserschwernisse 87
    Berechnungsbeispiel 87

Gesamtkosten 88
    Betriebsstundenkosten 88
    Weitere Musterkalkulationen 88

Kauf 93
    Privater Eigentümer 93
    Verein als Eigentümer 94
    Haltergemeinschaft 94
    Unternehmen als Eigentümer 95
    Finanzierungsgrundlagen 95

Leasing 99
    Basisinformationen über Leasing 100
    Vollamortisation 101
    Teilamortisation 103
    Mietkauf 106
    Resumée 106

Charter 108
    Privatcharter und Vereinscharter 108
    Gewerbliche Vercharterer 108

    Nachteile beim Chartern 108
    Vergleichsrechnung Flugzeug-Eigentum und Flugzeug-Charter 110

3. Eigentum, Besitz und Betrieb von Luftfahrzeugen im Luftrecht

    Einführung 112

    1. Luftfahrzeug 112
        1.1 Zulassung 112
        1.2 Verantwortlichkeiten 117
        1.3 Instandhaltung des Luftfahrzeugs 122
        1.4 Betrieb des Luftfahrzeugs 124
        1.5 Ausrüstung des Luftfahrzeugs 126

    2. Betriebsaufzeichnungen 133
        2.1 Technische Betriebsaufzeichnungen 133
        2.2 Bordbuch 133
        2.3 Flugbuch 134

    3. Haftung und Versicherung 135
        3.1 Haftung für Personen und Sachen, die nicht im Luftfahrzeug
        befördert werden 135
        3.2 Haftung aus dem Beförderungsvertrag 138
        3.3 Haftpflichtversicherung 139
        3.4 Verpflichtung zum Mitführen des Haftpflichtversicherungsnachweises 140

4. Flugzeugbesitz - NfLs, LTAs und Service Bulletins

    NfL, LTAs und Service Bulletins 142
        Bekanntmachung über die Instandhaltung und Prüfung älterer Luftfahrzeuge .. 143
        Bekanntmachung über die zulässigen Kraftstoffe für den Betrieb von
        Luftfahrzeugen mit Kolbenflugmotoren 144
        Zulässige Zeitüberschreitung bei der Instandhaltung von Luftfahrtgerät 145
        LSG-B Newsletter des DAeC 150
        Listen der in Deutschland zugelassenen Luftfahrtgeräte 150

5. Luftfahrtunternehmen und Luftfahrtbehörden im Internet (WWW)

    Einführung 156
        Kurzbeschreibung der Webpages und Websites 156

6. Flughäfen, Verkehrs- und Sonderlandeplätze in Deutschland

Starten und Landen in Deutschland 178
    Legende 178
    Zweck der Tabellen 178

7. Anhang

Akronyme und Abkürzungen Englisch - Deutsch 196
    Akronyme bei Anzeigen in internationalen Luftfahrtzeitschriften 202

Glossar der technischen Daten und Kostenbegriffe von A - Z 204

Beispiel für Treibstoffpreise, Landegebühren und Abstellkosten 218
    Treibstoffpreise je Liter 218
    Landegebühren 218
    Abstellkosten 218

Anschriften 220

Literatur- und Quellenhinweise 222

Autor 223

Vorwort

Dieses Handbuch führt künftige Flugzeug-Eigentümer, -Besitzer und -Betreiber von der Auswahl des richtigen Flugzeuges auf der Basis technischer und finanzieller Voraussetzungen bis zu detaillierten Kostenberechnungen für einzelne Flugzeugtypen. Auch für diejenigen, die bereits ein Flugzeug ihr eigen nennen, besitzen oder als Piloten regelmäßig nutzen, ist das Buch eine umfassende und aktuelle Informationsquelle.

In den beiden einleitenden Kapiteln über die allgemeinen technischen und wirtschaftlichen Grundlagen werden Einsatzprofile von Flugzeugen mit genauen, allgemein verständlichen Kostenberechnungen in vielen Beispielen beschrieben.

Im Mittelpunkt des zweiten Kapitels steht neben ausführlichen Erläuterungen über die Vor- und Nachteile bei Kauf, Leasing und Charter eine systematisch aufgebaute Kostenanalyse für ein einmotoriges Flugzeug, in der auch alle Kostenbegriffe fundiert erklärt werden.

Welche gesetzlichen Vorschriften das Eigentum, den Besitz und den Betrieb von Luftfahrzeugen regeln, behandelt das dritte Kapitel. Alle Gesetzestexte sind sinnvoll gegliedert und auszugsweise abgedruckt.

Das vierte Kapitel mit einigen Beispielen aus den Nachrichten für Luftfahrer (NfL) und Lufttüchtigkeitsanweisungen (LTA) zeigt, mit welchen technischen Problemen sich ein Flugzeugbesitzer auseinandersetzen muß und welcher technische Aufwand erforderlich ist.

Nach einer kommentierten Vorstellung wichtiger Luftfahrt-Internet-Websites im fünften Kapitel (Hersteller von Flugzeugen und Avionic, Luftfahrtbehörden, Luftfahrtpresse usw.) folgt im sechsten Kapitel ein vollständiges Verzeichnis der Flughäfen und der Verkehrs- und Sonderlandeplätze in Deutschland (u.a. mit Angabe der Start-/Landebahnlängen) als Hilfe zur Stationierungsplanung.

Der Anhang schließlich enthält ein Verzeichnis der Akronyme und Abkürzungen, ein Glossar sowie wichtige Anschriften und Literaturangaben.

Höchst, im Oktober 2001

Peter Bachmann

Kapitel 1
Einführung und Grundlagen

Einführung

Dieses Kapitel enthält Informationen, Entscheidungsgrundlagen, Beschreibungen von Auswahlkriterien und Checklisten über die Anschaffung von ein- und zweimotorigen Flugzeugen bis zu einem Gesamtgewicht von 5,7 Tonnen. Diese Flugzeuge werden in Deutschland in folgende Flugzeugklassen eingeteilt:

E ....Einmotorige Flugzeuge bis 2 t
G ....Mehrmotorige Flugzeuge bis 2 t
F ...... Einmotorige Flugzeuge von 2 - 5,7 t
I...... Mehrmotorige Flugzeuge von 2 - 5,7 t
K .... Motorsegler
M* .... Ultraleicht-Flugzeuge bis 450 kg

(*Die Zulassung und Bestandsführung liegt bei diesen Luftfahrzeugen nicht beim Luftfahrtbundesamt, sondern beim Deutschen Aero Club (DAeC) und dem Deutschen UL-Verband (DULV)).

Ein Flugzeugkennzeichen setzt sich aus dem bzw. den Buchstaben der Nationalität (gefolgt von einem Bindestrich), dem Buchstaben der Flugzeugklasse und drei weiteren Buchstaben zusammen, die das Flugzeug eindeutig identifizieren. So ist z.B. ein Flugzeug mit dem Kennzeichen **D-EDXM** ein in Deutschland (**D -**) zugelassenes einmotoriges Flugzeug mit einem Gewicht unter 2 Tonnen (**E**) und der Kennung **DXM**.

Ende 2000 lag der Bestand bei ca. 10.100 einmotorigen und zweimotorigen Flugzeugen bis zu 5,7 Tonnen Gesamtgewicht in Deutschland, die auf 17 internationalen Verkehrsflughäfen und etwa 400 für diese Flugzeugklassen geeigneten Flugplätzen (Verkehrslandeplätze, Sonderlandeplätze) stationiert sind. Hinzu kommen noch einmal rund 2.500 Ultraleicht-Flugzeuge.

Im folgenden Abschnitt wird die Bestandsentwicklung aller in Deutschland zugelassenen Luftfahrzeuge in den Jahren 1985 bis 2000 tabellarisch und in Kommentaren behandelt.

Abb. 1.1: Piper Seminole, die leichteste auf dem Luftfahrzeugmarkt verfügbare Zweimotorige unter 2 Tonnen Gesamtgewicht (Flugzeugklasse G). Mit 2 x 180 PS Triebwerksleistung erreicht sie eine Reisegeschwindigkeit von 290 km/h und befördert 4 Personen rund 1.200 km weit (Quelle: Piper).

Luftfahrzeugbestände in Deutschland

Die Zahlen der zugelassenen Luftfahrzeuge in Deutschland in den Jahren von 1985 bis 2000 spiegeln nicht nur die Entwicklung der Luftfahrt wider, sondern sind zugleich auch Indikatoren für die gesamtwirtschaftliche Entwicklung in unserem Land.

Die aktuelle Lage kann damit natürlich nicht beschrieben werden, da sich Bestandsveränderungen für das Jahr 2001 erst in den Folgejahren auswirken.

Im folgenden wollen wir diese Zahlen für die einzelnen Luftfahrzeugklassen in der Reihenfolge der Tabelle (s. Abb. 1.2) kurz interpretieren (mit Schwerpunkt auf den in diesem Handbuch behandelten ein- und zweimotorigen Reiseflugzeugen).

Die Luftfahrzeugklassen

Luftfahrzeugklasse A
Flugzeuge über 20 Tonnen

Die Bestandserhöhung bei diesen Flugzeugen von 178 auf 572 (ca. 320% Steigerung) ist ein Indiz für den rasant gewachsenen Luftverkehr, zu dem auch der Reise- und Charterverkehr zählt.

Da die Lufthansa Eigner der meisten Flugzeuge dieser Kategorie ist, liegt der Schluß nahe, daß diese Airline entsprechend der allgemeinen Steigerungsrate dieser Flugzeugklasse von 320% gute operative Betriebsergebnisse erzielt hat - zumindest bis zu den spektakulären Gehaltsforderungen der Piloten der Vereinigung Cockpit im Frühjahr 2001.

Luftfahrzeugklasse B
Flugzeuge von 14 bis 20 Tonnen

Regional- und Bedarfsluftverkehr wird in der Regel mit Flugzeugen dieser Klasse abgewickelt. Die Steigerung um 5 Flugzeuge in 1985 auf 54 in 2001 ist mit einer Verzehnfachung des Bestandes ebenfalls ein gutes Beispiel für die Entwicklung des Luftverkehrs in diesem Bereich.

Luftfahrzeugklasse C
Flugzeuge von 5,7 bis 14 Tonnen

Neben den zum Charter- und Bedarfsluftverkehr gehörenden Flugzeugen dieser Klasse sind hier auch Geschäftsflugzeuge der gehobenen Kategorie anzutreffen. Die Bestandsveränderung um fast 280% entspricht im wesentlichen der Entwicklung der Klassen A und B.

Luftfahrzeugklasse I
Mehrmot. Flugzeuge von 2 bis 5,7 Tonnen

In dieser Klasse ist das Gros der Zweimotorigen anzutreffen, die fast ausschließlich als Geschäftsflugzeuge eingesetzt werden. Die Entwicklung der Bestandszahlen dieser Klasse ist typisch für die allgemeinen Veränderungen im Bereich der General Aviation. Ausgehend von 471 Flugzeugen in 1985 über einen Höhepunkt mit 668 Flugzeugen in 1995 wurde in 2000 mit 480 Flugzeugen fast wieder der Stand von 1985 erreicht. Dieser Rückgang hat verschiedene Gründe.

Zwei davon sind die gestiegenen Treibstoffkosten und die Entwicklung des US-Dollar, der die Preise der vorrangig in den USA gefertigten Zweimotorigen in unerschwingliche Höhen getrieben hat. Dazu kommt ein gestiegenes Kostenbewußtsein der Unternehmen.

Bestände der in Deutschland registrierten Luftfahrzeuge von 1985 bis 2000

Jahr	Luftfahrzeugklasse										
	A	B	C	I	F	G	E	K	S	H	L	O
1985	178	5	63	471	4	178	5.466	1.179	6.536	414	2	202
1986	191	5	78	487	6	187	5.482	1.240	6.656	436	2	231
1987	199	5	103	516	6	202	5.572	1.265	6.745	446	2	282
1988	214	15	107	529	6	209	5.733	1.332	6.843	445	2	337
1989	242	21	103	513	9	209	5.893	1.372	6.924	449	2	399
1990	306	30	96	537	19	219	6.010	1.473	6.961	468	3	506
1991	354	36	129	615	35	230	6.360	1.638	7.465	531	3	601
1992	394	46	135	660	53	245	6.718	1.828	7.608	622	3	727
1993	431	44	125	671	143	252	6.863	1.931	7.724	664	2	932
1994	435	40	131	662	147	261	7.056	2.016	7.767	687	2	1068
1995	440	41	127	668	143	261	7.161	2.086	7.777	704	3	1132
1996	460	39	121	636	143	261	7.188	2.163	7.845	707	3	1213
1997	466	40	115	564	77	264	7.208	2.224	7.862	680	3	1277
1998	493	44	130	526	82	245	7.121	2.323	7.805	672	3	1321
1999	527	51	158	507	85	233	7.034	2.380	7.811	693	3	1382
2000	572	54	176	480	90	219	6.919	2.413	7.778	700	3	1443

Legende
A = Flugzeuge > 20 Tonnen
B = Flugzeuge von 14 bis 20 Tonnen
C = Flugzeuge von 5,7 bis 14 Tonnen
I = Mehrmotorige Flugzeuge von 2 bis 5,7 Tonnen
F = Einmotorige Flugzeuge von 2 bis 5,7 Tonnen
G = Mehrmotorige Flugzeuge < 2 Tonnen
E = Einmotorige Flugzeuge < 2 Tonnen
K = Motorsegler
S = Segelflugzeuge
H = Drehflügler
L = Luftschiffe
O = Ballone

Abb. 1.2: Ein Spiegel der Entwicklung der Verkehrsluftfahrt und der Allgemeinen Luftfahrt ist diese Tabelle, aus der die Veränderungen der zugelassenen Flugzeuge in Deutschland in den Jahren 1985 bis 2000 ersichtlich sind. Hinweis: Die Zahlen sind keine Zulassungen pro Jahr, sondern Bestandsdaten (Quelle: Luftfahrt-Bundesamt).

Weitaus gravierender aber wirkte sich aus, daß viele der in Deutschland zugelassenen Zweimotorigen wieder in die USA verkauft wurden, weil für den US-Bürger aufgrund des hohen Dollarkurses die Kaufpreise in Europa erfreulich niedrig waren. Hinzu kam, daß der Bereich der Standard-Zweimots bei den führenden Flugzeugherstellern systematisch zurückgefahren wurde.

Dieser Produktionsrückgang ist u.a. darauf zurückzuführen, daß inzwischen Einmotorige gebaut werden, die leistungsmäßig vielen Zweimotorigen kaum nachstehen - und das bei erheblich niedrigen Anschaffungspreisen sowie geringeren Betriebs- und Wartungskosten. Als Beispiele seien hier die Cessna Caravan und die TBM 700 von Socata genannt.

Abb. 1.3: TBM 700 - Propellerturbine mit 700 PS, 450 km/h Reisegeschwindigkeit, Reichweite 2.400 km, 7 Sitze (Quelle: Socata).

Doch auch unterhalb 2 Tonnen Gesamtgewicht bietet eine große Zahl 6-sitziger einmotoriger Flugzeugtypen fast aller Hersteller herausragende Leistungsdaten.

Luftfahrzeugklasse F
Einmot. Flugzeuge von 2 bis 5,7 Tonnen

Diese Luftfahrzeugklasse war schon immer schwach besetzt. Von 1993 bis 1996 kam es völlig überraschend zu einem enormen Anstieg der Zulassungen, seit dem abrupten Absturz 1997 von 143 auf 77 zugelassene Flugzeuge aber erholt sich dieses Segment nur zögernd.

Luftfahrzeugklasse G
Mehrmotorige Flugzeuge < 2 Tonnen

Relativ geringe Schwankungsbreiten sind bei dieser Klasse festzustellen. Bis 1997 war zwar noch ein stetiges Wachstum zu verzeichnen, seither aber geht der Trend eindeutig nach unten.

Ein typischer Vertreter der G-Klasse ist z.B. die Piper Seminole. Grund für das abnehmende Interesse an dieser Klasse sind - wie erwähnt - die leistungsstarken Einmotorigen, die im Vergleich mit den G-Klasse-Modellen bei deutlich niedrigeren Kosten nahezu identische Leistungswerte haben.

Luftfahrzeugklasse E
Einmotorige Flugzeuge < 2 Tonnen

In dieser Klasse sind die meisten Motorflugzeuge der Allgemeinen Luftfahrt angesiedelt. Aber auch hier sinken die Zulassungszahlen seit 1997 stetig. Die Gründe hierfür sind teilweise vergleichbar mit den Problemen bei den Zweimotorigen.

Viel stärker jedoch wirken sich in diesem Bereich der Anstieg der Treibstoffpreise und der hohe US-Dollar aus, da die Mehrzahl der Einmotorigen von privaten Haltern und in Flugsportvereinen geflogen wird. Kostensteigerungen in den seit 1997 erlebten Größenordnungen können privat kaum aufgefangen werden.

Die Folge dieser Kostenexplosion war, daß viele private Halter u.a. auf Motorsegler umstiegen, die ein wesentlich günstigeres Kostenprofil als „normale" Einmotorige haben. Die so frei gewordenen Einmot-Bestände wurden größtenteils ins Ausland, vorwiegend in die USA, verkauft. Der Markt an gebrauchten Einmotorigen ist in Deutschland erheblich geschrumpft.

Die Bestände der Einmotorigen werden vermutlich weiter abnehmen. Parallel zu dieser Entwicklung werden die Ultraleicht-Flugzeuge der gehobenen Kategorie zunehmend an Bedeutung gewinnen.

Abb. 1.4: Piper PA-46-350P Malibu Mirage. Schnelles Reiseflugzeug der E-Klasse mit 350-PS-Turbo-Einspritzer von Lycoming; Reisegeschwindigkeit 370 km/h, Reichweite rund 1.900 km, 6 Sitze (Quelle: Piper).

Der Umstieg auf diese Luftfahrzeugklasse M (nicht beim Luftfahrt-Bundesamt registriert) ist zumindest für die E-Klasse-Piloten, die sich ohnehin nur in der Umgebung eines Flugplatzes bewegen oder kleine bis mittlere Reiseflüge durchführen wollen, eine äußerst kostengünstige Alternative. Die Leistungsdaten einiger M-Klasse-Topmodelle erreichen inzwischen einen Standard, der mit den Einstiegsmodellen der E-Klasse fast identisch ist.

Luftfahrzeugklasse K
Motorsegler

Die Zahl der zugelassenen Motorsegler steigt seit 1985 in kleinen Schritten stetig an. Lediglich 1991/1992 lagen die Zuwachsraten gegenüber dem jeweiligen Vorjahr bei sensationellen 11%. Seit 1993 aber hat sich das Wachstum der Bestände von 5% in 1993 auf mittlerweile 1,4% in 2000 verlangsamt. Der Grund hierfür ist u.U. in den rasant steigenden Zulassungszahlen der Ultraleicht-Flugzeuge zu suchen. Ein Umstieg vom Motorsegler auf ein UL der gehobenen Leistungsklasse ist für den durchschnittlichen K-Klasse-Piloten einfacher als für einen E-Klasse-Piloten.

Luftfahrzeugklasse S
Segelflugzeuge

Eine konstante Größe bei den Zulassungszahlen ist das Segelflugzeug, dessen Bestände sich durchweg um etwa 1% pro Jahr vergrößern. Der Zulassungsboom aus dem Jahr 1991 mit 7% ist auf den Nachholbedarf der neuen Bundesländer zurückzuführen.

Luftfahrzeugklasse H
Drehflügler

Abgesehen von einem Zulassungsanstieg von 13% in 1991, 17% in 1992 und 7% in 1993 dümpeln die Zuwachsraten seitdem in einem leicht negativen Trend vor sich hin.

Eine Alternative für E-Klasse-Piloten ist das Fliegen mit Hubschraubern aus Kostengründen noch nie gewesen. Der Boom 1991-1993 läßt sich wie der allgemeine Trend in diesem Zeitraum auf den Nachholbedarf der neuen Bundesländer und auf die verstärkten wirtschaftlichen Aktivitäten in bezug zu den neuen Bundesländern erklären.

Luftfahrzeugklasse L
Luftschiffe

Die Luftschiffe haben zur Zeit noch keine Bedeutung in der Luftfahrt. Ob es jemals wieder zu einer neuen Luftschiff-Ära wie in den 20er und 30er Jahren kommen wird, ist mehr als fraglich. Auch Luftschiffe der neuesten Technologie (Zeppelin NT) werden angesichts der hohen Anschaffungs- und Betriebskosten daran nichts ändern. Der Zeppelin wird in der Luftfahrt leider ein Nischenprodukt mit einem begrenzten Einsatzprofil bleiben.

Luftfahrzeugklasse O
Ballone

In den Jahren 1985 bis 1994 explodierten die Zulassungszahlen bei den Ballonen. Seitdem hat sich diese Entwicklung auf verhältnismäßig hohem Niveau verlangsamt, der Trend verläuft leicht negativ.

Extrem zugenommen haben aber die Aufstiege der Ballone - leider auch mit steigenden Unfallzahlen. Ballonfahren ist „in". Es vergeht kaum ein Wochenende, an dem nicht bundesweit bei entsprechenden Wetterlagen in den Morgen- und Abendstunden die bunten Ballons zu sichten sind. Die weitere Entwicklung dürfte jedoch weitgehend stagnieren.

Resumée

Die Zulassungen bei den Luftfahrzeugen der I- und E-Klasse entwickeln sich insgesamt leicht negativ. Dieser Trend dürfte sich angesichts der herrschenden nationalen Wirtschaftslage und bei anhaltender Euroschwäche noch verstärken.

Der bei nahezu allen Luftfahrzeugen in den Jahren 1991 bis 1994 beobachtete überproportionale Zulassungsanstieg war ein einmaliger Boom, der auf den Nachholbedarf in den neuen Bundesländern und die damit in Verbindung stehenden wirtschaftlichen Aktivitäten zurückzuführen ist.

Für den potentiellen Käufer eines neuen Flugzeuges der I-, E- und K-Klasse gilt es vorrangig, die weitere Entwicklung des Euro in Beziehung zum US-Dollar genau zu beobachten. Leider haben sich europäische Flugzeughersteller schon seit längerer Zeit mit ihren Flugzeug-Verkaufspreisen an den Preisen des US-Flugzeugmarktes orientiert und berechnen demzufolge ihre Preise auch in US-Dollar.

Alternativ zur E- und K-Klasse bieten sich lediglich die Topmodelle der Ultraleicht-Flugzeuge (M-Klasse) an, wobei allerdings Abstriche bezüglich der Einsatzmöglichkeiten gemacht werden müssen. Zum fliegerischen Training und für Kurztrips jedoch sind diese Flugzeuge i.d.R. gut geeignet.

Es gibt sogar schon Modelle mit einem EFIS (Electronic Flight Instrument System, elektronisches Fluginformationssystem), das üblicherweise nur in Hochleistungsflugzeugen der E- und I-Klasse anzutreffen ist.

Abb. 1.5: Remos G-3 Mirage - Leistungsfähiges Flugzeug der M-Klasse mit 80-PS-Rotax-912-Motor. Reisegeschwindigkeit 195 km/h, Reichweite ca. 600 km bei vollem 70-Liter-Tank (Durchschnittsverbrauch ca. 11 l/h) und zwei belegten Sitzen. Als Besonderheit ist die G-3 auch mit einem EFIS lieferbar (Quelle: Remos Aircraft).

Aspekte zur Anschaffung eines privaten Reiseflugzeuges

Private Reiseflugzeuge werden von Flugschulen, Luftfahrtvereinen, Einzelpersonen, Haltergemeinschaften und Unternehmen angeschafft und für Ausbildungszwecke, flugsportliche Betätigungen sowie für private und geschäftliche Reisen eingesetzt. Über die Gründe, warum jemand ein Flugzeug fliegen möchte, soll hier nicht diskutiert werden. Die Palette der Motive reicht von der sportlichen Ambition über reine Zweckmäßigkeit bis zur Selbstdarstellung und Imageaufwertung. In diesem Handbuch soll die Anschaffung eines Flugzeuges für private und geschäftliche Reiseflüge im Vordergrund stehen.

Immer häufiger stellt man sich auch in Unternehmen die Frage, ob nicht der Einsatz eines firmeneigenen Flugzeuges im Rahmen sämtlicher geschäftlicher Aktivitäten eine sinnvolle Investition ist. Vorrangig wird zwar dabei an die Führungskräfte gedacht, aber zunehmend stehen auch logistische und kostenorientierte Überlegungen im Vordergrund.

In den USA, wo das Fliegen in ein- und zweimotorigen Flugzeugen wegen der großen Entfernungen seit Jahrzehnten nicht mehr wegzudenken ist, hat man bereits vor einigen Jahren diesen kommerziellen Bereich der Allgemeinen Luftfahrt genau analysiert und eine wachsende Nachfrage nach leistungsfähigen ein- und zweimotorigen Geschäftsreiseflugzeugen registriert.

Aber Deutschland ist mit den USA in keinem Fall zu vergleichen. Abgesehen von dem riesigen Areal Nordamerikas, in dem ein Flugzeug allein wegen der großen Distanzen zwingend notwendig ist, erschweren hierzulande neben der räumlichen Enge auch flugsicherungstechnische Einschränkungen und restriktive gesetzliche Vorschriften bereits die Planung eines Fluges.

Wer jedoch unsere überfüllten Straßen und Autobahnen mit kilometerlangen Staus vor Augen hat, dem ist bestimmt schon oft der Gedanke gekommen, in ein Flugzeug zu steigen und unbeschwert seinem Ziel entgegenzuschweben. Das Chaos auf unseren Straßen ist alltäglich geworden, und ein Ende ist nicht abzusehen.

In der Luft freilich können ähnliche Verhältnisse drohen. Die ersten Anfänge konnte man in den vergangenen Jahren einige Male erleben. Betroffen war aber bislang nur der Instrumentenflugverkehr (IFR) an den Verkehrsflughäfen und in deren An- und Abflugsektoren.

Die Allgemeine Luftfahrt, in der fast ausschließlich nach Sichtflugregeln (VFR) geflogen wird und die sich vorwiegend zwischen den rund 400 Verkehrs- und Sonderlandeplätzen bewegt, wird von der Verkehrsproblematik der Flughäfen noch nicht berührt. Bei Sichtfliegern aber stehen Wetterprobleme an erster Stelle. Durch unser atlantisches Klima mit vorherrschend westlichen Wetterlagen muß täglich mit Wetterkapriolen gerechnet werden, die einem Sichtflug entgegenstehen.

Alternative zu konventionellen Verkehrsmitteln

Während zweimotorige Turboprops und 6- bis 8-sitzige Jets in Großunternehmen seit Jahren zur unternehmenseigenen Transportflotte gehören, etablieren sich leistungsfähige, meistens IFR-ausgerüstete Einmotorige und leichte Zweimotorige (Tendenz abnehmend) zusehends in mittleren und kleineren Unternehmen sowie bei Freiberuflern mit entsprechend überregionalen Betätigungsfeld.

Seit dem Start zum gesamteuropäischen Markt 1993 und dem wirtschaftlich immer stärkeren Zusammenwachsen der EU-Staaten wird die Leistungs- und Konkurrenzfähigkeit eines Unternehmens nicht zuletzt an seiner Präsenz am Gesamtmarkt gemessen. Hier könnte ein firmeneigenes Flugzeug viele Transportprobleme unabhängig von anderen Verkehrsmitteln schnell und effizient lösen. Die Gründe dafür sind vielfältig:

Straßennetz

Die Transportwege Straße, Schnellstraße und Autobahn sind schon heute durch das enorme Verkehrsaufkommen zu zeitaufwendig und damit relativ teuer. Kilometerlange Staus gehören zur täglichen Pflichtübung für jeden Autofahrer und verursachen bei den Unternehmen durch verlorene Zeit und damit verbundener Unproduktivität ihrer Mitarbeiter hohe Kosten.

Bahnwege

Schnelle Zugverbindungen (ICE usw.) könnten für längere Strecken eine Alternative sein, doch die Anbindung mittlerer und kleinerer Städte an ein solches Streckennetz ist noch unbefriedigend. Abgesehen davon ist das Fahren mit der Bahn auf vielen Strecken immer noch wenig attraktiv und - gemessen an der Leistung - zu teuer.

Die Deutsche Bundesbahn hat jahrzehntelang unbeeindruckt von der Entwicklung des Gesamtverkehrs ein bedarfsgerechtes Marketing verschlafen und Milliarden Verluste eingefahren. Erst in einigen Jahren könnten die seit einiger Zeit eingeleiteten Maßnahmen greifen und die Bahn als kostengünstiges und schnelles Verkehrsmittel interessant machen.

Linienluftfahrt

Nationale Flüge sind aus zeitlichen Gründen zumindest in Deutschland allenfalls ab einer einfachen Strecke von rund 500 bis 600 Kilometern (z.B. Hamburg-München) interessant. Doch schon in diesen Fällen muß man prüfen, ob die Fahrten zu und von den Flughäfen, die Wartezeiten bis zum Check-In, die Flugzeiten sowie verzögerte Anflüge samt Abfertigung in der Summe zeitlich überhaupt vertretbar sind.

Kostenfaktor Arbeitsleistung

Die Gehälter (inkl. der Arbeitgeberanteile an der Sozial- und Krankenversicherung sowie Arbeitsplatzkosten) für Führungskräfte der mittleren und höheren Ebenen erreichen im mittleren Bereich heute pro Stunde ca. 140 DM / 72 € (ca. 250.000 DM / 128.000 € p.a.), Führungskräfte aus Chefetagen kosten sogar ca. 230 DM / 118 € (ca. 400.000 DM / 205.000 € p.a.), ebenfalls inklusive Arbeitgeberanteile und Arbeitsplatzkosten.

Eine Führungskraft der zuletzt erwähnten Einkommensklasse, die beispielsweise im Durchschnitt 2 Tage pro Woche mit dem PKW auf Geschäftsreise in Deutschland ist, verliert in einer Woche bis zu 10 Stunden wertvolle Zeit durch unproduktive Fahr- und Wartezeiten. Übernachtungskosten und der Mehraufwand für Verpflegung kommen hinzu.

Dies summiert sich letztlich auf stattliche 450 bis 500 Stunden pro Jahr und entspricht unnötigen Kosten in Höhe von 100.000 bis 120.000 DM (ca. 51.000 bis 61.000 €) pro Jahr und Führungskraft, welche die Unternehmen verkraften müssen.

Kundenservice

High-Tech-Produkte haben Büros und Fabrikhallen erobert. Computer und computergesteuerte Fertigungsanlagen sind aus den Produktionsprozessen nicht mehr wegzudenken. Die von der Mikro-Elektronik dominierte Entwicklung ist längst Teil unseres Arbeitslebens. Hochtechnisierte Geräte und Maschinen aber können ausfallen. Mitunter dauert es mehrere Tage, bis zum Beispiel eine Produktion wieder angefahren werden kann. Die Ursache: Wartezeiten auf Servicetechniker und/oder Ersatzteilprobleme durch lange Lieferwege.

Glücklich kann in solchen Situationen der Unternehmer sein, dessen High-Tech-Lieferant über ein firmeneigenes Flugzeug verfügt und dessen Servicetechniker notfalls binnen 3 bis 4 Stunden am Einsatzort eintreffen. Entscheidend sind hierbei nicht einmal die Kosten für die Behebung des Schadens, sondern die Verluste durch den Produktionsausfall während der Maschinenstillstandszeiten, die häufig ein Vielfaches der Reparaturkosten betragen können.

Verkehrslandeplätze

In Deutschland gibt es ca. 400 Verkehrs- und Sonderlandeplätze, die - von Ausnahmen abgesehen - fast jede Region mit fliegerischer Infrastruktur versorgen. Allerdings haben diese Flugplätze nicht die technischen Einrichtungen von Flughäfen und können nur unter Sichtflugbedingungen benutzt werden.

Hinzu kommt, daß wegen der gegenüber Flughäfen kurzen Start/Landebahnen (häufig Grasbahnen) nicht jedes Flugzeug auf diesen Plätzen starten und landen kann. Zwar gibt es für das Gros der einmotorigen Flugzeuge kaum Probleme. Zweimotorige aber - erst recht schnelle und leistungsfähige Typen - kommen in erhebliche Schwierigkeiten, wenn sie z.B. auf einer 650-Meter-Asphaltbahn vollbeladen starten wollen.

Die Wahl eines Flugzeuges kann aus diesen Gründen u.U. auch von den Eigenschaften eines in der Nähe verfügbaren Verkehrslandeplatzes abhängig sein.

Kosteneinsparung und Produktivitätssteigerung

Müssen in einem Unternehmen immer mehrere Personen gemeinsam fliegen (z.B. Wartungstrupps oder Verkaufsteams), so sprechen für ein firmeneigenes Flugzeug noch mehr Argumente, denn die eingesparten Kosten und die eingesparte Zeit multiplizieren sich mit der Anzahl der mit dem Flugzeug beförderten Personen.

Gewiß gibt es noch andere, speziellere Gründe für den Einsatz eines firmeneigenen Flugzeuges. In den USA hat man sogar festgestellt, daß ein firmeneigenes Flugzeug die selbst fliegenden Mitarbeiter motiviert und zu ihrer Entspannung beiträgt. Solche Effekte aber sind kaum quantifizierbar und geben somit keinen Aufschluß auf die Wirtschaftlichkeit eines Flugzeuges in einem Unternehmen.

Kostenvergleich bei Geschäftsreise

Mit der folgenden beispielhaften Berechnung werden die Kosten einer Geschäftsreise mit Flugzeug und PKW verglichen.

Der Vertriebsleiter eines mittleren Unternehmens mit Sitz in Kassel muß eine Geschäftsreise nach Friedrichshafen am Bodensee antreten. Für das Gehalt samt Gehaltsneben- und Arbeitsplatzkosten dieses Vertriebsleiters wendet das Unternehmen p.a. 250.000 DM / 128.000 € auf. Das entspricht einem durchschnittlichen Stundensatz von rund 140 DM / 72 €.

Geschäftsreise mit dem PKW

Die einfache Fahrtstrecke mit dem PKW liegt bei rund 570 Kilometer (1.140 Kilometer hin und zurück). Der von dem Vertriebsleiter verwendete firmeneigene Oberklassen-PKW kostet je Kilometer 1,50 DM / 0,77 €. Durch die auf der gesamten Strecke übliche Verkehrsdichte erreicht er eine Durchschnittsgeschwindigkeit von etwa 90 km/h und benötigt für die Hin- und Rückfahrt insgesamt ca. 12 Stunden. Er übernachtet in einem Hotel der gehobenen Preisklasse und tritt die Rückfahrt am folgenden Tag an. Folgende Kosten (o. MWSt) sind bei dieser Geschäftsreise entstanden:

Reisekosten PKW	Betrag
1.140 km je 1,50 DM / 0,77 €	1.710 DM (874 €)
12 Stunden Reisezeit je 140 DM / 72 € Gehaltsumlage	+ 1.680 DM (859 €)
Mittagessen, Abendessen, Übernachtung/Frühstück	+ 300 DM (153 €)
Summe	**3.690 DM (1.887 €)**

Geschäftsreise mit der Einmotorigen

Die Luftlinien-Entfernung vom nächstgelegenen Verkehrslandeplatz Kassel-Calden zum Verkehrslandeplatz Friedrichshafen beträgt (bei einer Flugstreckenführung über die Funkfeuer Gedern und Luburg) etwa 465 Kilometer (930 Kilometer hin und zurück).

Der Vertriebsleiter ist Privatflugzeugführer mit einer PPL-A-Lizenz und hat die Möglichkeit, das auf dem nahegelegenen Verkehrslandeplatz Kassel-Calden stationierte betriebseigene neue einmotorige Reiseflugzeug Cessna 172 R Skyhawk SP einzusetzen. Folgende Daten gehen in die Kostenberechnung ein:

- Reisegeschwindigkeit ca. 211 km/h (bei 65% Leistung)

- Betriebskosten ca. 430 DM / 220 € je Std. o. MWSt bei 300-Stunden p.a. (Quelle: Ein- und zweimotorige Flugzeuge, Ausg. 1999, Update per 2.2001).

Der Betriebsstunden-Zeitaufwand (Roll- und Flugzeiten) liegt bei ca. 5 Stunden. Diese Zeit errechnet sich aus der Gesamtstrecke von 930 km (Luftlinie) dividiert durch die Reisegeschwindigkeit 211 km/h zuzüglich 1/2 Stunde als Rollzeit am Boden.

Hinzugerechnet wird noch der Zeitaufwand von 2 x 0,5 Stunden An- und Abfahrt zum Verkehrslandeplatz Calden und 2 x 0,5 Stunden Ab- und Anfahrt zum Verkehrslandeplatz Friedrichshafen. Der gesamte Zeitaufwand für die Flugreise beträgt somit ca. 7 Stunden. Die Übernachtung in Friedrichshafen entfällt dabei. Bei dieser Geschäftsreise mit dem Flugzeug sind folgende Kosten entstanden:

Reisekosten Flugzeug	Betrag
5 Stunden je 430 DM / 220 €	2.150 DM (1.099 €)
7 Stunden Reisezeit je 140 DM / 72 € Gehaltsumlage	+ 980 DM (501 €)
Landegebühren, Taxifahrten, Mittagessen	+ 200 DM (102 €)
Summe	**3.330 DM (1.702 €)**

Die Geschäftsreise mit dem Flugzeug ist in diesem Fall um rund 360 DM / 184 € billiger als mit dem PKW. Abgesehen davon dürfte es aus der Sicht des Mitarbeiters ein großer Vorteil sein, 5 Stunden entspannt zu fliegen, anstatt 12 Stunden unter ständigem Streß mit dem PKW zu fahren - größere Staus nicht einmal eingerechnet.

Kostenvergleich bei privater Flugreise

Wer sich selbst zu Last-Minute-Fliegern oder Pauschaltouristen zählt, kann die folgenden Zeilen getrost überspringen. Es geht nämlich um eine Individual-Flugreise mit vier Personen von Frankfurt am Main nach Palma de Mallorca - wahlweise mit einer privat genutzten einmotorigen Cessna 182 Skylane (VFR, Abflug von Egelsbach, EDFE) oder mit einem Linienflug (Abflug von Frankfurt/Main, EDDF).

Flugreise mit der Cessna 182

Die direkte Strecke von Frankfurt nach Palma de Mallorca mißt rund 1.400 km. Da die Cessna 182 eine Reichweite von etwa 1.540 km inkl. 45 Minuten Reserve hat, ist kein Zwischenstop zum Auftanken erforderlich. An reiner Flugzeit fallen bei einer Reisegeschwindigkeit bei 65% Leistung von 255 km/h für die Strecke rund 5,5 Stunden zuzüglich 2 x 0,5 Stunde = 6,5 Stunden (Start EDFE, Anflug Palma) Betriebszeit für das Flugzeug an. Für den Rückflug wird die gleiche Zeit gerechnet. Hin- und Rückflug dauern folglich insgesamt ca. 13 Stunden.

Setzt man (bei einer jährlichen Nutzung des Flugzeuges von 300 Stunden) an Kosten je Flugstunde rund 312 DM / 160 € einschließlich MWSt an (Quelle: Ein- und zweimotorige Flugzeuge, Ausgabe 1999, Update per Februar 2001, Kosten für eine gebrauchte Cessna 182 Skylane, Baujahr 84), entstehen für den Hin- und Rückflug der 4 Personen folgende Kosten:

13 Stunden x 312 DM = 4.056 DM
(13 Stunden x 160 € = 2.074 €)

Hinzu sollte man noch eine Pauschale von 400 DM / 205 € für An- und Abfahrten zu den Flugplätzen sowie Landegebühren rechnen. Aufgerundet kosten die beiden Flüge also ca. 4.500 DM / 2.301 € inkl. MWSt. Das entspricht einem Reisekostenpreis je Person von 1.125 DM / 575 €.

Flugreise mit der Airline

Die Kosten für ein Flugticket für einen Hin- und Rückflug von Frankfurt/Main nach Palma de Mallorca reichen von 550 DM / 281 € bei der Iberia bis fast 2.200 DM 1.125 € bei der Lufthansa. Ursache für diese große Spannweite sind die jeweiligen Abflugtermine, die Verweildauer am Zielort sowie die Gültigkeitsdauer der Tickets. Lufthansa bietet aber auch drei weitere Flüge an, die erheblich billiger sind: 1.130 DM / 578 €, 1.000 DM / 511 € und 930 DM / 476 €.

Wählt man einen LH-Flug zu 1.130 DM / 578 €, ergibt sich für die 4 Flugreisenden ein Gesamtpreis von 4.520 DM / 2.311 €. Der Linienflug ist somit gegenüber dem Flug mit der Cessna 182 etwas teurer. Welche Vor- und Nachteile haben beide Varianten?

Vor- und Nachteile Cessna 182 Skylane

Der größte Nachteil beim Flug mit einem einmotorigen Flugzeug nach Sicht über eine relativ lange Distanz von ca. 1.400 km besteht in den Wetterrisiken. Schlechtes Wetter kann nicht nur die Ab- und Anflüge verzögern, sondern auch geplante Streckenführungen erheblich beeinträchtigen.

Nun führt zwar die Flugstrecke von Egelsbach über Basel, Genf, Lyon und Marseille nicht durch die wettermäßig relativ unsicheren Alpengebiete. Doch auch bei einer vermeintlich unkritischen Streckenführung ist sowohl bei der Flugplanung als auch bei der Flugdurchführung der Wetterentwicklung allergrößte Aufmerksamkeit zu widmen.

Die Cessna Skylane wurde gewählt, weil dieses Flugzeug neben einem äußerst stabilen Flugverhalten und ansprechenden Leistungsdaten eine akzeptable Reichweite bei voller Beladung hat und eine ganze Menge Komfort gegenüber kleineren Modellen bietet.

Ein unbestreitbarer Vorteil beim Flug in der Skylane ist zweifellos der fliegerische „Lustgewinn" und der Hauch von Abenteuer, den ein ambitionierter PPL-A-Pilot bei einem Linienflug vergeblich sucht. Objektiv gesehen steht der Skylane-Flug vorrangig für die Unabhängigkeit der Reisenden und die vielfältigen flugtouristischen Einsatzmöglichkeiten am Zielort.

Wenn eine größere Reise mit einem Privat- oder einem Linienflugzeug wahlweise möglich ist, wird der Privatflugzeugführer unter vernünftiger Abwägung der Kosten, des Zeitaufwands und der allgemeinen Risiken häufig den VFR-Flug wählen, auch wenn Einschränkungen wie z.B. Zuladungslimits für Gepäck zu berücksichtigen sind.

Der Flug im Privatflugzeug ist zwar von Individualität geprägt, er ist dennoch kein exklusives Hobby einer elitären Minderheit, wie es von verschiedenen Bevölkerungskreisen gern dargestellt wird.

Vor- und Nachteile Airliner

Gegen den Linienflug sprechen der enorme Zeitaufwand für An- und Abreise vom Heimatflughafen sowie die zeitintensive Abfertigung vor dem Start und nach der Landung auf überfüllten Flughäfen. Der Transport der Fluggäste im Airliner ist nüchtern, ohne Besonderheiten und langweilig - vergleichbar mit der Fahrt in einem Bus. Start- und Landeverzögerungen, Turbulenzen und jederzeit denkbare technische Pannen sowie sonstige Ereignisse seien einmal ausgenommen.

Fazit

Wer auf kürzestem und schnellstem Weg von A nach B kommen möchte (und das ist die Mehrzahl der Bevölkerung), nimmt den Linienflug und akzeptiert mehr oder weniger alle damit zusammenhängenden Unbequemlichkeiten. Allerdings können Unwägbarkeiten wie Streiks, technische Pannen u.ä. aus dem schnellsten den langsamsten Weg machen.

Für begeisterte Privatflugzeugführer ist ein größerer Reiseflug eine Herausforderung an das fliegerische Können und ein gutes Training, um die eigene Flugsicherheit zu erhöhen. Innerhalb mitteleuropäischer Grenzen sprechen gegen den Einsatz eines ein- oder zweimotorigen Reiseflugzeugs statt Buchung eines Linienfluges allenfalls Schlechtwetterlagen, durch die Planung und Durchführung eines VFR-Fluges zum Risiko werden können.

Im Durchschnitt wird natürlich der Flug im Privatflugzeug teurer als der Linienflug sein, erst recht bei Neuflugzeugen, deren Flugstundenkosten allein schon durch die hohen Anschaffungskosten in die Höhe getrieben werden. Ein Flug mit dem Privatflugzeug aber kann trotzdem erheblich preisgünstiger als der Linienflug sein, wenn innereuropäische Flugziele angeflogen werden sollen, die von der Linie entweder nur selten oder überhaupt nicht bedient werden.

4 Personen nach Mallorca mit der Cessna 182 oder der Airline?

↑ Cessna 182	↑ Airline
Abfertigung problemlos, erheblich weniger Zeitaufwand	Flug sicherer
An- und Abreise zum und vom Heimatflugplatz problemlos, erheblich weniger Zeitaufwand	Flugdauer kurz
Flug interessanter, individueller, komfortabler	Gepäck ohne Gewichtseinschränkungen
Reiseplanung flexibel	
Verfügbarkeit des Flugzeuges am Zielflughafen, z.B. für Rundflüge	

↓ Cessna 182	↓ Airline
Flug wetterabhängig	Abfertigung zeitaufwendig
Flugdauer länger	An- und Abreise zum und vom Heimatflugplatz zeitaufwendig
Gepäck mit Gewichtseinschränkungen	Flughäfen überfüllt, Airliner ausgelastet
Schwimmwesten + Notausrüstung erforderlich	Reiseplanung unflexibel

Anmerkung: Die Kriterien sind alphabetisch und nicht nach Wertigkeit sortiert.

Aktuelle Produktionen ein- und zweimotoriger Flugzeuge

Die folgende Liste liefert eine Übersicht über alle zur Zeit weltweit produzierten ein- und zweimotorigen Flugzeuge (E = einmotorig, Z = zweimotorig) mit Angabe des Herstellers, der aktuellen Internet-Adresse (URL, Uniform Resource Locator) und den genauen Typbezeichnungen der Flugzeuge in alphabetischer Reihenfolge.

Detailinformationen wie z.B. technische Daten und Preise können teilweise aus den genannten Websites entnommen werden. Vollständige Angaben mit genauen Betriebskostenberechnungen enthalten die jeweils aktualisierten Ausgaben des Handbuchs *Ein- und zweimotorige Flugzeuge - Bilder, Daten, Kosten*, aus dem auch einzelne Musterberechnungen dieses Handbuch stammen.

Neben bewährten Modellen, die schon seit einigen Jahren auf dem Markt sind und im Jahresrhythmus nur wenig modifiziert mit neuen Typbezeichnungen in den Verkaufslisten der Hersteller auftauchen, gibt es dennoch echte Innovationen. Allen voran sind jene zu nennen, die auf eine Diesel-Antriebstechnologie setzen und den Thielert-Dieselmotor* einsetzen (z.B. C 172 R Skyhawk, Robin u.a.). Auch setzt sich der Trend fort, die kostenintensiven Zweimotorigen schrittweise durch leistungsmäßig ebenbürtige Einmotorige zu ersetzen (z.B. Piper Meridian). Das Angebot zweimotoriger Neuflugzeuge ist aus diesem Grund rückläufig.

In den Datenvergleichen dieses Handbuchs sind die wenigen neuen Modelle noch nicht enthalten, da es bislang keine Zulassungen mit entsprechend verifizierten Meßwerten gibt.

*Kurz-Info Thielert-Dieselmotor TAE 110

- Diesel- und Jet-Fuel-tauglich
- 110 PS, Trockengewicht 134 kg
- Verbrauch in 2.500 ft ca. 11 -13 l/h
- Digitale Motorelektronik: Kein Leanen erforderlich, Elektronik regelt auch Constant Speed Propeller
- Betriebskosten ca. 70% geringer als Lycoming 0320 Motor
- TBO 3.000 Stunden
- Lärmemission auch ohne Schalldämpfer unter den Lärmgrenzwerten

Flugzeughersteller und -typen

Aviat
http://www.aviataircraft.com
Aviat Husky A-1	E
Aviat Pitts S-2B	E

Beechcraft
http://www.raytheon.com/rac
Baron 58	Z
Bonanza A36	E
Bonanza B36TC	E
King Air B200	Z
King Air C90B	Z

Cessna
http://www.cessna.textron.com
172 R Skyhawk	E
172 R Skyhawk SP	E
182 Skylane	E
182 Turbo Skylane	E
206 Stationair	E
206 Turbo Stationair	E
Caravan	E

Commander
http://www.commanderair.com
Commander 115	E
Commander 115 AT	E
Commander 115 TC	E

Diamond
http://www.diamondair.com
DA20-A1 Katana	E
DA20-C1 Eclipse / Evolution	E
DA40-180 Star	E
HK36 XTreme	E
Katana 100	E
MPX	E

Grob
http://www.grob-aerospace.de
G 115	E
G 120	E
G 140TP	E

Maule
http://www.mauleairinc.com
M-7-235B Super Rocket	E
M-7-235C Orion	E
M-7-260 Super Rocket	E
M-7-260C Orion	E
M-7-420AC	E
MT-7-235 Super Rocket	E
MT-7-260 Super Rocket	E
MT-7-420	E
MX-7-160 Sportplane	E
MX-7-160C Sportplane	E
MX-7-180A Sportplane	E
MX-7-180AC Sportplane	E
MX-7-180B Star Rocket	E
MX-7-180C	E
MXT-7-160 Comet	E
MXT-7-180 Star Rocket	E
MXT-7-180A Comet	E

Mooney
http://www.mooney.com
Bravo	E
Eagle 2	E
Ovation 2	E

Pezetel
http://www.hummelbrunner.de
PZL M-20 Mewa	Z

Pilatus
http://www.pilatus-aircraft.com
PC-12 M	E
PC-6/B2-H4 Turbo Porter	E

Piper
http://www.piper-germany.de
PA-28-161 Warrior III	E
PA-28-181 Archer III	E
PA-28R-201 Arrow	E
PA-32R-301 Saratoga II HP	E
PA-32R-301T Saratoga II TC	E
PA-34-220T Seneca V	Z
PA-44-180 Seminole	Z
PA-46-350P Malibu Mirage	E
PA-46-500TP Meridian	E

Robin
http://www.aero-online.com/intelisano
Alpha 120 T (R2120 U)	E
Alpha 125 TAE T (R2125 TAE U, Diesel)	E
Alpha 160 A (R2160)	E
Alpha 160 Ai (R 2160 i)	E
DR 400/120 Dauphin 2+2	E
DR 400/125 TAE Dauphin (Diesel)	E
DR 400/140B Dauphin 4	E
DR 400/160 Major	E
DR 400/180 Regent	E
DR 400/180D Regent D	E
DR 400/180R Remo 180	E
DR 400/180RD Remo 180 D	E
DR 400/200R Remo 200	E
DR 500 D President (DR 400/500/200i)	E
DR 500 President (DR 400/500/200i)	E

Socata
http://www.socata.de
MS 200 FG	E
MS 200 RG	E
Tampico TB 9	E
TBM 700	E
Tobago TB 10 GT	E
Tobago TB 200 XL	E
Trinidad TB 20 GT	E
Trinidad TB 21 TC	E

Kaufentscheidung

Die Vorteile eines eigenen Flugzeuges wurden auf den vorangegangenen Seiten behandelt. Dabei wurde auch die verkehrstechnische Positionierung des Flugzeuges im Vergleich zu anderen Transportmitteln (Linienflugzeug, PKW, Bahn) angesprochen. Es ergab sich, daß der nationale Linienluftverkehr in der heutigen Konzeption nicht mehr lange bestehen kann und daß Bahn-Reisen noch zu wenig attraktiv und effektiv sind.

Der schärfste Konkurrent zum eigenen Flugzeug wird daher auch in den nächsten Jahren der PKW sein, an dem die Wirtschaftlichkeit eines ein- oder zweimotorigen Flugzeuges zu messen ist.

Betrachtet man zunächst die möglichen Einsatzprofile eines Flugzeuges, die für die Wahl der richtigen Maschine entscheidend sind müssen folgende Kriterien u.a. berücksichtigt werden:

Einsatzprofil Geschäftsflugzeug

- Wieviele Geschäftsreisen fallen p.a. an?
- Welcher Art sind die Geschäftsreisen?
- Welche Ziele sollen mit dem Flugzeug angeflogen werden?
- Wo liegen die Reiseziele, und wie groß sind die Distanzen je Reise?
- Ist ein Verkehrslandeplatz in der Nähe der Reiseziele?
- Ist ein Verkehrslandeplatz in der Nähe des Firmensitzes?
- Wieviele Mitarbeiter reisen?
- Wie lange bleiben die Mitarbeiter am Zielort?
- Soll das Flugzeug bei jeder Wetterlage geflogen werden?
- Wieviele Mitarbeiter haben den Privatpilotenschein (PPL A)?
- Ist eventuell die Einstellung eines Berufspiloten erforderlich?
- Lassen sich die Reisen verschiedener Mitarbeiter koordinieren?
- Sollen auch Waren transportiert werden?
- Wieviele Stunden soll das Flugzeug p.a. fliegen?
- Kommt eine Vercharterung an Betriebsfremde in Frage?
- Sonstige Kriterien

Einsatzprofil Privatflugzeug

- Wieviele Flugstunden fallen p.a. an?
- Wieviele Flugreisen fallen p.a. an?
- Welche Reiseziele sollen p.a. angeflogen werden, und wie groß sind die Distanzen je Reise?
- Soll das Flugzeug auch an andere verchartert werden?
- Wieviele Fluggäste sollen maximal befördert werden?
- Soll das Flugzeug bei jeder Wetterlage geflogen werden?
- Sonstige Kriterien

Diese hier nur grob darstellbaren Voraussetzungen für die Festlegung der Einsatzprofile von Flugzeugen können und müssen natürlich vor der Entscheidung, ein Flugzeug anzuschaffen, für den jeweiligen Einzelfall bis ins Detail ausgearbeitet und eingehend untersucht werden.

In den nächsten Abschnitten sollen schwerpunktmäßig die wichtigsten Kriterien für Geschäftsreiseflugzeuge behandelt werden, die den Entscheidungsprozeß bei einer geplanten Flugzeuganschaffung beeinflussen. Zum größten Teil treffen diese Kriterien auch auf private Flugzeughalter zu.

Ein- oder zweimotorig?

Ob ein ein- oder zweimotoriges Flugzeug angeschafft werden soll, kann nicht allein mit einem Sicherheitsgewinn durch den 2. Motor zugunsten der Zweimot begründet werden.

Es muß ebenfalls berücksichtigt werden, daß die Betriebskosten (Treibstoff- und Ölverbrauch, Triebwerk-Wartungskosten usw.) bei einer zweimotorigen Maschine fast genau doppelt so hoch sind wie bei einer einmotorigen.

Die Anschaffungskosten liegen in der mittleren Preisklasse bei Zweimotorigen gegenüber Einmotorigen der gleichen Klasse deutlich höher. Nach oben sind bei Zweimotorigen durch die vielfältigen zusätzlichen Instrumentierungsmöglichkeiten mit farbigem Wetterradar, Trägheitsnavigationsanlage usw. ohnehin fast keine Grenzen gesetzt.

Die Entscheidung, ob ein- oder zweimotorig, hängt auch davon ab, welche Strecken vorrangig geflogen werden. Liegen die Ziele vorwiegend im Ausland, so eignet sich die Zweimot zweifelsohne besser als Reiseflugzeug, sofern die erreichbare Reisegeschwindigkeit deutlich über der Einmot liegt und vorwiegend nach Instrumentenflugregeln (IFR) geflogen wird. Müssen häufig die Alpen, das Mittelmeer oder sogar der Atlantik überquert werden, gibt es zu einer Zweimot keine Alternative.

Auch die Stationierung bestimmt, ob eine ein- oder eine zweimotorige Maschine eingesetzt werden kann. Es ist eine unter Umständen fatale Entscheidung, eine Zweimotorige mittlerer Größe auf einem Flugplatz mit einer 600-Meter-Bahn zu stationieren und von dort möglichst noch voll betankt und voll beladen herausstarten zu wollen.

Um eine Übersicht über die Flughäfen, Verkehrslandeplätze und Flugplätze in Deutschland zu geben, sind in Kapitel 6 fast alle Plätze u.a. mit Angaben über die Bahnlängen und Belagarten veröffentlicht.

Auf der sicheren Seite ist man mit einem ein- oder zweimotorigen Flugzeug nur, wenn es voll betankt und voll beladen bei 25° C Außentemperatur, einer Platzhöhe von rund 1.000 Fuß über NN und einer Bahnlänge von z.B. 600 Meter Asphalt mit einer Sicherheitsmarge von mindestens 20% herausgeflogen werden kann.

Das bedeutet, daß das Flugzeug unter diesen Bedingungen spätestens nach 450 Metern abgehoben haben muß und die Geschwindigkeit ausreicht, in einen sicheren Steigflug überzugehen.

Wer bis zu 6 Personen (inkl. Pilot) transportieren muß, kann aus Kostengründen eine leistungsfähige Einmotorige mit 6 Sitzen und mindestens 285 PS der wesentlich teureren Zweimot vorziehen. Man sollte aber diese 6 Plätze aus Sicherheitsgründen nicht voll nutzen, es sei denn, man betankt das Flugzeug z.B. nur mit ca. 75% seiner Ka-

Einmot oder Zweimot?	
↑ **Einmot**	↑ **Zweimot**
Anschaffungspreis wesentlich niedriger	Prestige größer
Handling einfacher	Redundanz durch Doppelinstrumentierung
Treibstoffausnutzung besser	Reisegeschwindigkeit meistens höher
	Sicherheit bei Reise-, Nacht-, Instrumenten- und Überwasser-Flügen größer
	Zuladungskapazitäten größer
↓ **Einmot**	↓ **Zweimot**
Betriebsbeschränkungen, v.a. wetterbedingt	Anschaffungspreis wesentlich höher
Reisegeschwindigkeit meistens niedriger	Betriebskosten fast doppelt so hoch
Notlandung bei Motorausfall unausweichlich	Handling v.a. in Notsituationen schwieriger
	Wartungsanforderungen höher
	Zweimot-Rating erforderlich

Anmerkung: Die Kriterien sind alphabetisch und nicht nach Wertigkeit sortiert.

pazität und schränkt auch die Gepäckzuladung entsprechend ein.

Solche Vorsichtsmaßnahmen mögen manchem erfahrenen Piloten übertrieben vorkommen. Der Autor dieses Handbuches hat aber über Jahre hinweg viele Startphasen-Flugunfälle analysiert. Bei den meisten war eine falsche (zu hohe) Beladung Unfallursache.

Der potentielle Flugzeugkäufer muß wissen, wo er sein Flugzeug stationieren wird. Er muß den Flugplatz genau kennen und sein Flugzeug so auswählen, daß es, neben anderen wichtigen Kriterien, auch die folgenden Forderungen erfüllt:

- Ständiger Grasbahnbetrieb ist für Flugzeuge mit Einziehfahrwerk nicht zu empfehlen.

- Bahnen - auch Asphaltbahnen - unter 600 Meter Länge sind für zweimotorige Flugzeuge (bis auf wenige Ausnahmen) ungeeignet (s.a. Kapitel 6, Bahnlängen bei Verkehrsflughäfen, Verkehrslandeplätzen und Flugplätzen).

- Mindestens 20% Startstrecken-Sicherheitsmarge (nach dem Abheben verfügbare Startbahn) bei voll beladenem und voll betanktem Flugzeug; bei 25° C Außentemperatur und Platzhöhe von 1.000 Fuß über NN.

Es macht keinen Sinn, sich z.B. eine Hochleistungs-Zweimotorige zuzulegen, die, obwohl ein kleinerer Platz in der Nähe liegt, wegen der Bahnlänge an einem weiter entfernten Platz stationiert werden muß.

Datenvergleich: Start- und Landerollstrecke m / m

Absteigende Reihenfolge:
Das Flugzeug mit der kürzesten Startrollstrecke steht an erster Stelle.

(Quelle: Ein- und zweimotorige Flugzeuge, Bilder, Daten, Kosten, Air Report Verlag, Ausgabe Air Report Basics 1999/2001)

Flugzeug	Start / Landung
Aviat Pitts S-2B	040 / 080
Aviat Husky A-1	061 / 106
Piper PA-18-150 Super Cub	061 / 107
Maule MT-7-235 Super Rocket	091 / 133
Pezetel PZL Koliber 150	146 / 128
Maule MXT-7-180A Comet	168 / 132
Maule MX-7-160 Sportplane	183 / 123
Diamond HK 36 Super Dimona TC 80	201 / 145
Robin DR 400/180R Remo 180	205 / 220
Cessna 152	221 / 145
Partenavia P.68C	230 / 215
Robin R 200/120B	230 / 230
Robin R 2160 D	230 / 230
Cessna 182 Skylane	242 / 180
Grob G 115 E	244 / 164
Cessna 182 Skylane Bj. 84	245 / 180
Robin DR 400/140B Dauphin 4	245 / 220
Cessna 182 Skylane RG	250 / 183
Cessna 182 Skylane Turbo RG	250 / 183
Grob G 115 C	255 / 170
Cessna 206 H Stationair Turbo	255 / 224
Cessna 206 Stationair 6 Turbo	255 / 224
Piper PA-28-236 Dakota	270 / 252
Cessna 172 Skyhawk	272 / 165
Cessna 206 H Stationair	274 / 224
Cessna 206 Stationair 6	274 / 224
Cessna 172 R Skyhawk	288 / 168
Piper PA-28-161 Cadet	290 / 180
Cessna 172 S Skyhawk SP	293 / 175
Socata Trinidad TB 20	295 / 230
Beechcraft Bonanza F33A	305 / 232
Beechcraft Bonanza V35B	305 / 233
Piper PA-44-180 Seminole	305 / 245
Robin R 3180	310 / 210
Beechcraft Bonanza B36TC	311 / 298
Piper PA-28R-201 Arrow	313 / 280
Socata Tobago TB 200	315 / 205
Robin DR 400/180 Regent	315 / 249
Commander Commander 114 B	317 / 220
Piper PA-28-161 Warrior III	320 / 215
Cessna 172 Cutlass RG	323 / 191
Socata Tobago TB 10	325 / 190
Socata Trinidad TB 21	330 / 230
Piper PA-28RT-201T Turbo Arrow	339 / 285
Socata Tampico Club TB 9	340 / 195
Diamond DA40	340 / 295
Diamond DA20-A1 Katana	341 / 228
Robin DR 500/200i President	345 / 275
FFT Speed Canard SC 01-160	350 / 300
Piper PA-28-181 Archer III	351 / 280
Beechcraft Bonanza A36	360 / 280
Piper PA-32R-301 Saratoga II HP	366 / 195
Piper PA-32R-301T Saratoga II TC	366 / 195
Cessna 210 Centurion	381 / 233
Mooney Eagle	395 / 300
Socata TBM 700	395 / 465
Cessna 210 Centurion Pressurized	396 / 233
Cessna 210 Centurion Turbo	396 / 233
Mooney Ovation	405 / 305
Cessna 310 II	407 / 195
Cessna Grand Caravan	416 / 290
Mooney Bravo	420 / 315
Beechcraft Baron 58	427 / 434
Commander Commander 114 TC	429 / 224
Piper PA-42-1000 Cheyenne 400	435 / 333
Piper PA-42-720 Cheyenne IIIA	447 / 583
Piper PA-34-220T Seneca V	465 / 427
Pezetel PZL M-20 Mewa	472 / 280
Piper PA-46-350P Malibu Mirage	472 / 311
Cessna 340A	492 / 235
Cessna 414A Chancellor II	517 / 245
Cessna 421 Golden Eagle II	544 / 219
Cessna Conquest II	544 / 334
Beechcraft Super King Air B200	566 / 536
Beechcraft King Air C90B	574 / 316

Robin DR 400/180R Remo 180

1. Sitze, Fahrwerk, Zelle
Sitzplätze inkl. Crew	4
Fahrwerk	Fest
Länge / Höhe	6,96 m / 2,23 m
Spannweite	8,72 m
Flügelfläche	13,60 qm

2. Propeller, Triebwerk, Verbrauch
Propeller	Starr
Triebwerk	1 x Lycoming O-360-A3A
Triebwerkleistung	1 x 180 PS (132 kW)
Treibstoffverbrauch[1]	39,6 l/h Avgas

3. Gewichte
Leergewicht	592 kg
+ Nutzladung[2]	335 kg
+ Treibstoff[3]	102 l = 73 kg
= Gesamtgewicht	1.000 kg

4. Belastungsdaten
Leistungsbelastung	5,6 kg/PS
Flächenbelastung	73,5 kg/qm

5. Leistungsdaten
Höchstgeschwindigkeit	270 km/h
Reisegeschwindigkeit[1]	221 km/h
Abreißgeschwindigkeit[4]	87 km/h
Steigleistung (1-/2-mot)	336 / 0 m/min
Dienstgipfelhöhe (1-/2-mot)	6.100 / 0 m
Start-[5] / Landerollstrecke[6]	205 m / 220 m

6. Transport-Kennzahlen
Gesamtzuladung[7]	408 kg = 41 %
davon Nutzladung[2]	335 kg = 33 %
davon Treibstoff	73 kg = 07 %
Reichweite[8]	403 km
Treibstoffverbrauchsindex	1,62

1 Bei 65% Leistung **2** Crew, Passagiere, Gepäck **3** kg-Berechnung nach spezifischem Gewicht **4** Klappen 0° **5** Start- bis Abhebepunkt **6** Aufsetz- bis Stillstandpunkt **7** Anteil am Gesamtgewicht **8** Inkl. 45 Min. Reserve

Abb. 1.6: Seit langem schon wird die Robin Remo (Remorquer) auf vielen Plätzen als robustes und leistungsfähiges Flugzeug für den Segelflugzeug-Schlepp eingesetzt. Entsprechend diesem Einsatzprofil kommt die Remo auch auf kurzen und holprigen Graspisten bei Start und Landung hervorragend zurecht (Quelle: Robin).

Beechcraft King Air C90B

1. Sitze, Fahrwerk, Zelle
Sitzplätze inkl. Crew	8
Fahrwerk	Einziehbar
Länge / Höhe	10,82 m / 4,34 m
Spannweite	15,32 m
Flügelfläche	27,31 qm

2. Propeller, Triebwerk, Verbrauch
Propeller	Verstellbar
Triebwerk	2 x Pratt & Whitney PT6A-21
Triebwerkleistung	2 x 550 PS (405 kW)
Treibstoffverbrauch[1]	275,0 l/h Kerosin

3. Gewichte
Leergewicht	3.040 kg
+ Nutzladung[2]	406 kg
+ Treibstoff[3]	1.454 l = 1.163 kg
= Gesamtgewicht	4.608 kg

4. Belastungsdaten
Leistungsbelastung	4,2 kg/PS
Flächenbelastung	168,8 kg/qm

5. Leistungsdaten
Höchstgeschwindigkeit	448 km/h
Reisegeschwindigkeit[1]	423 km/h
Abreißgeschwindigkeit[4]	163 km/h
Steigleistung (1-/2-mot)	169 / 610 m/min
Dienstgipfelhöhe (1-/2-mot)	4.346 / 8.809 m
Start-[5] / Landerollstrecke[6]	574 m / 316 m

6. Transport-Kennzahlen
Gesamtzuladung[7]	1.569 kg = 34 %
davon Nutzladung[2]	406 kg = 09 %
davon Treibstoff	1.163 kg = 25 %
Reichweite[8]	1.919 km
Treibstoffverbrauchsindex	1,54

1 Bei 65% Leistung **2** Crew, Passagiere, Gepäck **3** kg-Berechnung nach spezifischem Gewicht **4** Klappen 0° **5** Start- bis Abhebepunkt **6** Aufsetz- bis Stillstandpunkt **7** Anteil am Gesamtgewicht **8** Inkl. 45 Min. Reserve

Abb. 1.7: Ein typischer Vertreter hochwertiger zweimotoriger Reiseflugzeuge für den Betrieb in großen Unternehmen ist die King Air C90B. Wer dieses Flugzeug fliegt, benutzt keine „normalen" Verkehrslandeplätze, sondern ist auf Verkehrslandeplätze mit Asphaltbahnen von mindestens 800/900 m und Flughäfen angewiesen (Quelle: Beechcraft).

Es gibt nach Kenntnis des Autors einige Fälle, bei denen die abenteuerlichsten Flugzeug-Platz-Konfigurationen gewählt wurden, um die für das Prestige benötigte Zweimot doch noch betreiben zu können.

In einem dieser Fälle hätte ein in der Nähe des Flugzeugbesitzer-Wohnortes gelegener Platz mit einer relativ kurzen Bahn für die schnelle 6-sitzige Zweimot bei Start und Landung ausgereicht - dies allerdings nur bei halbvollen Tanks, Single-Pilot-Betrieb, ohne Passagiere und ohne Gepäck. Bei Reiseflügen wurde das Flugzeug in der Regel zuerst von dem das Flugzeug besitzenden Piloten allein auf einen weiter entfernten Verkehrslandeplatz mit ausreichender Bahnlänge geflogen. Dort stiegen dann die anderen, inzwischen mit Taxen angereisten Passagiere samt Gepäck zu. Beim Rückflug spielte sich dann die gesamte Prozedur in umgekehrter Reihenfolge ab. Mit solchen Methoden erweist man der Allgemeinen Luftfahrt einen Bärendienst und führt sie ad absurdum.

VFR- oder IFR-Ausrüstung?

Die Frage nach der Instrumentierung hängt zunächst einmal davon ab, ob das Flugzeug überhaupt unter allen Wetterbedingungen betrieben werden soll. Ist dies geplant, kommt nur eine IFR-Instrumentierung in Frage. Der oder die zukünftigen Piloten müssen in diesem Fall eine IFR-Berechtigung besitzen.

Außerdem ist es ratsam, das Flugzeug an einem Verkehrsflughafen zu stationieren, um zu jeder Zeit unter Instrumentenflug-Wetterbedingungen starten und landen zu können.

Alles in allem also eine möglicherweise sehr teure Entscheidung.

Bei einmotorigen Flugzeugen aber kann eine IFR-Instrumentierung problematisch sein. Häufig sind nämlich die schmalen Panels kleiner einmotoriger Flugzeuge mit IFR-Avionic überfrachtet, so daß Störungen und Pannen durch die Einbaudichte und der damit verbundenen Serviceunfreundlichkeit vorprogrammiert sind. Eine gründliche und überlegte Auswahl der geeigneten Instrumentierung mit Hilfe eines Fachmannes ist deswegen unerläßlich.

Aus der Sicht des Wetter-Statistikers empfiehlt sich in unseren Breiten fast schon grundsätzlich die Ausrüstung eines Flugzeuges mit IFR-Avionic, wenn man tatsächlich wetterunabhängig fliegen will. Allerdings gibt es zusätzliche technische Voraussetzungen für IFR-ausgerüstete ein- und zweimotorige Flugzeuge. Bei Vereisungsgefahr muß das Flugzeug nämlich über eine Enteisungsanlage an den Flächenvorderkanten, den Leitwerkvorderkanten und dem oder den Propellern verfügen.

Die in diesen Flugzeugklassen meistens verwendeten pneumatischen Systeme eignen sich nur bei leichter Vereisungsgefahr, so daß das Flugzeug bei der Meldung „severe icing" unbedingt am Boden bleiben sollte.

Eine IFR-Ausrüstung ist nur dann sinnvoll, wenn folgende Voraussetzungen erfüllt sind:

- Pilot bzw. Piloten haben IFR-Lizenz.

- Flugzeug ist an einem Verkehrsflughafen stationiert.

- Flüge sind bei fast jedem Wetter erforderlich.

- Eingesetzt wird vorzugsweise eine Zweimotorige, mindestens aber eine leistungsstarke Einmotorige ab 250 PS.

VFR oder VFR/IFR?	
↑ VFR	↑ VFR/IFR
Avionicausrüstung nur nach VFR-Standard erforderlich	Flug in Schlechtwetter sicherer
Flugdurchführung leichter beherrschbar	Flugregelwechsel VFR zu IFR und IFR zu VFR möglich
Flugerfahrung auf niedrigerem Level ausreichend	IFR-Berechtigung = Besserer Trainings- und Ausbildungsstand
Flugplanung und -durchführung einfacher	Wetterabhängigkeit geringer
Streckengebühren u.a. IFR-abhängige Gebühren entfallen	
VFR-Berechtigung ausschließlich erforderlich	
Zeitgewinn, Terminplanung ohne Einschränkungen	
↓ VFR	↓ VFR/IFR
Flugdisziplin geringer	Flugkosten durch IFR-abhängige Gebühren erhöht
Gefährlich bei Einflug in Schlechtwetter	Gefahr eines Einflugs in Schlechtwetter, u.a. mit Vereisung durch strikte IFR-Kurs- und Höhenführung
SAR-Aktivierung im Notfall u.U. verzögert	IFR-Berechtigung erforderlich
Wetterabhängig	IFR-Verfahren komplizierter
	IFR-zugelassenes Flugzeug erforderlich

Anmerkung: Die Kriterien sind alphabetisch und nicht nach Wertigkeit sortiert.

Man muß sich bei einer IFR-Ausrüstung aber über die deutlich höheren Anschaffungs- und Wartungskosten im Klaren sein. Nicht nur die Avionic ist nämlich zu erweitern, sondern auch einige andere Instrumente, z.B. zur Fluglagekontrolle. Hinzu kommen die bei IFR üblichen Streckengebühren, die sich erheblich auf die Flugnebenkosten auswirken.

Die Frage nach einer IFR-Zulassung des Flugzeuges muß besonders eingehend untersucht werden, um die Anschaffungskosten in einem noch vertretbaren Rahmen zu halten.

Einsatzprofile und Flughöhen

Eng im Zusammenhang mit der Entscheidung, nach welchen Flugregeln man vorwiegend fliegen wird, stehen auch die Flughöhen, die dem geplanten Einsatzprofil am besten entsprechen.

Bei durchweg kleinen privaten Reiseflügen oder Geschäftsreisen innerhalb Deutschlands wird man wohl kaum auf die Idee kommen, bevorzugt IFR in entsprechend großen Flughöhen zu fliegen. Ausgenommen hiervon sind allenfalls Flüge mit größeren Entfernungsdimensionen wie z.B. Hamburg-München usw.

Legt man jedoch generell Wert auf eine vom Wetter unbeeinflußte Flugdurchführung, bleibt ohnehin nur das Fliegen nach Instrumentenflugregeln - mit allem Aufwand, der in unserem beschränkten Luftraum zwangsläufig erforderlich ist. Alternativen wie z.B. das Fliegen mit einer CVFR-Berechtigung sind nur bedingt tauglich, einen IFR-Flug zu ersetzen.

Auch die Leistungsfähigkeit eines ein- oder zweimotorigen Reiseflugzeuges ist für das Einsatzprofil entscheidend. Selbst wenn eine leistungsstarke Einmotorige mit einer relativ großen Dienstgipfelhöhe zum Einsatz kommen soll, spielen die Steigrate, die ab 12.000 ft dringend empfohlene Sauerstoffversorgung, eine Druckkabine oder sogar eine Enteisungsvorrichtung eine wichtige Rolle. Allein an diesen zusätzlichen Leistungsmerkmalen kann man sich ausrechnen, ab welcher Motorenleistung eine Einmotorige diese Ausstattung sinnvoll erscheinen läßt.

Eine Steigrate unter 300 m/min ist für Flüge oberhalb 10.000 ft indiskutabel, auch wenn die Dienstgipfelhöhe z.B. 15.000 ft beträgt. Bei derart niedrigen Steigraten ist in der Praxis ausschließlich eine Reiseflughöhe unter 10.000 ft möglich.

Reiseflughöhen unter 10.000 ft?	
↑ Reiseflughöhe unter 10.000 ft	↓ Reiseflughöhe unter 10.000 ft
Druckkabine und separate Sauerstoffversorgung nicht erforderlich	Flugverkehr VFR sehr stark
Gefahr von Near Misses mit Hochleistungs- und Passagierflugzeugen geringer	Flugzeuge mit Turbocharger: Volle Leistungsfähigkeit nicht nutzbar
Steig- und Sinkflugdauer geringer	Rückenwind (falls passend zur Flugroute) meistens nicht stark ausgeprägt
Turbocharger nicht erforderlich	Schlechtwetter mit Niederschlag, Turbulenz und Vereisungsgefahr vorrangig in diesem Höhenbereich
Windstärke im Allgemeinen geringer	Sicht im allgemeinen schlechter
Zweimotorige ohne Turbocharger: Bei Ausfall eines Motors Halten der Flughöhe möglich	

Anmerkung: Die Kriterien sind alphabetisch und nicht nach Wertigkeit sortiert.

↑ Reiseflughöhen zwischen 10.000 und 20.000 ft?	
↑ Reiseflughöhen zwischen 10.000 und 20.000 ft	↓ Reiseflughöhen zwischen 10.000 und 20.000 ft
Flugverkehr VFR geringer	CVFR-Berechtigung erforderlich
Flugzeuge mit Turbocharger: Leistungsfähigkeit besser nutzbar	Druckkabine evtl. erforderlich
IFR-Verfahren unkomplizierter, dadurch reduzierter Sprechfunkverkehr mit ATC	Flugmanagement komplexer
Reichweite der Funkfeuer größer	Flugzeug mit Turbocharger empfehlenswert
Rückenwind (falls passend zur Flugroute) deutlicher ausgeprägt	Flugzeug ohne Turbocharger: Leistungsabnahme mit größerer Höhe, Zweimotorige können bei Ausfall eines Motors kaum Flughöhe halten
Sicht besser	Gegenwind ausgeprägter
Turbulenzen geringer	Sauerstoffausrüstung erforderlich
Vereisungsgefahr geringer	Steig- und Sinkflugdauer größer
	Transponder erforderlich

Anmerkung: Die Kriterien sind alphabetisch und nicht nach Wertigkeit sortiert.

Triebwerksauswahl: Vergasermotor, Einspritzer, Turbocharger, Propellerturbine oder Dieselmotor?

Vergasertriebwerk

Flugzeuge mit Vergasermotoren und entsprechend mageren Steigraten und Dienstgipfelhöhen sind inzwischen fast nur noch in den untersten Leistungsklassen anzutreffen. Ausnahmen gibt es aber trotzdem: Obwohl Cessna auch die untere Mittelklasse der Einmotorigen abdeckt, werden durchweg keine Neuflugzeuge mehr ohne Einspritztriebwerk gebaut. Andere Flugzeughersteller mit einer vergleichbaren Produktpalette geraten dabei unter Zugzwang und werden die Triebwerksausstattungen auch in den unteren Leistungsklassen überdenken.

Einspritztriebwerk

Das leidige Problem mit der Vergaservereisung hat man mit dem Einspritzer zwar gelöst, Vereisungsansätze im Lufteinlaßsystem können unter bestimmten Voraussetzungen dennoch auftreten.

Durch die komplexere Technik sind die Anschaffungs- und Wartungskosten etwas höher, aber der Mehrgewinn an Sicherheit und Leistung wiegt diese Mehrkosten auf.

Turbotriebwerk

Flugzeuge mit Turbolader-Motoren zählen gegenüber denen mit Einspritzmotoren zur nächsthöheren Leistungsklasse. Hier sind die Leistungsunterschiede schon deutlicher.

Reiseflughöhen über 20.000 ft?	
↑ Reiseflughöhen über 20.000 ft	↓ Reiseflughöhen über 20.000 ft
Flugverkehr VFR kaum vorhanden	IFR- oder CVFR-Berechtigung erforderlich
IFR-Streckenführung unkomplizierter	Druckkabine erforderlich
Reichweite der Funkfeuer deutlich größer	Flugverkehr IFR sehr stark
Rückenwind (falls passend zur Flugroute) erheblich ausgeprägter	Flugzeug mit Turbocharger oder Propellerturbine erforderlich
Sicht wesentlich besser	Gegenwind erheblich ausgeprägt
Turbulenzen wesentlich geringer	IFR-Ausrüstung empfehlenswert
	Sauerstoffausrüstung erforderlich
	Transponder erforderlich
	Wetterradar empfehlenswert

Anmerkung: Die Kriterien sind alphabetisch und nicht nach Wertigkeit sortiert.

Entscheidend ist bei den Turbolader-Motoren, daß ihre Leistung mit zunehmender Höhe weniger stark abfällt und eine gleichbleibende Performance während des Steigflugs dadurch länger sichergestellt ist. Die Dienstgipfelhöhe ist daher ebenso größer.

Das alles ist naturgemäß nur zu einem entsprechenden Aufpreis erhältlich. Kostet z.B. eine Commander 114 B mit dem 260-PS-Lycoming-Einspritzmotor ohne MWSt rund 630.000 DM / 322.114 €, so ist das Modell 114 TC mit einem 270-PS-Lycoming-Turbolader-Motor für ca. 720.000 DM / 368.130 € zu haben.

Propellerturbine

Das Non-Plus-Ultra jedoch sind Flugzeuge mit Propellerturbinen, die selbst in großen Höhen gegenüber ihrer Performance in MSL bis zu Flughöhen um 20.000 ft eine nahezu verlustfreie Leistung bringen.

Diese Flugzeuge, in der Allgemeinen Luftfahrt allen voran die Modelle von Pilatus, Piper, Socata und Maule, sind für große Höhen und damit für IFR-Flüge geradezu prädestiniert. Man muß sich aber darüber im Klaren sein, daß bei den mit Kerosin angetriebenen Propellerturbinen mit höheren Verbrauchswerten als bei konventionellen Avgas-Triebwerken gerechnet werden muß. Dieser Mehrverbrauch wird jedoch durch den günstigeren Preis des Kerosins und die außerordentlichen Flugleistungen der Turboprops spielend kompensiert.

Horrende Kosten fallen dennoch bei der Anschaffung und den sonstigen Betriebs- und Wartungskosten an. Eine Betriebskosten-Analyse für ein Flugzeuges mit Propellerturbine wird selbst einen hartgesottenen Geschäftsmann, der die Anschaffung einer Turboprop ins Auge gefaßt hat, auf den Boden der Wirklichkeit zurückholen.

Piper PA-42-1000 Cheyenne 400

1. Sitze, Fahrwerk, Zelle
Sitzplätze inkl. Crew	8
Fahrwerk	Einziehbar
Länge / Höhe	13,23 m / 4,50 m
Spannweite	14,53 m
Flügelfläche	27,22 qm

2. Propeller, Triebwerk, Verbrauch
Propeller	Verstellbar
Triebwerk	2 x Garrett TPE331-14A/14B
Triebwerkleistung	2 x 1.000 PS (736 kW)
Treibstoffverbrauch[1]	500,0 l/h Kerosin

3. Gewichte
Leergewicht	3.431 kg
+ Nutzladung[2]	309 kg
+ Treibstoff[3]	2.157 l = 1.726 kg
= Gesamtgewicht	5.466 kg

4. Belastungsdaten
Leistungsbelastung	2,7 kg/PS
Flächenbelastung	200,8 kg/qm

5. Leistungsdaten
Höchstgeschwindigkeit	544 km/h
Reisegeschwindigkeit[1]	495 km/h
Abreißgeschwindigkeit[4]	172 km/h
Steigleistung (1-/2-mot)	304 / 988 m/min
Dienstgipfelhöhe (1-/2-mot)	8.230 / 12.500 m
Start-[5] / Landerollstrecke[6]	435 m / 333 m

6. Transport-Kennzahlen
Gesamtzuladung[7]	2.035 kg = 37 %
davon Nutzladung[2]	309 kg = 06 %
davon Treibstoff	1.726 kg = 32 %
Reichweite[8]	1.764 km
Treibstoffverbrauchsindex	2,04

1 Bei 65% Leistung **2** Crew, Passagiere, Gepäck **3** kg-Berechnung nach spezifischem Gewicht **4** Klappen 0° **5** Start- bis Abhebepunkt **6** Aufsetz- bis Stillstandpunkt **7** Anteil am Gesamtgewicht **8** Inkl. 45 Min. Reserve

Abb. 1.8: Die Cheyenne 400 von Piper ist die leistungsstärkste Zweimotorige aller Flugzeuge bis zu 5,7 Tonnen. Dieses Flugzeug wird häufig in Großunternehmen mit internationalen Geschäftsverbindungen eingesetzt und kostet heute gebraucht (Baujahr 1990) rund 3,5-4,0 Mio. DM / 1,8-2,0 € ohne MWSt. Inzwischen ist die Produktion eingestellt (Quelle: Piper).

Datenvergleich: Gesamtleistung PS

Absteigende Reihenfolge:
Das PS-stärkste Flugzeug steht an erster Stelle. Vor der Triebwerksleistung stehen die Angaben über die Triebwerksart: V = Vergasermotor, E = Einspritzmotor, T = Motor mit Turbocharger, P = Propellerturbine

(Quelle: Ein- und zweimotorige Flugzeuge, Bilder, Daten, Kosten, Air Report Verlag, Ausgabe Air Report Basics 1999/2001)

Flugzeug	Leistung
Piper PA-42-1000 Cheyenne 400	P 2.000
Beechcraft Super King Air B200	P 1.700
Piper PA-42-720 Cheyenne IIIA	P 1.440
Cessna Conquest II	P 1.270
Beechcraft King Air C90B	P 1.100
Cessna 421 Golden Eagle II	T 750
Socata TBM 700	P 700
Cessna Grand Caravan	P 675
Cessna 414A Chancellor II	T 620
Cessna 340A	T 620
Beechcraft Baron 58	E 600
Cessna 310 II	E 570
Piper PA-34-220T Seneca V	T 440
Pezetel PZL M-20 Mewa	T 440
Partenavia P.68C	E 400
Piper PA-44-180 Seminole	V 360
Piper PA-46-350P Malibu Mirage	T 350
Cessna 210 Centurion Turbo	T 325
Cessna 210 Centurion Pressurized	T 325
Cessna 206 Stationair 6 Turbo	T 310
Cessna 206 H Stationair Turbo	E 310
Piper PA-32R-301T Saratoga II TC	T 300
Piper PA-32R-301 Saratoga II HP	E 300
Cessna 210 Centurion	E 300
Cessna 206 H Stationair	E 300
Beechcraft Bonanza B36TC	T 300
Beechcraft Bonanza A36	E 300
Cessna 206 Stationair 6	E 285
Beechcraft Bonanza V35B	E 285
Beechcraft Bonanza F33A	E 285
Mooney Ovation	E 280
Mooney Bravo	T 270
Commander Commander 114 TC	T 270
Commander Commander 114 B	E 260
Aviat Pitts S-2B	E 260
Socata Trinidad TB 21	T 250
Socata Trinidad TB 20	E 250
Mooney Eagle	E 244
Piper PA-28-236 Dakota	V 235
Maule MT-7-235 Super Rocket	E 235
Cessna 182 Skylane Turbo RG	V 235
Cessna 182 Skylane RG	V 235
Cessna 182 Skylane Bj. 84	V 230
Cessna 182 Skylane	E 230
Socata Tobago TB 200	E 200
Robin DR 500/200i President	E 200
Piper PA-28RT-201T Turbo Arrow	T 200
Piper PA-28R-201 Arrow	E 200
Socata Tobago TB 10	V 180
Robin R 3180	V 180
Robin DR 400/180R Remo 180	V 180
Robin DR 400/180 Regent	V 180
Piper PA-28-181 Archer III	V 180
Maule MXT-7-180A Comet	V 180
Grob G 115 E	E 180
Grob G 115 C	V 180
Cessna 172 S Skyhawk SP	E 180
Cessna 172 Cutlass RG	V 180
Aviat Husky A-1	V 180
Diamond DA40	E 170
Socata Tampico Club TB 9	V 160
Robin R 2160 D	V 160
Robin DR 400/140B Dauphin 4	V 160
Piper PA-28-161 Warrior III	V 160
Piper PA-28-161 Cadet	V 160
Maule MX-7-160 Sportplane	V 160
FFT Speed Canard SC 01-160	V 160
Cessna 172 Skyhawk	V 160
Cessna 172 R Skyhawk	E 160
Piper PA-18-150 Super Cub	V 150
Pezetel PZL Koliber 150	V 150
Robin R 200/120B	V 118
Cessna 152	V 108
Diamond HK 36 S. Dimona TC 80	V 81
Diamond DA20-A1 Katana	V 81

Vergaser- oder Einspritzmotor?	
↑ **Vergasermotor**	↑ **Einspritzmotor**
Anschaffungspreis niedriger	Ansprechen des Motors schneller
Startverhalten leichter, ausgenommen bei hohen Außentemperaturen	Gefahr einer Vergaservereisung nicht gegeben
System weniger kompliziert	Treibstoffausnutzung optimal
Wartungskosten niedriger	
↓ **Vergasermotor**	↓ **Einspritzmotor**
Vergaservereisung möglich: Gefahr eines Triebwerksausfalls	Anlaßprobleme bei hohen Außentemperaturen möglich
Vergaservereisung möglich: Reduzierte Leistung bei eingeschalteter Vergaservorwärmung während des Fluges	Anschaffungspreis höher
Treibstoffausnutzung nicht optimal	System komplizierter
	Vereisung des Lufteinlaßsystems möglich
	Wartungskosten höher

Anmerkung: Die Kriterien sind alphabetisch und nicht nach Wertigkeit sortiert.

Trotzdem werden die Flugstundenkosten pro Jahr bei einer Einmotorigen mit Propellerturbine im Vergleich mit einer mindestens ebenso teuren Zweimotorigen aus der Sicht eines nüchtern rechnenden potentiellen Flugzeugkäufers niedriger ausfallen.

Genau dieser Punkt ist es, der die Flugzeughersteller seit einiger Zeit dazu bewogen hat, die Produktion ihrer zweimotorigen Modelle der unteren und mittleren Leistungsklasse zurückzufahren und neue, mit Propellerturbinen ausgestattete Hochleistungs-Einmotorige zu favorisieren.

Dieseltriebwerk

Ein Hoffnungsschimmer am Horizont bei den ausufernden Treibstoffkosten für Avgas, Kerosin und Mogas ist der Dieselmotor, der erstmalig (nach Versuchen vor einigen Jahren bei BMW) von dem Motorenhersteller Thielert für die Allgemeine Luftfahrt zur Serienreife gebracht wurde und inzwischen für einige Flugzeugtypen (Cessna, Robin usw.) alternativ zur konventionellen Motorisierung angeboten wird. Noch liegt die Leistung dieser Motoren im gegenwärtigen Entwicklungsstadium „nur" zwischen 100 bis 150 PS, doch leistungsstärkere Dieselmotoren könnten in absehbarer Zeit folgen und somit zu einer erheblichen Kostensenkung beim Betrieb kleiner und mittlerer Flugzeuge der Allgemeinen Luftfahrt beitragen.

Entsprechend der Bedeutung dieser Motorenentwicklung soll nachfolgend näher darauf eingegangen werden.

Triebwerk ohne oder mit Turbocharger?

↑ Ohne Turbocharger	↑ Mit Turbocharger
Anschaffungskosten geringer	Dienstgipfelhöhe größer
Wartungskosten geringer	Leistungsfähigkeit in größeren Flughöhen deutlich besser
	Reisegeschwindigkeit bei gleichem Treibstoffverbrauch wie Vergasermotor größer
	Startleistung auf hoch gelegenen Flugplätzen erheblich besser
	Steigleistung besser
	Zweimotorige können bei Ausfall eines Motors je nach Flughöhe besser Flughöhe halten

↓ Ohne Turbocharger	↓ Mit Turbocharger
Leistungsabnahme ab ca. 7.000 ft	Anschaffungskosten höher
Reisegeschwindigkeit bei gleichem Treibstoffverbrauch wie Turbocharger geringer	Avionikausrüstung nach CVFR-Vorschriften erforderlich
Steigleistung geringer	CVFR-Berechtigung in größeren Höhen erforderlich
Zweimotorige können bei Ausfall eines Motors je nach Flughöhe kaum Flughöhe halten	Motorenhandling etwas schwerer
	Motorenschäden durch unsachgemäße Motoreinstellung wahrscheinlicher
	Sauerstoffversorgung in größeren Höhen erforderlich
	Wartungskosten höher

Anmerkung: Die Kriterien sind alphabetisch und nicht nach Wertigkeit sortiert.

Der von Thielert für den VLA-Bereich (VLA = Very Light Aircraft) entwickelte Diesel- und Jet-Fuel-taugliche Motor TAE 110 leistet 110 PS und hat ein Trockengewicht von 134 kg. Der Verbrauch im Reiseflug in 2.500 ft Flughöhe liegt bei ca. 11-13 l pro Stunde. Der Motor wird ausschließlich durch eine digitale Motorelektronik gesteuert.

Die Motorsteuerung verfügt über eine Datenaufzeichnung zur Gewährleistung einer Betriebssicherheit, die in der Allgemeinen Luftfahrt mit Sicherheit einen neuen Standard repräsentiert. Im März 2001 ist die Musterzulassung nach JAR 22-H für den Motor erteilt worden.

Beechcraft Bonanza B36TC

1. Sitze, Fahrwerk, Zelle
Sitzplätze inkl. Crew	6
Fahrwerk	Einziehbar
Länge / Höhe	8,38 m / 2,57 m
Spannweite	11,53 m
Flügelfläche	17,47 qm

2. Propeller, Triebwerk, Verbrauch
Propeller	Verstellbar
Triebwerk	1 x Continental TSIO-520-UB
Triebwerkleistung	1 x 300 PS (221 kW)
Treibstoffverbrauch[1]	66,0 l/h Avgas

3. Gewichte
Leergewicht	1.057 kg
+ Nutzladung[2]	411 kg
+ Treibstoff[3]	386 l = 278 kg
= Gesamtgewicht	1.746 kg

4. Belastungsdaten
Leistungsbelastung	5,8 kg/PS
Flächenbelastung	99,9 kg/qm

5. Leistungsdaten
Höchstgeschwindigkeit	395 km/h
Reisegeschwindigkeit[1]	335 km/h
Abreißgeschwindigkeit[4]	120 km/h
Steigleistung (1-/2-mot)	321 / 0 m/min
Dienstgipfelhöhe (1-/2-mot)	7.620 / 0 m
Start-[5] / Landerollstrecke[6]	311 m / 298 m

6. Transport-Kennzahlen
Gesamtzuladung[7]	689 kg = 39 %
davon Nutzladung[2]	411 kg = 24 %
davon Treibstoff	278 kg = 16 %
Reichweite[8]	1.708 km
Treibstoffverbrauchsindex	0,78

1 Bei 65% Leistung **2** Crew, Passagiere, Gepäck **3** kg-Berechnung nach spezifischem Gewicht **4** Klappen 0° **5** Start- bis Abhebepunkt **6** Aufsetz- bis Stillstandpunkt **7** Anteil am Gesamtgewicht **8** Inkl. 45 Min. Reserve

Abb. 1.9: Eines der ausgewogensten einmotorigen Reiseflugzeuge ist die Bonanza B36TC mit einer Reichweite von rund 1.700 km. Das Einsatzprofil dieses Flugzeuges ist eindeutig der Transport von 6 Passagieren inkl. Crew im gehobenen privaten und geschäftlichen Betrieb ohne allzu große Zuladekapazitäten (Quelle: Beechcraft).

Die direkten Betriebskosten des TAE 110 reduzieren sich im Vergleich mit einem Lycoming 0320 Motor um mindestens 70%. Diesem Vergleich liegt die Verwendung des preisgünstigen Dieselkraftstoffes sowie der Verbrauch von nur 11-13 l/h gegenüber ca. 33 l/h eines Lycoming O-320 in einer Reiseflughöhe von 2.500 ft zugrunde. Bereits ab 1.700 ft steht beim Thielert-Motor die maximal mögliche Dauerleistung zur Verfügung.

Bei der von Thielert angestrebten TBO von 3.000 Stunden und entsprechend langen Wartungsintervallen dürften sich die betriebsabhängigen Kosten erheblich reduzieren.

Da der Motor als Dieselaggregat über eine qualitative Gemischbildung verfügt, gehört auch das Thema „Leanen" der Vergangenheit an. Motorschäden durch falsche Gemischaufbereitung gibt es genauso wenig wie schlechte Gasannahme durch zu starkes Leanen. Die Thielert-Motorsteuerung regelt jedoch nicht nur die Gemischaufbereitung, sondern übernimmt daneben auch die Steuerung des Constant Speed Propellers. Die Motorenkonstruktion ermöglicht es außerdem, alle zur Zeit gültigen Lärmgrenzwerte auch ohne den Einsatz eines Schalldämpfers zu unterschreiten.

Durch den reduzierten Treibstoffverbrauch und die höhere Leistungsabgabe ab 1.700 ft im Vergleich mit dem Lycoming O-320 verbessert sich auch die Reichweite entscheidend. Liegt sie z.B. beim O-320 in einer C 172 R Skyhawk bei ca. 800 km inklusive 45 Minuten Reserve, können mit dem Thielert-Triebwerk problemlos 1.600 km, (ebenfalls mit 45 Minuten Reserve) erreicht werden.

Auf die weitere Entwicklung der Dieseltriebwerke für leichte Einmotorige darf man gespannt sein.

Starr- und Verstellpropeller

Starrpropeller

Nur bei einmotorigen Flugzeugen der untersten und mittleren Leistungsklasse wird man vor die Entscheidung gestellt, zwischen einem Flugzeug mit Starr- oder mit Verstellpropeller zu wählen. Während bei Flugzeugen bis zu 180 PS der Starrpropeller dominiert, sind Flugzeuge ab 200 PS nur sehr selten mit starren Luftschrauben ausgestattet. Bei Starrpropellern sind die Propellerblätter starr an der Nabe in einem bestimmten Steigungswinkel angebracht.

Starrpropeller sind immer eine Kompromiß-Konstruktion, mit der weder optimale Steig- noch Reiseflugleistungen erreicht werden können. Beim Start mit geringer Vorwärtsgeschwindigkeit ist der Anstellwinkel sehr groß, und die Propellerblätter müssen einen großen Widerstand überwinden. Die Motorleistung reicht dabei nicht aus, den Propeller auf maximale Drehzahl zu bringen. Mit dem Steigen der Vorwärtsgeschwindigkeit nimmt der Widerstand wegen des kleineren Anstellwinkels ab, und die Drehzahl erhöht sich.

Ein Propeller mit feststehenden Blättern hat daher den Nachteil, daß er nur bei einer bestimmten Drehzahl in Abhängigkeit von der Fluggeschwindigkeit den besten Wirkungsgrad erzielt. Jede Abweichung von den optimalen Werten führt zu einer Verschlechterung des Wirkungsgrades: Der Treibstoffverbrauch steigt.

Verstellpropeller

Die bei leistungsstärkeren Triebwerken meistens verwendeten Verstellpropeller haben diese Nachteile nicht. Über einen großen Geschwindigkeitsbereich haben sie einen hohen Wirkungsgrad.

Socata Tampico Club TB 9

1. Sitze, Fahrwerk, Zelle
Sitzplätze inkl. Crew	4
Fahrwerk	Fest
Länge / Höhe	7,70 m / 3,02 m
Spannweite	9,77 m
Flügelfläche	11,90 qm

2. Propeller, Triebwerk, Verbrauch
Propeller	Starr
Triebwerk	1 x Lycoming O-320-D2A
Triebwerkleistung	1 x 160 PS (118 kW)
Treibstoffverbrauch[1]	35,2 l/h Avgas

3. Gewichte
Leergewicht	647 kg
+ Nutzladung[2]	304 kg
+ Treibstoff[3]	152 l = 109 kg
= Gesamtgewicht	1.060 kg

4. Belastungsdaten
Leistungsbelastung	6,6 kg/PS
Flächenbelastung	89,1 kg/qm

5. Leistungsdaten
Höchstgeschwindigkeit	226 km/h
Reisegeschwindigkeit[1]	194 km/h
Abreißgeschwindigkeit[4]	107 km/h
Steigleistung (1-/2-mot)	229 / 0 m/min
Dienstgipfelhöhe (1-/2-mot)	3.810 / 0 m
Start-[5] / Landerollstrecke[6]	340 m / 195 m

6. Transport-Kennzahlen
Gesamtzuladung[7]	413 kg = 39 %
davon Nutzladung[2]	304 kg = 29 %
davon Treibstoff	109 kg = 10 %
Reichweite[8]	692 km
Treibstoffverbrauchsindex	1,87

1 Bei 65% Leistung **2** Crew, Passagiere, Gepäck **3** kg-Berechnung nach spezifischem Gewicht **4** Klappen 0° **5** Start- bis Abhebepunkt **6** Aufsetz- bis Stillstandpunkt **7** Anteil am Gesamtgewicht **8** Inkl. 45 Min. Reserve

Abb. 1.10: Mit Starrpropeller und 160-PS-Vergasertriebwerk ausgerüstet ist die Tampico Club TB 9 ein Allround-Flugzeug für den Kurzstrecken- und Clubbetrieb mit einem gutmütigen Flugverhalten. Flugschulung, kurze Reiseflüge, Sight-Seeing-Touren und „Luftwanderungen" sind die Domäne dieser 4-sitzigen Maschine (Quelle: Socata).

Einmot: Starr- oder Verstellpropeller?	
↑ **Starrpropeller**	↑ **Verstellpropeller**
Anschaffungskosten niedriger	Geräuschpegel niedriger
Gewicht niedriger	Leistung bei Motoren mit höherer Leistung besser umsetzbar
Handling einfach	Prestige größer
Reparaturkosten niedriger	
Wartungskosten niedriger	
↓ **Starrpropeller**	↓ **Verstellpropeller**
Geräuschpegel höher	Anschaffungskosten höher
Leistung nicht optimal umsetzbar bei Motoren mit höherer Leistung	Handling komplizierter
Leistung weniger steuerbar	Reparaturkosten höher
	Wartungskosten höher

Anmerkung: Die Kriterien sind alphabetisch und nicht nach Wertigkeit sortiert.

Die Propellerblätter sind beim Verstellpropeller an der Nabe drehbar angebracht. Über einen Regler ist der Einstellwinkel der Blätter veränderbar. Verstellpropeller bei mehrmotorigen Flugzeugen können bei einem Motorausfall in Segelstellung gebracht werden. Der stehende Propeller wird dabei so eingestellt, daß sein Widerstand im Fahrtwind möglichst gering ist.

Heute werden fast nur sogenannte *Constant Speed Propeller* eingesetzt, die sich durch Veränderung des Einstellwinkels automatisch der Fluggeschwindigkeit anpassen und die gewählte Drehzahl konstant einhalten. Beim Start wird durch Einstellung auf kleinste Steigung eine hohe Drehzahl mit entsprechend maximaler Leistung erreicht. Beim Übergang in den Reiseflug verstellt mit zunehmender Fluggeschwindigkeit ein Regler stufenlos ohne Änderung der Drehzahl den Einstellwinkel der Propellerblätter. Während des Reisefluges reduziert man die Drehzahl auf die im Flughandbuch angegebenen Werte: Der Einstellwinkel vergrößert sich automatisch auf große Steigung.

Sinnvoll ist also der Einsatz eines Verstellpropellers vorwiegend beim Einsatz leistungsstarker Triebwerke, bei denen das optimale Umsetzen des Vortriebs einen erheblichen Einfluß auf die Performance des Flugzeuges hat.

Fahrwerk

Bei der Wahl eines Flugzeuges muß auch entschieden werden, welche Fahrwerkkonstruktion die richtige für die geplanten Einsatzzwecke ist. Neben Kostenüberlegungen und der Art der Flüge (Reiseflüge, Schu-

Festes Fahrwerk oder Einziehfahrwerk?	
↑ **Festes Fahrwerk**	↑ **Einziehfahrwerk**
Anschaffungspreis niedriger	Aussehen im Flug professioneller
Gefahr bei der Landung gegenüber einem eingezogenen Fahrwerk ausgeschlossen	Geschwindigkeitsabbau durch Ausfahren während des Fluges möglich
Handling einfacher	Notlandungen auf Wasser u.U. unproblematischer
Schadenanfälligkeit beim Rollen, Starten und Landen auf rauhen Graspisten gering	Prestige größer
Versicherungskosten niedriger	Reisegeschwindigkeit höher
Wartungskosten erheblich niedriger	
↓ **Festes Fahrwerk**	↓ **Einziehfahrwerk**
Luftwiderstand höher	Anschaffungspreis höher
Notlandungen u.U. problematischer (Wasser usw.)	Handling komplizierter
Prestige geringer	Schadenanfälligkeit beim Rollen, Starten und Landen auf rauhen Graspisten relativ hoch
	Versicherungskosten niedriger
	Wartungskosten erheblich höher

Anmerkung: Die Kriterien sind alphabetisch und nicht nach Wertigkeit sortiert.

lungsflüge usw.) spielen auch die Beläge der vorwiegend benutzten Start-/Landebahnen eine wichtige Rolle.

Flugzeuge mit Einziehfahrwerken sind teurer in der Anschaffung und bei den Wartungskosten, in die sie als Betriebserschwernisse kostensteigernd eingerechnet werden müssen (s.a. Kapitel 2).

Bei vorwiegendem Betrieb auf Grasbahnen ist ein Einziehfahrwerk nicht zu empfehlen, da selbst bei robuster Auslegung der Gesamtkonstruktion immer eine große Belastung auftritt, die zu einem erhöhten Verschleiß führt. Ebenso wenig ist ein Flugzeug mit Einziehfahrwerk für den Basis-Fliegerclubbetrieb und für Schulungsflüge mit vielen Touch-And-Go geeignet.

Einmotorige Flugzeuge mit Einziehfahrwerk, die vorwiegend für Reiseflüge benutzt werden, haben (abhängig von der Triebwerksleistung) gegenüber dem gleichen Typ mit festem Fahrwerk eine ca. 15-20 kt höhere Reisefluggeschwindigkeit bei 65% Leistung. Ab einer Triebwerksstärke von 200 PS sind Einmotorige bis auf wenige Ausnahmen fast ausschließlich mit Einziehfahrwerken ausgerüstet.

Hochdecker oder Tiefdecker?	
↑ **Hochdecker**	↑ **Tiefdecker**
Boden- und Schrägsicht während des Fluges besser, ausgenommen Kurvenflug	Boden- und Schrägsicht im Kurvenflug besser
Bodenfreiheit der Tragflächen größer, beim Rollen auf unebenen Graspisten daher geringere Schadenanfälligkeit	Fahrwerkbeine kürzer
Ein- und Aussteigen leichter	Fahrwerkschutz bei Einziehfahrwerk besser
Flugstabilität besser	Schwerpunktlage niedriger, dadurch bessere Stabilität am Boden
Kabinenaufheizung durch Sonneneinstrahlung vermindert	Tanken und Tank-Kontrolle der Flächentanks problemlos
Kraftstoffpumpe nur bei Einspritzer erforderlich	Windempfindlichkeit am Boden geringer
Schutz durch Tragflächen beim Ein- und Aussteigen im Regen	
↓ **Hochdecker**	↓ **Tiefdecker**
Boden- und Schrägsicht im Kurvenflug eingeschränkt	Bodenfreiheit der Tragflächen geringer, beim Rollen auf unebenen Graspisten daher größere Schadenanfälligkeit
Einziehfahrwerk-Konstruktion aufwendig	Boden- und Schrägsicht während des Fluges schlechter
Luftwiderstand durch Flächen-Streben erhöht	Ein- und Aussteigen beschwerlicher
Schwerpunktlage höher, dadurch geringere Stabilität am Boden	Gesamtstruktur schwerer
Tanken und Tank-Kontrolle der Flächentanks unbequem	Kraftstoffpumpe grundsätzlich erforderlich
Windempfindlichkeit am Boden größer	

<u>Anmerkung:</u> Die Kriterien sind alphabetisch und nicht nach Wertigkeit sortiert.

Anordnung der Tragflächen

Flugzeuge in der Allgemeinen Luftfahrt werden u.a. nach der Anordnung der Tragflächen eingeteilt. Man unterscheidet je nach Befestigung der Tragflächen am Rumpf zwischen Tief-, Mittel-, Schulter- und Hochdecker. Typische Tiefdecker sind z.B. alle neuen Flugzeuge von Piper, Schulterdecker sind z.B. alle Einmotorigen von Cessna. Da sich aber der Begriff *Schulterdecker* in der Allgemeinen Luftfahrt nicht durchgesetzt hat, soll in diesem Handbuch ausschließlich der übliche Begriff *Hochdecker* verwendet werden.

Im Allgemeinen herrscht die Meinung vor, daß Hochdecker ein gutmütigeres Flugverhalten als Tiefdecker haben und auch deren Geschwindigkeit nicht erreichen. Das ist pauschal gesehen richtig.

Nun gibt es zwar auch Hochdecker wie z.B. die Cessna Caravan, die spielend in der Spitzengruppe der schnellsten Reiseflugzeuge mithalten kann - allerdings nur mit einer Propellerturbine, die 675 PS leistet. Vergleicht man aber Tief- und Hochdecker mit gleicher Triebwerksstärke, dann liegt der Tiefdecker vorn.

Das gutmütigere Flugverhalten des Hochdeckers ist auf die stabilere Fluglage zurückzuführen, bei der Ruderausschläge und die Trimmung nicht so sensible Reaktionen bewirken wie beim Tiefdecker, der agiler und forscher bewegt werden kann.

Ob man sich für einen Tief- oder einen Hochdecker entscheidet, wird im wesentlichen vom Einsatzprofil abhängen. Der vom PKW bekannte Begriff *Multi Purpose Vehicle* (Vielzweck-Fahrzeug) trifft, übertragen auf einmotorige Flugzeuge, am ehesten auf Hochdecker zu. Wer ein schnelles Reiseflugzeug sucht und vorwiegend in kürzester Zeit von A nach B kommen möchte, wird einen Tiefdecker wählen. Als problemloses Clubflugzeug für Schulung und den rauhen Vereinsbetrieb dürfte der Hochdecker die Nase vorn haben: Seit Jahrzehnten dominieren Cessnas in deutschen Flugsportvereinen.

Avionic bei Neuflugzeugen

Auf den ersten Blick ist es sinnvoll, sich beim Kauf eines Neuflugzeuges auch für den werksseitigen Einbau der Avionic zu entscheiden.

Abb. 1.11: Panel einer Cessna 182 Skylane (Baujahr 2001) mit werksseitig eingebauter Avionic (Quelle: Cessna).

Avionic werksseitig oder nachträglich einbauen?	
↑ **Avionic werksseitig**	↑ **Avionic nachträglich**
Ausfallzeiten für spätere Einbauten entfallen	Avionic nach Wunsch
Avionic-Preise niedriger	Einbauorte nach Wunsch
Installation während des Flugzeugbaus möglich und somit wesentlich einfacher	Installation servicefreundlicher, abgestimmt auf den Avionicbetrieb, der auch den Einbau vorgenommen hat
	Wartungs- und Reparaturaufwand geringer bei dem Avionicbetrieb, der auch den Einbau vorgenommen hat
↓ **Avionic werksseitig**	↓ **Avionic nachträglich**
Avionic-Betriebe evtl. nicht mit werksseitigem Installationsplan vertraut, Zeitaufwand bei Wartung und Reparaturen größer	Ausfallzeiten des Flugzeuges während der nachträglichen Installation u.U. lange
Beschränkungen auf werksseitig verfügbare Avionic	Verdrahtung je nach Flugzeugtyp und Aufbau des Motorraumes, des Panels und der Kabine u.U. aufwendig
Installation nicht immer servicefreundlich	
Wartungs- und Reparaturkosten höher bei Fugzeughersteller-Avionic-Marken	

Anmerkung: Die Kriterien sind alphabetisch und nicht nach Wertigkeit sortiert.

Vielfach werden von den Herstellern sogenannte *Avionic-Packages* angeboten, die nicht nur unterschiedliche Gerätekonfigurationen (VFR, IFR, NAV I, NAV II usw.), sondern auch Geräte unterschiedlicher Qualitätsklassen (z.B. Bendix/King Silver Crown und Gold Crown) beinhalten.

Vorteil der werksseitigen Avionic ist fraglos neben der nahtlosen Einpassung in das Panel und entsprechender Abstimmung die bereits beim Bau des Flugzeuges installierte Verdrahtung, die bei nachträglichen Einbauten durchaus eine völlige Demontage vorhandener Geräte und Verkleidungen notwendig machen kann.

Als Kompromiß zwischen werksseitig installierter Avionic und speziellen Wünschen des Flugzeugkäufers bietet sich an, ein Minimum-Basis-Package bei der Bestellung des Flugzeuges zu ordern und die Wunsch-Avionic nachträglich einbauen zu lassen.

Unerläßliche Voraussetzung für ein solches Prozedere ist aber, daß der deutsche Avionic-Betrieb nicht nur über eine große Erfahrung bei Avionic-Installationen (möglichst mit gleichen Flugzeugtypen) verfügt, sondern auch enge Kontakte zu den Flugzeug- und Avionic-Herstellern hält, um einen optimalen Service bei und nach den Einbauten garantieren zu können.

Leistungs- und Flächenbelastung

Die Leistungsbelastung in kg/PS und die Flächenbelastung in kg/qm sind weitere Kriterien, die bei der Wahl des richtigen Flugzeuges herangezogen werden sollten. Auch hier soll eine überschlägige Bewertung die Interpretation der Daten erleichtern.

Je weniger Gewicht in kg auf jedes PS entfällt, um so leistungsfähiger ist das Flugzeug beim Start, beim Steig- und Reiseflug und bei der Dienstgipfelhöhe. Eng im Zusammenhang mit diesem Leistungsparameter steht die Flächenbelastung, die (pauschal gesehen) bei schnellen Flugzeugen hoch und bei langsamen Flugzeugen niedrig ist. Das Zusammenspiel dieser beiden Parameter entscheidet über die Ausgewogenheit des Flugverhaltens und der Flugleistungen.

Am Beispiel der Piper Cheyenne 400 soll dieses Zusammenspiel verdeutlicht werden. Bei diesem Flugzeug geht es darum, ein relativ hohes Gewicht (5.466 kg MTOW) möglichst schnell (495 km/h) zu transportieren. Um so schnell fliegen zu können, müssen zunächst Luftwiderstand und Auftrieb durch ein Schnellflugprofil und eine kleinere Flügelfläche (27,22 qm) verringert werden. Es ergibt sich eine hohe Flächenbelastung von 5.466 kg : 27,22 kg = 200,8 kg/qm, die nur mit einer hohen Geschwindigkeit kompensiert werden kann. Dafür ist nun ein leistungsstarkes Triebwerk erforderlich, bei dem jedes PS möglichst wenig Gewicht zu bewegen hat. Bei der Cheyenne 400 errechnet sich diese Leistungsbelastung mit 5.466 kg : 2.000 PS = 2,7 kg/PS.

Fazit

Hohe Flächenbelastungen erfordern niedrige Leistungsbelastungen, hohe Leistungsbelastungen erfordern niedrige Flächenbelastungen.

Je niedriger der Quotient aus kg/qm zu kg/PS, um so mehr wird bei einem möglichst hohen MTOW eine geringe Triebwerksleistung durch einen höheren Auftrieb ausgeglichen. Beispiele:

**Diamond Super Dimona TC 80
(niedriger Quotient)**
49,0 kg/qm : 9,5 kg/PS = **5,2**

Piper Cheyenne 400 (hoher Quotient)
200,8 kg/qm : 2,7 kg/PS = **74,4**

Gesamtzuladung, Nutzladung

Die Gesamtzuladung ist die Summe aus der maximal ladbaren Treibstoffmenge in kg und der Nutzladung in kg. Unter der Nutzladung in kg ist die Summe der Gewichte der Crew, der Passagiere und des Gepäcks zu verstehen. Setzt man die Nutzladung ins Verhältnis zum Gesamtgewicht des Flugzeuges (MTOW), erhält man einen Prozentwert, der einen weiteren Aufschluß über die Effektivität des Flugzeuges als Transportmittel liefert: Je höher der Prozentwert, um so größer ist die Transportleistung.

Da das MTOW auch die maximale Treibstoffmenge enthält, kann zusätzlich aus dem Prozentwert der Nutzladung geschlossen werden, wie sinnvoll die Angaben der Flugzeughersteller über Reichweiten und Zuladungen sind. Mitunter wird in den Werbeabteilungen der Flugzeugwerke hanebüchener Unsinn verzapft.

Da kommt es gelegentlich vor, daß ein Flugzeug mit einer phantastischen Reichweite angegeben und damit explizit geworben wird. Rechnet man nach, ist diese Reichweite jedoch nur mit einem Piloten ohne Passagiere und ohne Gepäck zu realisieren.

Auch die enormen Zuladungsmöglichkeiten stehen manchmal in den Werbebotschaften an erster Stelle. Eine kritische Berechnung allerdings ergibt in extremen Fällen, daß bei voller Zuladung nur eine erweiterte Platzrunde geflogen werden kann, weil durch die angepriesene hohe Nutzladung das MTOW fast erreicht ist und nur noch wenig Treibstoff zugeladen werden kann.

MTOW, Treibstoffgewicht und Nutzladung müssen daher bei der Wahl eines Flugzeuges genau geprüft werden, wenn man keine Gefahr laufen will, sein Einsatzprofil mit falsch gewähltem Fluggerät völlig zu verfehlen.

Reichweite

Für die Reichweite eines Flugzeuges gelten die gleichen Überlegungen wie bei der Nutzladung. Die Reichweite muß immer mit vollen Tanks und mit voller Zuladung unter Einbeziehung einer 45-Minute-Reserve bei einer Leistungseinstellung von 65% in VFR-typischer Flughöhe (ca. 5.000 ft) berechnet werden.

Das Kriterium einer großen Reichweite ist uninteressant bei Schulflugzeugen und Flugzeugen, die dezidiert nur über kleinere und mittlere Distanzen eingesetzt werden sollen.

In die frühere Domäne der Zweimotorigen, auch größere Distanzen überbrücken zu können, sind inzwischen Hochleistungs-Einmotorige wie z.B. TBM 700, Piper Meridian, Cessna Caravan, Mooney Bravo usw. eingebrochen. Reichweiten bis zu 2.500 km sind für diese Einmotorigen heute kein Problem mehr.

Die Reichweite sollte bei der Wahl eines Flugzeuges aus der unteren und mittleren Leistungsklasse nicht überbewertet werden.

Selbst bei Flügen über 1.000 km mit einer kleinen 4-sitzigen Maschine ins benachbarte Ausland einschließlich der Mittelmeerländer kann man bei entsprechender Flugplanung und vernünftiger Leistungseinstellung (55%) mit einem Tankstop auskommen.

Bei Flugzeugen mit dem neuen Thielert-Dieselmotor können - die gleiche Tankkapazität wie bei Avgas vorausgesetzt - deutlich größere Strecken Nonstop zurückgelegt werden. Es bleibt aber abzuwarten, wie sich die Dieseltechnologie in der Luftfahrt etabliert und weiter entwickelt.

Neu- oder Gebrauchtflugzeug?

Flugzeuge haben gegenüber einem PKW eine weit längere Lebensdauer. Bei den in diesem Handbuch besprochenen Ein- und Zweimotorigen bis zu 5,7 Tonnen Gesamtgewicht kann man von einem Nutzungszeitraum von 25 bis 30 Jahren ausgehen - entsprechende Pflege- und Instandhaltungsmaßnahmen vorausgesetzt. Bei Finanzierungen und bei Leasing kalkuliert man eine Lebenserwartung von 20 bis 30 Jahren ein - je nach Modell und Einsatzbereich.

Einer der Gründe, warum Flugzeuge länger betriebsfähig sind als PKW, ist die geringere Beanspruchung des Materials: In der Luft nutzen sich (bis auf die Antriebsaggregate, die Avionic und die beweglichen Teile) die Teile eines Flugzeuges nicht in dem Maße ab wie beispielsweise beim PKW, der auf den Straßen in allen konstruktiven Bereichen ständig gefordert ist.

Außerdem sorgt die Verwendung von weitgehend korrosionsfesten Materialien wie zum Beispiel Aluminiumlegierungen für eine hohe Lebenserwartung von Zelle sowie Trag- und Leitwerk.

Selbst die Motoren sind aufgrund ihrer robusten und großvolumigen Bauweise langlebige Aggregate, die aber alle 2.000 Betriebsstunden grundüberholt werden müssen.

Gebrauchtflugzeuge

Gegen den Kauf eines gebrauchten Flugzeuges spricht aus diesen Überlegungen heraus im Grunde nichts. Man sollte nur den Zustand des Flugzeuges durch einen anerkannten Werftbetrieb überprüfen und sich Mängel schriftlich bescheinigen lassen.

Wichtig ist, daß der Verkäufer eine lückenlose Lebenslaufakte mit dem Nachweis aller Wartungs- und Reparaturarbeiten sowie aller durchgeführten Lufttechnischen Anweisungen (LTA) und Arbeiten nach den Service Bulletins der Hersteller vorlegen kann. In die sogenannten „Black Boxes" der Avionic allerdings kann man nicht hineinsehen, um dort versteckte Mängel feststellen zu können. Hier muß man darauf achten, daß alle Jahresnachprüfungen durchgeführt wurden. Sicherheitshalber läßt man die Avionic in einem Fachbetrieb eingehend überprüfen.

Die einwandfreien Funktionen der Avionic (Funkgerät, VOR, ADF, Transponder, Autopilot usw.) überprüft man am besten auch bei einem nicht zu kurzen Probeflug. Manche Avionic-Fehler treten erst dann auf, wenn die Geräte eine bestimmte Betriebstemperatur erreicht haben (Wärmefehler).

Abzuraten ist vor Schulflugzeugen aus einer Flugschule oder einem Flugsportverein, da hier mit einer überdurchschnittlichen Materialbeanspruchung und versteckten Mängeln gerechnet werden muß, die sich nicht immer gleich zeigen.

Indiskutabel sind auch nicht für den Kunstflug zugelassene Flugzeuge solcher Besitzer, die sich kunstfliegerischer Fähigkeiten brüsten und gelegentlich ihr fliegerisches Können und die Leistungsfähigkeit ihres Flugzeuges mit Loopings und Rollen unter Beweis stellen.

Bei derart mißhandeltem Fluggerät ist mit einer überdurchschnittlichen Tragwerk- und Zellenbeanspruchung (eventuell sogar mit feinen Haar-Rissen) sowie u.U. mit Motorschäden durch mangelhafte Ölversorgung (Rückenflug!) zu rechnen. Für Kunstflug zugelassene Flugzeuge haben nämlich u.a. spezielle Ölpumpen, die auch in extremen Fluglagen die Schmierung des Motors sicherstellen. Normale Flugzeuge haben diese Spezialausrüstung nicht.

Der Markt für einmotorige Gebrauchtflugzeuge ist seit einigen Jahren ausgesprochen angespannt, d.h., die Nachfrage ist größer als das Angebot. Hinzu kommt, daß wegen des schwachen Euro der US-Flugzeugmarkt seinen Bedarf teilweise in Europa deckt.

Die meisten Flugzeugbesitzer wissen das natürlich und können mit ihren Preisforderungen entsprechend hoch pokern. Betroffen sind hier vor allem Typen der ehemals führenden General-Aviation-Hersteller Cessna und Piper.

Aber auch weniger bekannte Modelle anderer Hersteller haben heute recht hohe Preise. Trotzdem zeichnet sich in letzter Zeit eine Entspannung ab, da z.B. Cessna und Piper die Produktion von einigen Einmotorigen wieder aufgenommen haben. Allerdings sind die Preise für diese neuen Modelle alles andere als ein Schnäppchen.

Neuflugzeuge

Bei Neuflugzeugen muß man sich wegen möglicher Gebrauchsschäden natürlich keine Gedanken machen. Jedoch liegen die Preise allein bei den Einmotorigen inzwischen so hoch, daß man mit dem Kaufpreis problemlos einen gut ausgestatteten Einfamilien-Bungalow bezahlen könnte.

Hochwertige und äußerst leistungsfähige Einmotorige der gehobenen Mittelklasse geraten dabei leicht in Preislagen, die sich im privaten Flugzeugeigner-Bereich allenfalls einem Lottogewinner öffnen würden. 600.000 DM und mehr sind bei dieser gehobenen Klasse dann keine Seltenheit mehr.

Wer gar zu einer Hochleistungs-Einmot mit Propellerturbine tendiert, hat inzwischen die Wahl zwischen der neuen Piper Meridian (1,6 Mio. US-Dollar), der TBM 700 von Socata (2,3 Mio. US-Dollar) und der Pilatus PC 12 (3,0 Mio. US-Dollar).

Problematisch ist die Berechnungsgrundlage bei US-amerikanischen Flugzeugen, deren Preis sich ausschließlich am Kurs des US-Dollar orientiert. Auch die europäischen Flugzeughersteller bedienen sich dieser Praxis, und so kann auch ein Flugzeug aus deutscher Produktion bei einem Dollarkurs von z.B. 2,30 DM 1,18 € im Mai 350.000 DM / 178.952 €, im Juli aber bei einem Kurs von z.B. 2,10 DM /1,07 € nur noch 320.000 DM / 163.613 € kosten.

Leider ist der US-Dollar seit Einführung des Euro auf hohem Niveau relativ stabil, so daß Preissprünge nach unten wohl nicht zu erwarten sind. Ungewiß ist jedoch, wie sich künftig der Euro in Bezug zum US-Dollar entwickeln wird.

Da es bei ein- und zweimotorigen Flugzeugen seit Jahrzehnten praktisch kaum technische Veränderungen gegeben hat (einmotorige Flugzeuge mit dem Thielert-Dieselmotor seien hier als rühmliche Ausnahme genannt), kann man mit dem Kauf eines neuen, aber preisgünstigeren Vorjahresmodelles hervorragend zurechtkommen.

Häufig hat man herstellerseitig ohnehin nur die Lackierung und einige marginale Details geändert, um überhaupt einen Unterschied zwischen den einzelnen Jahrgängen sichtbar zu machen.

Bedauerlich ist, daß deutsche Reiseflugzeug-Entwicklungen (z.B. Ruschmeyer 1996) nach kurzfristigem Debüt wieder vom Markt verschwunden sind. Auch Extra scheint mit seiner E400-Serie einige Probleme zu haben. Lichtblicke gibt es jedoch im Bereich der ULs (Ultraleicht-Flugzeuge, bis 450 kg MTOW) und VLAs (Very Light Aircraft, über 450 kg MTOW). Diese Leichtflugzeug-Alternativen zur klassischen Einsteiger-Einmotorigen der E-Klasse bieten teilweise bessere Leistungsdaten bei niedrigeren Anschaffungs- und Betriebskosten.

Bahnbrechende Innovationen im konstruktiven oder antriebstechnischen Bereich dürften auch künftig bei den Flugzeugen der Allgemeinen Luftfahrt nicht zu erwarten sein (vom bereits erwähnten Thielert-Dieselmotor einmal abgesehen). Anders sieht das bei der Avionic aus, wo GPS-Geräte seit einigen Jahren den Markt revolutioniert haben und den Einsatz konventioneller und teurer Avionic zumindest im VFR-Bereich teilweise entbehrlich machen.

Resumée: Hat man keine Finanzierungsprobleme, ist ein neues Flugzeug einem gebrauchten vorzuziehen, vor allem aus Gründen der Flugsicherheit und der Wertstabilität auf viele Jahre hinaus.

Datenvergleich: Flächenbelastung kg/qm / Leistungsbelastung kg/PS

Aufsteigende Reihenfolge:
Das Flugzeug mit der geringsten Flächenbelastung steht an erster Stelle.

(Quelle: Ein- und zweimotorige Flugzeuge, Bilder, Daten, Kosten, Air Report Verlag, Ausgabe Air Report Basics 1999/2001)

Flugzeug	kg/qm / kg/PS
Aviat Husky A-1	41,4 / 4,5
Piper PA-18-150 Super Cub	47,9 / 5,3
Diamond HK 36 S. Dimona TC 80	49,0 / 9,5
Cessna 152	51,9 / 7,0
Piper PA-28-161 Cadet	58,0 / 5,7
Robin R 2160 D	61,5 / 5,0
Robin R 200/120B	62,4 / 6,6
Diamond DA20-A1 Katana	62,8 / 9,0
Aviat Pitts S-2B	63,4 / 2,8
Maule MX-7-160 Sportplane	64,9 / 6,2
Pezetel PZL Koliber 150	67,1 / 5,7
Cessna 172 Skyhawk	67,3 / 6,8
Cessna 172 R Skyhawk	68,4 / 7,0
Maule MT-7-235 Super Rocket	69,0 / 4,8
Piper PA-28-161 Warrior III	70,3 / 6,9
Maule MXT-7-180A Comet	70,8 / 6,0
Cessna 172 S Skyhawk SP	71,6 / 6,4
Piper PA-28-181 Archer III	73,4 / 6,4
Robin DR 400/140B Dauphin 4	73,5 / 6,3
Robin DR 400/180R Remo 180	73,5 / 5,6
Cessna 172 Cutlass RG	74,3 / 6,7
Robin DR 400/180 Regent	77,5 / 6,1
Piper PA-28R-201 Arrow	79,0 / 6,2
Robin R 3180	79,5 / 6,4
Robin DR 500/200i President	81,0 / 5,8
Grob G 115 C	81,1 / 5,5
Grob G 115 E	81,1 / 5,5
Piper PA-28RT-201T Turbo Arrow	83,3 / 6,6
Diamond DA40	85,9 / 6,5
Piper PA-28-236 Dakota	86,1 / 5,8
Cessna 182 Skylane Bj. 84	87,0 / 6,1
Cessna 182 Skylane RG	87,0 / 6,0
Cessna 182 Skylane Turbo RG	87,0 / 6,0
Cessna 182 Skylane	87,1 / 6,1
Socata Tampico Club TB 9	89,1 / 6,6
Mooney Eagle	89,2 / 5,9
FFT Speed Canard SC 01-160	91,2 / 4,5
Beechcraft Bonanza F33A	91,8 / 5,4
Beechcraft Bonanza V35B	91,8 / 5,4
Mooney Ovation	94,1 / 5,5
Mooney Bravo	94,2 / 5,7
Socata Tobago TB 10	96,6 / 6,4
Socata Tobago TB 200	96,6 / 5,8
Beechcraft Bonanza A36	98,5 / 5,5
Piper PA-32R-301 Saratoga II HP	99,0 / 5,5
Beechcraft Bonanza B36TC	99,9 / 5,8
Piper PA-32R-301T Saratoga II TC	100,8 / 5,6
Cessna 206 H Stationair	100,9 / 5,5
Cessna 206 H Stationair Turbo	100,9 / 5,3
Piper PA-44-180 Seminole	100,9 / 4,8
Cessna 206 Stationair 6	101,0 / 5,7
Cessna 206 Stationair 6 Turbo	101,0 / 5,3
Commander Commander 114 B	104,7 / 5,7
Cessna 210 Centurion	106,1 / 5,7
Commander Commander 114 TC	106,2 / 5,6
Partenavia P.68C	107,0 / 5,0
Pezetel PZL M-20 Mewa	107,9 / 4,7
Piper PA-34-220T Seneca V	111,1 / 4,9
Cessna 210 Centurion Pressurized	111,6 / 5,6
Cessna 210 Centurion Turbo	111,6 / 5,6
Socata Trinidad TB 20	117,6 / 5,6
Socata Trinidad TB 21	117,6 / 5,6
Piper PA-46-350P Malibu Mirage	120,6 / 5,6
Beechcraft Baron 58	134,8 / 4,2
Cessna 310 II	150,0 / 4,4
Cessna Grand Caravan	153,5 / 5,9
Cessna 414A Chancellor II	158,4 / 4,6
Cessna 340A	159,0 / 4,4
Socata TBM 700	166,7 / 4,3
Beechcraft King Air C90B	168,8 / 4,2
Cessna 421 Golden Eagle II	169,2 / 4,5
Piper PA-42-720 Cheyenne IIIA	186,6 / 3,5
Cessna Conquest II	189,6 / 3,5
Piper PA-42-1000 Cheyenne 400	200,8 / 2,7
Beechcraft Super King Air B200	201,4 / 3,3

Datenvergleich:
Gesamtgewicht kg (MTOW) / Nutzladung % vom MTOW

Absteigende Reihenfolge:
Das Flugzeug mit der größten Nutzladung in % steht an erster Stelle.

(Quelle: Ein- und zweimotorige Flugzeuge, Bilder, Daten, Kosten, Air Report Verlag, Ausgabe Air Report Basics 1999/2001)

Robin DR 400/140B Dauphin 4 .... 1.000 / 35
Robin DR 400/180 Regent .... 1.100 / 33
Robin DR 400/180R Remo 180 .... 1.000 / 33
Piper PA-28-236 Dakota .... 1.361 / 32
Cessna 206 Stationair 6 .... 1.633 / 31
Cessna 206 Stationair 6 Turbo .... 1.633 / 31
Robin R 3180 .... 1.150 / 30
Cessna 172 Skyhawk .... 1.089 / 29
Cessna 210 Centurion Turbo .... 1.814 / 29
Maule MX-7-160 Sportplane .... 998 / 29
Maule MXT-7-180A Comet .... 1.089 / 29
Socata Tampico Club TB 9 .... 1.060 / 29
Cessna 210 Centurion .... 1.724 / 28
Diamond DA40 .... 1.100 / 28
Piper PA-18-150 Super Cub .... 794 / 28
Piper PA-28RT-201T Turbo Arrow .... 1.315 / 28
Cessna 182 Skylane Bj. 84 .... 1.406 / 27
Cessna Grand Caravan .... 3.985 / 27
Piper PA-28-161 Warrior III .... 1.110 / 27
Beechcraft Bonanza A36 .... 1.655 / 26
Cessna 172 Cutlass RG .... 1.202 / 26
Cessna 182 Skylane RG .... 1.406 / 26
Cessna 206 H Stationair .... 1.640 / 26
Robin DR 500/200i President .... 1.150 / 26
Socata Tobago TB 10 .... 1.150 / 26
Socata Trinidad TB 20 .... 1.400 / 26
Cessna 182 Skylane Turbo RG .... 1.406 / 25
Cessna 210 Centurion Pressurized ... 1.814 / 25
Commander Commander 114 B .... 1.479 / 25
Pezetel PZL Koliber 150 .... 850 / 25
Socata Tobago TB 200 .... 1.150 / 25
Beechcraft Bonanza B36TC .... 1.746 / 24
Beechcraft Bonanza F33A .... 1.542 / 24
Cessna 152 .... 757 / 24
Cessna 206 H Stationair Turbo .... 1.640 / 24
Diamond DA20-A1 Katana .... 730 / 24
Pezetel PZL M-20 Mewa .... 2.070 / 24
Piper PA-28-181 Archer III .... 1.160 / 24
Socata Trinidad TB 21 .... 1.400 / 23
Beechcraft Baron 58 .... 2.495 / 22
Beechcraft Bonanza V35B .... 1.542 / 22
Cessna 172 S Skyhawk SP .... 1.160 / 22
FFT Speed Canard SC 01-160 .... 715 / 22
Grob G 115 C .... 990 / 22
Grob G 115 E .... 990 / 22
Robin R 200/120B .... 780 / 22
Cessna 182 Skylane .... 1.411 / 21
Diamond HK 36 S. Dimona TC 80 .... 770 / 21
Cessna 172 R Skyhawk .... 1.115 / 20
Aviat Pitts S-2B .... 736 / 19
Commander Commander 114 TC ..... 1.499 / 19
Partenavia P.68C .... 1.990 / 19
Piper PA-28R-201 Arrow .... 1.248 / 19
Aviat Husky A-1 .... 816 / 18
Cessna 421 Golden Eagle II .... 3.379 / 18
Maule MT-7-235 Super Rocket .... 1.134 / 18
Mooney Ovation .... 1.528 / 18
Robin R 2160 D .... 800 / 18
Mooney Bravo .... 1.530 / 17
Mooney Eagle .... 1.448 / 17
Piper PA-28-161 Cadet .... 916 / 17
Piper PA-32R-301 Saratoga II HP ..... 1.640 / 17
Piper PA-32R-301T Saratoga II TC ... 1.670 / 16
Piper PA-44-180 Seminole .... 1.724 / 15
Cessna 340A .... 2.717 / 14
Piper PA-34-220T Seneca V .... 2.155 / 13
Cessna 310 II .... 2.495 / 12
Cessna 414A Chancellor II .... 2.880 / 12
Piper PA-46-350P Malibu Mirage ...... 1.959 / 12
Cessna Conquest II .... 4.468 / 10
Socata TBM 700 .... 3.000 / 10
Beechcraft King Air C90B .... 4.608 / 9
Beechcraft Super King Air B200 .... 5.670 / 6
Piper PA-42-1000 Cheyenne 400 .... 5.466 / 6
Piper PA-42-720 Cheyenne IIIA .... 5.080 / 5

Datenvergleich: Reichweite km

Absteigende Reihenfolge:
Das Flugzeug mit der größten Reichweite steht an erster Stelle.

(Quelle: Ein- und zweimotorige Flugzeuge, Bilder, Daten, Kosten, Air Report Verlag, Ausgabe Air Report Basics 1999/2001)

Flugzeug	km
Piper PA-42-720 Cheyenne IIIA	2.533
Socata TBM 700	2.404
Cessna Conquest II	2.275
Cessna Grand Caravan	2.184
Beechcraft King Air C90B	1.919
Piper PA-46-350P Malibu Mirage	1.899
Beechcraft Super King Air B200	1.871
Mooney Bravo	1.768
Piper PA-42-1000 Cheyenne 400	1.764
Cessna 182 Skylane Turbo RG	1.736
Cessna 414A Chancellor II	1.718
Beechcraft Bonanza B36TC	1.708
Socata Trinidad TB 21	1.620
Mooney Ovation	1.610
Piper PA-32R-301T Saratoga II TC	1.606
Partenavia P.68C	1.595
Cessna 182 Skylane RG	1.565
Piper PA-28RT-201T Turbo Arrow	1.548
Cessna 182 Skylane	1.537
Cessna 340A	1.537
Cessna 421 Golden Eagle II	1.535
Piper PA-32R-301 Saratoga II HP	1.504
Socata Trinidad TB 20	1.501
Cessna 182 Skylane Bj. 84	1.487
Mooney Eagle	1.472
Cessna 310 II	1.467
Commander Commander 114 TC	1.433
Robin DR 500/200i President	1.403
Piper PA-28R-201 Arrow	1.391
Cessna 210 Centurion Pressurized	1.309
Piper PA-34-220T Seneca V	1.303
Cessna 210 Centurion	1.292
Cessna 210 Centurion Turbo	1.290
Piper PA-44-180 Seminole	1.285
Cessna 172 Cutlass RG	1.264
Cessna 206 Stationair 6 Turbo	1.240
Cessna 206 H Stationair Turbo	1.218
Cessna 206 Stationair 6	1.209
Piper PA-28-236 Dakota	1.159
Beechcraft Bonanza F33A	1.156
Beechcraft Bonanza V35B	1.156
Robin R 3180	1.126
Cessna 172 R Skyhawk	1.113
Cessna 206 H Stationair	1.107
Commander Commander 114 B	1.080
Maule MT-7-235 Super Rocket	1.068
Beechcraft Bonanza A36	1.065
FFT Speed Canard SC 01-160	1.036
Cessna 172 S Skyhawk SP	1.022
Robin DR 400/180 Regent	958
Socata Tobago TB 10	955
Beechcraft Baron 58	947
Pezetel PZL M-20 Mewa	938
Piper PA-28-181 Archer III	911
Piper PA-28-161 Warrior III	906
Piper PA-28-161 Cadet	902
Diamond DA40	887
Socata Tobago TB 200	874
Aviat Husky A-1	843
Robin R 2160 D	796
Cessna 172 Skyhawk	790
Robin R 200/120B	766
Diamond DA20-A1 Katana	757
Maule MX-7-160 Sportplane	693
Socata Tampico Club TB 9	692
Maule MXT-7-180A Comet	689
Cessna 152	658
Grob G 115 C	647
Grob G 115 E	621
Diamond HK 36 S. Dimona TC 80	596
Piper PA-18-150 Super Cub	548
Robin DR 400/140B Dauphin 4	449
Robin DR 400/180R Remo 180	403
Pezetel PZL Koliber 150	340
Aviat Pitts S-2B	288

AIRFRAME MAINTENANCE RECORD

AIRCRAFT SERIAL AND REGISTRATION 17278631   N050SP

RECORD NUMBER _____

D5517-2-13

ENGINE MAINTENANCE RECORD

AIRCRAFT SERIAL AND REGISTRATION 17278631   N050SP

ENGINE MODEL AND SERIAL IO-360-L2A   L37860-51A

D5518-3-13

PROPELLER MAINTENANCE RECORD

AIRCRAFT SERIAL AND REGISTRATION 17278631   N050SP

PROPELLER MODEL AND SERIAL 1A170E/JHA7660   UC079

HUB SERIAL N/A   BLADE SERIALS N/A , N/A , N/A

D5519-2-13

AVIONICS MAINTENANCE RECORD

AIRCRAFT SERIAL AND REGISTRATION 17278631   N050SP

D5520-1-13

Flugzeugkauf in den USA

Fliegen in den USA ist zwar erheblich billiger für den US-Piloten im Vergleich zum Fliegen in Deutschland für den deutschen Piloten, doch ist wegen des hohen Dollar-Kurses seit Einführung des Euro hierzulande das Interesse am Fliegen in den USA und am Import von gebrauchten US-Flugzeugen erheblich gesunken.

Die Verhältnisse haben sich sogar umgekehrt: Durch den schwachen Euro und den starken US-Dollar importieren die Amerikaner Gebrauchtflugzeuge aus Deutschland, um die Nachfrage im eigenen Land decken zu können.

Möchte man jedoch trotz dieser ungünstigen Bedingungen unbedingt ein gebrauchtes Flugzeug in den USA kaufen, sind einige Kenntnisse über die Prozeduren und die erforderlichen Dokumente unerlässlich.

Doch auch der potentielle Flugzeugkäufer, der ein neues US-Flugzeug bei einem deutschen Händler erwerben möchte und somit gegenüber einem eigenen Kauf in den USA nicht mit Überführungs- und Zulassungsproblemen zu kämpfen hat, kann anhand der folgenden Erläuterungen wichtige Aufschlüsse über den vollständigen Ablauf eines Flugzeug-Imports aus den USA erhalten.

Abb. 1.12 (links, von oben nach unten): Logbooks für Zelle, Motor, Propeller und Avionic. Unerläßliche Begleitdokumente für jedes Flugzeug am Beispiel einer im August nach Deutschland importierten fabrikneuen Cessna 172 R Skyhawk (Quelle: Röder Präzision).

Einen detaillierten Überblick über den Flugzeugmarkt in den USA erhält man z.B. durch den *Aviation Consumer Used Aircraft Guide* (Belvoir Publications, Inc., TAB Books, Blue Ridge Summit, PA) mit Beschreibungen der wichtigsten ein- und zweimotorigen Flugzeugtypen - von der Entwicklungsgeschichte über Leistungsdaten und Preise bis zu Kommentaren von Eigentümern.

Die größte Zeitung für Gebrauchtflugzeuge ist *Trade a Plane*, die monatlich 3 x erscheint und im Abonnement als gedruckte und als Online-Version im Internet bestellt werden kann (Trade a plane, P.O. Box 929-F, Crossville, TN 38557; Website s. Kapitel 5: http://www.trade-a-plane.com).

Kaufen kann man die Flugzeuge bei Flugzeughändlern (i.d.R. das größte Angebot), Flugzeug-Brokern (mit Vermittlungsprovision zwischen 4 und 7%) und Privatpersonen. Am sichersten ist der Kauf beim Flugzeughändler, da bei Brokern und Privatpersonen ein Regress wegen versteckter Mängel sehr schwer durchsetzbar ist.

Wer sich die Mühe machen will, direkt in den USA nach Flugzeugen zu suchen, findet auch auf den meisten Flugplätzen am Schwarzen Brett Verkaufsangebote von Privatpersonen, Brokern, Händlern oder Flugschulen.

Hat man sich für ein Flugzeug entschieden, ist eine sorgfältige Überprüfung des Flugzeuges unerläßlich. Zu jedem Flugzeug gehören ein Engine Logbook für den Motor, ein Airframe Logbook für die Zelle und ein Propeller Logbook. Möglich ist auch ein einziges Logbook für Motor und Zelle. Die Logbooks müssen kontinuierlich geführt und alle Airworthiness Directives eingetragen sein (AD, US-amerikanische Lufttüchtigkeitsanweisungen).

TACH TIME 43.8
Hobbs 46.9HH

PROFILE

Profile ID: N650SP.pro
Owner/Operator: ROEDER PRAEZISION GMBH
Contact: HANS BESERT
Contact Title:
Address: AM FLUGPLATZ
City: EGELSBACH   **State:** HS   **Zip:** 63329
Country: GERMANY
Phone: 0049 4002 670   **Fax:** 0049 4002 730
Home Phone:
Certificate of Airworthiness Issued: 11-08-00   **FAR Registration:** N650SP
Comments:

Created: 12/13/00
Changed: 12/13/00

PRODUCTS

Profile ID: N650SP.pro

Category: Airframe
Manufacturer: Cessna Aircraft Company
Model: 172S
Part Number:
Serial Number: 172S8631
Aircraft Hrs at Install:
Aircraft Hrs at Removal:
Product Install   **Date:** 11.08.00
          Time Since New:
          Cycles Since New:
Product Removal   **Date:**
          Time Since New:
          Cycles Since New:
Notes:

Profile ID: N650SP.pro

Category: Engine
Manufacturer: Textron Lycoming
Model: IO-360-L2A
Part Number: IO-360-L2A
Serial Number: L-29220-51A
Aircraft Hrs at Install:
Aircraft Hrs at Removal:
Product Install   **Date:** 08.23.00
          Time Since New:
          Cycles Since New:
Product Removal   **Date:**
          Time Since New:
          Cycles Since New:
Notes:

©ATP Printed 12/13/2000 01:46PM by Roeder Praezision GmbH Page 1

Wenn größere Reparaturen oder Änderungen an Zelle, Motor, Propeller und anderen wichtigen Teilen vorgenommen wurden, muß ein FAA Form 337 für die FAA ausgefüllt sein. Eine Kopie hat der Wartungsbetrieb. Form 337 enthält die Flugzeugdaten, den Namen des Halters und des Reparaturbetriebes mit FAA-Zulassungsnummer, die Bestätigung der Übereinstimmung mit FARs, eine Beschreibung der durchgeführten Arbeiten und die Zustimmung zur Wiederaufnahme des Betriebs.

Informationen über FAA Forms 337 erhält man durch einen Title Search im Flugzeugregister (FAA Aeronautical Center, Will-Rogers-Field, Oklahoma City). Der *AOPA Title Search Service* z.B. liefert gebührenpflichtige Informationen über die Eigentumsverhältnisse, eingetragene Rechte Dritter, alle AD1 für dieses Flugzeugmodell, alle Form 337 Meldungen und alle Service Bulletins (Empfehlungen des Herstellers).

Der technische Zustand des Flugzeuges sollte unbedingt fachmännisch überprüft werden. Man kann (entsprechende Mittel vorausgesetzt) einen eigenen Prüfer aus Deutschland mitnehmen oder einen Prüfer in den USA beauftragen. Erforderliche Umrüstarbeiten für die deutsche Zulassung können aber nur von dem deutschen Prüfer beurteilt werden.

Abb. 1.13 (links): In den Profile Sheets, von denen Seite 1 von insgesamt 5 abgebildet ist, sind alle Details eines Flugzeuges exakt aufgelistet (Beispiel einer fabrikneuen Cessna 172 R Skyhawk). Neben den Daten von Zelle, Motor und Propeller beinhalten die nicht abgebildeten Seiten 2-5 exakte Daten über das Vakuum-System (Pumpe), die Kraftstoffpumpe, das Anlaßsystem, den Wechselstromgenerator und den Ölkühler (Quelle: Röder Präzision).

Zulassung eines Flugzeuges in Deutschland

Der Eigentumswechsel des Flugzeuges wird durch den *Bill of Sale* bestätigt. Eine Kopie erhält die FAA. Bei der Zulassung in Deutschland ist er dem LBA vorzulegen, um sich als rechtmäßiger Eigentümer auszuweisen.

Für den Export ist ein Export Certificate of Airworthiness (Export C of A) erforderlich, das nach einer Überprüfung des Flugzeuges durch einen FAA-Prüfer ausgestellt wird. Dabei wird u.a. geprüft, ob die Dokumentation für das Flugzeug mit dem zugehörigen Flugzeug übereinstimmt.

Bei Zulassung in Deutschland entstehen zusätzlich Kosten für die Nachprüfung durch eine deutsche Werft. Unter Umständen muß das Flugzeug auch entsprechend der deutschen Musterzulassung und den deutschen Lärmvorschriften umgerüstet werden.

Nicht alle in den USA zugelassenen Avionicgeräte sind in Deutschland musterzugelassen. Die DFS Deutsche Flugsicherung hat eine Liste mit zugelassener Avionic herausgegeben, die über den Fachhandel bezogen werden kann.

Da in Deutschland eine Avionicumrüstung einige Tausend DM kosten kann, sollte ein Einbau neuer (in Deutschland zugelassener) Geräte bereits in den USA in Erwägung gezogen werden. Bei der deutschen Zulassung muß für die Luftfunkstelle eine Genehmigungsurkunde vom Bundesamt für Post und Telekommunikation (BAPT) erstellt werden, in die alle an Bord befindlichen Avionicgeräte eingetragen werden.

Jedes nach Deutschland importierte Flugzeug unterliegt der Einfuhrumsatzsteuer (analog zur MWSt = 16%).

Diese Steuer ist z.B. nach einem Ferryflug in Deutschland beim Zollamt des Zielflughafens anzumelden. Eine Bestätigung über diese Verzollung wird später dem Luftfahrt Bundesamt bei der Verkehrszulassung vorgelegt.

Weiterhin ist für die deutsche Zulassung ein Nachprüfschein über eine Nachprüfung nach den LBA-Richtlinien vom 20.1.69 erforderlich. Ein Merkblatt für die Verkehrszulassung von Luftfahrzeugen ist beim Luftfahrt-Bundesamt erhältlich.

Bei einem *Export C of A*, das nicht älter als 3 Monate ist, wird nur eine stichprobenartige, vereinfachte Nachprüfung durchgeführt. Ist das *Export C of A* älter als drei Monate oder liegt sogar keines vor, muß eine umfassende und damit teure Nachprüfung durchgeführt werden.

Das Flugzeug muß außerdem in Deutschland versichert werden. Eine Deckungszusage ist problemlos per Fax von einer deutschen Versicherungsagentur zu bekommen, wenn man einen festen Wohnsitz in Deutschland nachweisen kann. Der sicherste und schnellste Weg aber ist, sich von der Versicherungsagentur vor der Abreise in die USA eine Blanko-Deckungszusage schicken zu lassen.

Betrieb N-registrierter Flugzeuge in Deutschland

Auf die Spezialität, in den USA registrierte Flugzeuge (N-Registrierung, N steht für North America) in Deutschland zu betreiben, soll in diesem Handbuch wegen des großen Aufwands und der erheblichen Risiken nicht im Detail eingegangen werden. Gründe für den Betrieb von Flugzeugen mit N-Registrierung sind vor allem:

- Vermeiden teurer Umrüstungen für die deutsche Zulassung

- Fliegen mit eventuell vorhandenen US-Pilotenlizenzen

- Umgehen deutscher Lärmvorschriften

- Betrieb von Flugzeugen ohne deutsche Musterzulassung

Problematisch sind in erster Linie die Eigentumsverhältnisse und die Eintragung nach US-Recht, die Frage nach der US-Staatsbürgerschaft des Eigentümers in Verbindung mit einer eventuellen Illegalität der Eintragung und einer daraus entstehenden strafrechtlichen Verfolgung mit Geld- oder Gefängnisstrafen, einer Pfändung oder einer Beschlagnahme des Luftfahrzeugs.

Legale N-Registrierungen sind kompliziert und setzen juristisch einwandfreie Verträge mit einem amerikanischen Partner voraus (natürliche Personen, Personengesellschaften, Gesellschaften, Trusts). Ohne profunde Kenntnisse der US-Gesetze ist das Risiko bei solchen Verträgen hoch.

Überführen von Flugzeugen aus den USA

Für den Transport eines Flugzeuges aus den USA hat man die Wahl zwischen dem Transport in einem Container und der Überführung per Flug (Ferryflug).

Bei dem Containertransport wird das Flugzeug in seine Hauptbestandteile zerlegt, sorgfältig in einem Spezialcontainer verpackt und verschifft. Nach der Ankunft wird es in einer Werft wieder montiert. Die Kosten liegen z.B. für eine Cessna 172 R bei etwa 7.000 $ inklusive Demontage in den USA, Fracht und Montage in Deutschland.

The United States of America
Department of Transportation
Federal Aviation Administration
Washington, D.C.

No. E352627

Export Certificate of Airworthiness

This certifies that the product identified below and more particularly described in Specification(s)¹ of the Federal Aviation Administration, Numbered 3A12   1E10   P857 has been examined and, as of the date of this certificate, is considered airworthy in accordance with a comprehensive and detailed airworthiness code of the United States Government, and is in compliance with those special requirements of the importing country filed with the United States Government, except as noted below. This certificate in no way attests to compliance with any agreements or contracts between the vendor and purchaser, nor does it constitute authority to operate an aircraft.

Product: Aircraft

Manufacturer: Cessna Aircraft
Independence, Kansas

Model: 172S

Serial No.: 172S8810

New ☒   Newly Overhauled ☐

Used Aircraft ☐

Country to which exported: Germany

Exceptions: None

One: Lycoming Engine
Model No.: IO-360-L2A
Serial No.: L-29669-51A
Time on Engine: 3.2 hours

One: McCauley Propeller
Model No.: 1A170E/JHA7660
Serial No.: UK23130
Time on propeller 3.2 hours
Time on airframe: 3.2 hours

FAA APPROVED UNDER FAR 21 SUBPART J
The Cessna Aircraft Co.
Delegation Option Authorization DOA-100129-CE

Executive Engineer
By: Mike Sharp

Signature of Authorized Representative

19 April, 2001
Date

Cessna Aircraft Company - PC-4
District Office or Designee Number

¹ For complete aircraft, list applicable specification or Type Certificate Data Sheet numbers for the aircraft, engine, and propeller. Applicable specifications or Type Certificate Data Sheet, if not attached to this export certificate, will have been forwarded to the appropriate governmental office of the importing country.

FAA Form 8130-4 (7-68) Formerly Form FAA 26

Abb. 1.14: Export Certificate of Airworthiness (Export C of A) für eine fabrikneue Cessna 172 R Skyhawk (Quelle: Röder Präzision).

Wer das Flugzeug über den Atlantik fliegen lassen möchte, kann in Deutschland und den USA in zahlreichen Flugzeitschriften die Anschriften von Ferry-Piloten ermitteln. Inklusive aller Nebenkosten muß für das Überführen, z.B. einer Cessna 172 R (inkl. 500-L-Zusatztank), mit ca. 7.000 bis 7.500 $ gerechnet werden.

Möchte man den Ferryflug aber selbst durchführen, sollte man sich über den Umfang und die Risiken eines solchen Unterfangens im Klaren sein, denn bei Ferryflügen gehen pro Jahr 4-6 Flugzeuge verloren. Die meisten Unfälle werden dabei von Piloten mit wenig Flugerfahrung und schlechter Flugvorbereitung verursacht, die u.a. die besonderen Witterungsverhältnisse nicht ausreichend berücksichtigt haben:

- Vereisung (auch in Sommermonaten)
- Flüge durch Fronten
- Hohe Windgeschwindigkeiten (Kürzere Reichweiten, Kursabweichungen)
- Plötzliche Wetteränderungen

Vor der Konfrontation mit solchen Wetterlagen steht jedoch eine umfangreiche Liste mit Flugzeugmodifikationen, Flugvorbereitungsarbeiten sowie persönlichen Checkpunkten auf dem Programm:

- Persönliche Anforderungen: Instrumentenflug-, Winterflug- und Langstreckenflugerfahrungen (Nonstop-Strecken bis zu 1.000 km und mehr)
- Exakte Flugplanung mit den neuesten Luftfahrtkarten VFR + IFR (z.B. Jeppesen Atlantik Trip Kits)
- Installation von Ferry Tanks
- Zeitaufwendige Überprüfung des Piloten (Flugvorbereitung usw.) und der Flugzeugdokumente am Startflugplatz
- Kauf bzw. Miete der vorgeschriebenen Überlebensausrüstung
- IFR-Instrumentierung mit HF-Radio und Mindest-Navigationsausrüstung (je nach Strecke zwei unabhängige ADF-Empfänger; statt eines ebenfalls geforderten Loran C wird auf allen Strecken auch ein GPS-Empfänger akzeptiert).

Möchte man sich jedoch trotz aller Widrigkeiten der Herausforderung eines Atlantikfluges stellen und den - wie heute so schön gesagt wird - „ultimativen Kick" erleben, sollte man sich wenigstens von einem Safety-Piloten begleiten lassen.

Detaillierte und sehr umfangreiche Informationen über den Flugzeugkauf in den USA mit allen damit zusammenhängenden Besonderheiten einschließlich der Vorbereitungen für eigene Ferryflüge können in dem empfehlenswerten Handbuch *Fliegen in den USA* von Klaus-Jürgen Schwahn nachgelesen werden.

Kapitel 2
Kauf, Leasing, Charter

Allgemeine Kostenbegriffe

Würden alle Piloten Flugzeuge ausschließlich chartern, so könnte man sich aufwendige Kostenbetrachtungen sparen, denn üblicherweise ist mit dem vereinbarten Charterpreis je Betriebsstunde (naß = inklusive Treibstoff, trocken = ohne Treibstoff) alles, was mit dem Betrieb des Flugzeuges zu tun hat, abgegolten - Landegebühren und eventuelle Flughafengebühren natürlich ausgenommen.

Hat man sich aber für die Anschaffung eines Flugzeuges entschieden, kommt man nicht daran vorbei, sich eingehend mit allen aus Eigentum, Besitz und Betrieb entstehenden Kosten im Detail auseinanderzusetzen.

Bevor die einzelnen Kostenarten, die bei Besitz (Fixe Kosten) und Betrieb (Variable Kosten) eines ein- oder zweimotorigen Flugzeuges zu berücksichtigen sind, näher betrachtet werden, folgen in diesem Abschnitt die grundlegenden Begriffe, die zum Verständnis der Kosten wichtig sind.

Vor diesen in alphabetischer Reihenfolge veröffentlichten Begriffen wird eine fabrikneue Cessna 172 R Skyhawk (Baujahr 2001) mit zwei Abbildungen und den wichtigsten technischen Daten und Kostenwerten als Musterkalkulation vorgestellt. Diese Daten und Kostenwerte sind in den Abschnitten *Allgemeine Kostenbegriffe*, *Fixe Kosten* und *Variable Kosten* für fast alle Musterberechnungen verwendet worden.

Abb. 2.1: Panel einer Cessna 172 R Skyhawk, Baujahr 2001 (Quelle: Cessna).

Cessna 172 R Skyhawk — Technische Daten

1. Sitze, Fahrwerk, Zelle	
Sitzplätze inkl. Crew	4
Fahrwerk	Fest
Länge / Höhe	8,28 m / 2,72 m
Spannweite	11,00 m
Flügelfläche	16,30 qm |//
2. Propeller, Triebwerk, Verbrauch	
Propeller	Starr
Triebwerk	1 x Lycoming IO-360 L2A
Triebwerkleistung	1 x 160 PS (118 kW)
Treibstoffverbrauch[1]	35,2 l/h Avgas
3. Gewichte	
Leergewicht	744 kg
+ Nutzladung[2]	218 kg
+ Treibstoff[3]	212 l = 153 kg
= Gesamtgewicht	1.115 kg

4. Belastungsdaten	
Leistungsbelastung	7,0 kg/PS
Flächenbelastung	68,4 kg/qm
5. Leistungsdaten	
Höchstgeschwindigkeit	228 km/h
Reisegeschwindigkeit[1]	211 km/h
Abreißgeschwindigkeit[4]	94 km/h
Steigleistung (1-/2-mot)	219 / 0 m/min
Dienstgipfelhöhe (1-/2-mot)	4.115 / 0 m
Start-[5] / Landerollstrecke[6]	288 m / 168 m
6. Transport-Kennzahlen	
Gesamtzuladung[7]	371 kg = 33 %
davon Nutzladung[2]	218 kg = 20 %
davon Treibstoff	153 kg = 14 %
Reichweite[8]	1.113 km
Treibstoffverbrauchsindex	1,58

Das seit Jahrzehnten bewährte Schul- und Reiseflugzeug in der aktuellen Version 2001. Musterflugzeug für die Berechnungen in diesem Kapitel..

[1] Bei 65% Leistung [2] Crew, Passagiere, Gepäck [3] kg-Berechnung nach spezifischem Gewicht [4] Klappen 0° [5] Start- bis Abhebepunkt [6] Aufsetz- bis Stillstandpunkt [7] Anteil am Gesamtgewicht [8] Inkl. 45 Min. Reserve

Cessna 172 R Skyhawk — Preise & Kosten

1. Kaufpreis, Abschreibung, Restwert	DM kfm	= EUR kfm	DM pvt	= EUR pvt
Kaufpreis (neu, Baujahr 2001)	375.424	191.951	435.492	222.664
Abschreibung in 21 Jahren	262.797	134.366	entfällt	entfällt
Restwert nach 21 Jahren	112.627	57.585	entfällt	entfällt
2. Fixe Kosten p.a.	**DM kfm**	**= EUR kfm**	**DM pvt**	**= EUR pvt**
Abschreibung	12.514	6.398	entfällt	entfällt
+ 2,5% Zins auf 50% Eigenkapital	4.693	2.399	entfällt	entfällt
+ 3,75% Zins auf 50% Fremdkapital	7.039	3.599	entfällt	entfällt
+ Versicherung (inkl. Vers.-Steuer)	15.281	7.813	15.281	7.813
+ Hangarierung	3.600	1.841	4.176	2.135
Summen Fixe Kosten	**43.127**	**22.050**	**19.457**	**9.948**
3. Variable Kosten je Betriebsstunde	**DM kfm**	**= EUR kfm**	**DM pvt**	**= EUR pvt**
Treibstoff	98,31	50,27	114,04	58,31
+ Wartung/Reparaturen/Rücklagen	150,17	76,78	174,20	89,07
+ Betriebserschwernisse	12,42	6,35	14,41	7,37
Summen Variable Kosten	**260,91**	**133,40**	**302,65**	**154,75**
4. Gesamtkosten je Betriebsstunde	**DM kfm**	**= EUR kfm**	**DM pvt**	**= EUR pvt**
Bei 025 Betriebsstunden p.a.	1.986	1.015	1.081	553
Bei 050 Betriebsstunden p.a.	1.123	574	692	354
Bei 075 Betriebsstunden p.a.	836	427	562	287
Bei 100 Betriebsstunden p.a.	692	354	497	254
Bei 125 Betriebsstunden p.a.	606	310	458	234
Bei 150 Betriebsstunden p.a.	548	280	432	221
Bei 175 Betriebsstunden p.a.	507	259	414	212
Bei 200 Betriebsstunden p.a.	477	244	400	205
Bei 225 Betriebsstunden p.a.	453	232	389	199
Bei 250 Betriebsstunden p.a.	433	221	380	194
Bei 275 Betriebsstunden p.a.	418	214	373	191
Bei 300 Betriebsstunden p.a.	405	207	368	188
Bei 325 Betriebsstunden p.a.	394	201	363	186
Bei 350 Betriebsstunden p.a.	384	196	358	183
Bei 375 Betriebsstunden p.a.	376	192	355	182
Bei 400 Betriebsstunden p.a.	369	189	351	179
Bei 425 Betriebsstunden p.a.	362	185	348	178
Bei 450 Betriebsstunden p.a.	357	183	346	177
Bei 475 Betriebsstunden p.a.	352	180	344	176
Bei 500 Betriebsstunden p.a.	347	177	342	175
Flugkilometer bei 300 Stunden p.a.	1,92	0,98	1,74	0,89
Sitzplatzkilometer bei 300 Stunden p.a.	0,48	0,25	0,44	0,22

DM kfm (Tab. 1-4): Kaufmännische Kalkulation (ohne MWSt). Tabelle 4 enthält die Gesamtkosten je Betriebs stunde (Variable Kosten + umgelegte Fixe Kosten).
DM pvt (Tab. 1-4): Private Kalkulation (mit MWSt). Tabelle 4 enthält die Gesamtkosten je Betriebsstunde (Variable Kosten + umgelegte Fixe Kosten; Fixe Kosten jedoch ohne Abschreibung und ohne Zinsen).
Euro-Werte EUR kfm und EUR pvt: Umrechnung der DM-Werte mit dem amtlichen Kurs DM: 1,95583.

Betriebserschwernisse

Bei dem Betrieb eines Flugzeuges können sich bestimmte Erschwernisse und Sonderbelastungen negativ auf die Kosten auswirken, d.h., die Kosten steigen in einem nicht genau quantifizierbarem Maß.

Fliegt man z.B. mit einem Schulflugzeug ausschließlich Platzrunden mit Touch-and-Go, liegen der Treibstoffverbrauch, der Reifenverschleiß und die Gesamtbelastung erheblich höher als im Normalbetrieb.

Um solche außergewöhnlichen, kostensteigernden Belastungen näherungsweise zu erfassen und bei den Betriebskosten berücksichtigen zu können, ist es ratsam, eine Liste der Parameter zu erstellen, die zu höheren Betriebsstundenkosten führen.

Diese Parameter gehen als prozentualer Aufschlag auf die Variablen Kosten je Betriebsstunde in die Gesamtberechnung ein. Dabei sind je Jahr des Flugzeugalters und je zutreffendem anderen Punkt der Liste 1% Zuschlag angesetzt.

Beispiel Flugzeutyp X

- Alter 5 Jahre
- Einziehfahrwerk
- 5 Piloten fliegen das Flugzeug
- Vorwiegend Grasbahnbetrieb

Alle anderen Punkte der Erschwernisliste treffen nicht zu. Die Variablen Kosten liegen ohne Erschwerniszuschlag bei 100 DM / 51 € je Betriebsstunde.

Wie hoch ist der Zuschlag auf diese Variablen Kosten, und wie hoch sind nach dieser Berechnung dann die Variablen Kosten?

Erhöhung der Variablen Kosten für Betriebserschwernisse	%
Zuschlag für 5 Jahre Alter	5%
Zuschlag für Einziehfahrwerk	1%
Zuschlag für mehr als 3 Piloten	1%
Zuschlag für vorwiegenden Grasbahnbetrieb	1%
Summe der Zuschläge	**8%**

Die Variablen Kosten von 100 DM / 51 € je Betriebsstunde werden folglich um 8% auf 108 DM / 55 € erhöht. In der folgenden Liste sind alle Erschwernisse (bis auf das Flugzeugalter, bei dem jedes Jahr mit 1% gerechnet wird) mit je 1% einheitlich bewertet:

Zuschläge für Betriebserschwernisse	
Alter des Flugzeugs, pro Jahr	1%
Abstellplatz im Freien	1%
Einspritzer, Turbolader	1%
Einziehfahrwerk	1%
IFR-Avionic	1%
Propellerturbine	1%
Stationierung an einem Flughafen	1%
Vereinsbetrieb	1%
Verstellpropeller	1%
Vorwiegend Betrieb auf Grasbahn	1%
Vorwiegend Betrieb bis 2 Stunden	1%
Vorwiegend Betrieb bis 5.000 ft	1%
Vorwiegend Betrieb max. Startgewicht	1%
Vorwiegend Betrieb mit > 3 Piloten	1%
Wartung an fremdem Platz	1%

Betriebsstunde

Die Betriebsstunde eines Flugzeuges ist eine Zeiteinheit von 60 Minuten, in welcher der Motor läuft. Die Betriebsstunde wird vom Betriebsstundenzähler registriert (ab etwa 800 UPM) und bei Abrechnungen, Kalkulationen und als technische Zeitgröße (z.B. für Wartungsintervalle) zugrunde gelegt. Eine Betriebsstunde schließt in der Praxis neben der reinen Flugzeit auch die Zeit für das Warmlaufen des Motors und die Zeit für das Rollen des Flugzeuges zum Start und nach der Landung ein.

Flugkilometerkosten

Der Begriff Flugkilometerkosten taucht bei der späteren Kostenberechnung in den Musterkalkulationen auf. Hier können die Kosten je Flugkilometer und je Betriebsstunde auf der Basis der Reisegeschwindigkeit in km/h bei 65% Leistung und einer beliebigen Betriebsstundenzahl p.a. errechnet werden.

Bei den Musterkalkulationen sind die Flugkilometerkosten bei einer Betriebsstundenzahl von 300 Stunden p.a angegeben. Hier das Berechnungsbeispiel aus der Musterkalkulation (kaufmännisch gerechnet, neue Cessna 172 R Skyhawk):

Flugkilometerkosten (ohne MWSt) Cessna 172 R Skyhawk (s. Musterkalkulation	
DM/Betriebsstunde bei 300 h/p.a.	405 DM (207 €)
Reise-km/h bei 65% Leistung	211 km/h
DM je Flugkilometer	**1,92 DM**
(405 DM / 207 € : 211 km/h)	**(0,98 €)**

Kaufpreis (Anschaffungspreis)

Der Kaufpreis eines Flugzeuges ist bei den Musterberechnungen in DM und in Euro angegeben. Der DM-Wert orientiert sich bei fast allen Flugzeugen seit Jahren an dem Kurswert des US-Dollar, der in dieser Handbuch-Ausgabe mit 2,20 DM / 1,12 € angesetzt ist. Wegen der allgemeinen Verständlichkeit ist der Begriff *Kaufpreis* anstelle des betriebswirtschaftlich korrekten Begriffs *Anschaffungspreis* gewählt, der sich aus dem Kaufpreis plus Anschaffungskosten (Überführung, Zulassung usw.) errechnet.

Der Kaufpreis ist also in allen Texten immer der Anschaffungspreis. Er setzt sich bei dem bisher berechneten Musterflugzeug folgendermaßen zusammen:

Beispiel Kaufpreis (ohne MWSt) Cessna 172 R Skyhawk (s. Musterkalkulation)	
Grundpreis, zugelassen und flugbereit frei deutschem Flugplatz	302.720 DM (154.778 €)
+ Zusatzausrüstung (7,5% vom Grundpreis)	+ 22.704 DM (11.608 €)
+ Avionic-Package	+ 50.000 DM (25.565 €)
= Kaufpreis	**= 375.424 DM (191.951 €)**

Unter Avionic ist im weitesten Sinne die Ausrüstung eines Flugzeuges mit Funk- und Navigationsgeräten sowie Flugregelsystemen (Wing Leveler, Autopilot) zu verstehen. Um die Kostenwerte bei der Berechnung zu standardisieren, sollte man bei jedem Flugzeug zum Kaufpreis und den Kosten für die Zusatzausrüstung ein pauschal kalkuliertes Avionic-Package hinzurechnen.

Einmotoriges Flugzeug (VFR-Avionic)
1 x NAV/COM (Sprechfunkgerät/VOR-Empfänger)
1 x ADF (Mittelwellen-Navigationsanlage)
1 x GPS-Empfänger
1 x Transponder
1 x Wing-Leveler (2-Achs-Autopilot)

Zweimotoriges Flugzeug (IFR-Avionic)
2 x NAV/COM (Sprechfunk-/VOR-Gerät)
2 x ADF (Mittelwellen-Navigationsanlage)
1 x GPS-Empfänger
2 x Transponder
1 x Wetterradar
1 x 3-Achs-Autopilot

Die Preise für ein solches Avionic-Package (ohne Mehrwertsteuer) kann man bei einem einmotorigen Flugzeug (VFR-ausgerüstet) mit ca. 50.000 DM / 25.565 € ansetzen. Bei einem zweimotorigen Flugzeug (IFR-ausgerüstet) muß mit etwa 150.000 DM / 76.694 € gerechnet werden. Nach oben sind in beiden Fällen - je nach Geräte-Hersteller und -Ausstattung - keine Grenzen gesetzt.

Zoll

Noch einige Informationen über den Zoll für nach Deutschland eingeführte Flugzeuge. Vor 1980 lag der Zollsatz bei Flugzeugen bis zu 2.000 kg Gesamtgewicht bei 12% des Kaufpreises, bei Flugzeugen von 2.000 bis 15.000 kg bei 5,5%. Seit 1980 schließt das GATT-Abkommen eine Zollpflicht aus, sofern das Flugzeug ausschließlich zivil verwendet wird.

Sitzplatzkilometerkosten

Die Sitzplatzkilometerkosten werden ermittelt, indem man die Flugkilometerkosten durch die Anzahl der im Flugzeug vorhandenen Sitzplätze (inklusive Sitzplätze der Piloten) teilt. Das unter *Flugkilometerkosten* verwendete Beispiel wird fortgeschrieben (kaufmännisch gerechnet, neue Cessna 172 R Skyhawk, 4 Sitzplätze):

Sitzplatzkilometerkosten (ohne MWSt) Cessna 172 R Skyhawk (s. Musterkalkulation)	
Betriebsstunde bei 300 h/p.a.	405 DM (207 €)
Reise-km/h bei 65% Leistung	211 km/h
Flug-km = 405 DM / 207 € : 211 km/h =	1,92 DM (0,98 €)
DM je Sitzplatz (1,92 DM / 0,98 € : 4 Sitze)	**0,48 DM (0,25 €)**

Treibstoffverbrauchsindex (TVI)

Der Treibstoffverbrauchsindex (TVI) ist eine Kennzahl für die wirtschaftlich optimale Umsetzung des Treibstoffes in Transportleistung bei einem Flugzeug. Dabei soll das Flugzeug ausschließlich als Individualverkehrsmittel betrachtet werden.

Bei der TVI-Berechnung sind Parameter wie Reisegeschwindigkeit (65% Leistung bei maximal möglicher Beladung in VFR-typischer Flughöhe), Sitzplatzkilometer, Sitzplätze, Zeitaufwand und Treibstoffverbrauch je Betriebsstunde berücksichtigt. Rollzeiten zum Start, nach der Landung und Steigzeiten mit geringerer Geschwindigkeit (Kompensation durch schnelleren Sinkflug) sind dabei vernachlässigt worden.

Ein Wert bei der später folgenden Berechnung des TVI ist allerdings erklärungsbedürftig: Die Streckenleistungskonstante S. Bei der Entwicklung des TVI vor einigen Jahren hatte der Autor dieses Handbuchs die Effektivität des Flugzeuges als Transportmittel gegenüber einem PKW untersucht und dabei die Streckenleistung des PKW auf der Straße mit 100 als Basiswert angesetzt.

Da aber nun die Luftlinien-Streckenleistung eines Flugzeuges durch eine fast direkte Streckenführung vom Start- zum Zielort (mit gewissen Einschränkungen durch Sperrgebiete, Kontrollzonen usw.) günstiger liegen muß, wurden innerhalb Deutschlands einige Routen parallel für einen PKW und ein einmotoriges Reiseflugzeug berechnet.

Die Kilometereinsparungen beim Flugzeug lagen (insgesamt 127 berechnete Strecken) zwischen 10 und 30% und ergaben einen arithmetischen Mittelwert von 20% mit vernachlässigbaren Abweichungen der Einzelwerte. Vermindert man jetzt die PKW-Streckenleistungskonstante von 100 (S = 100) um 20%, so ergibt sich für das Flugzeug ein Wert von 80 (S = 80). Der TVI eines Flugzeuges wird nun nach folgender Formel berechnet:

Formel TVI Flugzeug	
Triebwerkleistung in PS	L
Treibstoffverbrauchskonstante (0,22 bei Avgas, 0,25 bei Kerosin)	T = 0,22
Streckenleistungskonstante	S = 80
km/h (Reise-) bei 65% Leistung	R
Beförderte Personen inkl. Crew	P
Zeitkorrekturwert	Z = R : 100
TVI = (L x T x S) : (R x P) : Z	

TVI-Beispiel Cessna 172 R Skyhawk	
PS-Leistung	L = 160
Treibstoffverbrauchskonstante	T = 0,22
Streckenleistungskonstante	S = 80
Reisegeschwindigkeit	R = 211
Personenzahl	P = 4
Zeitkorrekturwert (211 : 100)	Z = 2,11
TVI = (160 x 0,22 x 80) : (211 x 4) : 2,11 = 1,58	

Da die Anzahl der Sitzplätze eine große Rolle spielt, ist der TVI z.B. für ein einmotoriges, zweisitziges Schulflugzeug zwangsläufig hoch und damit ungünstig. Die Schlußfolgerung daraus ist fast schon eine Binsenweisheit: Eine Cessna 152 (2 Sitze, 108 PS, 195 km/h Reisegeschwindigkeit) beispielsweise ist mit einem TVI von 2,50 als Individualverkehrsmittel mit hoher Transportleistung nicht geeignet.

Bewertungsrichtlinien für den Treibstoffverbrauchsindex	
Idealer Wert	TVI 0,50
Optimaler Wert	TVI 0,75
Sehr guter Wert	TVI 1,00
Guter Wert	TVI 1,25
Mittelwert	TVI 1,50
Befriedigender Wert	TVI 1,75
Noch befriedigender Wert	TVI 2,00
Ausreichender Wert	TVI 2,25
Schlechter Wert	TVI 2,50
Sehr schlechter Wert	TVI 2,75

Die beispielhaft berechnete Cessna 172 R Skyhawk (4 Sitze, 160 PS, 211 km/h Reisegeschwindigkeit) liegt mit einem TVI von

1,58 nahe am TVI-Mittelwert und ist gegenüber der C152 ein typisches Reiseflugzeug mit einer mittleren Transportleistung.

Der Treibstoffverbrauchsindex ist somit eine zuverlässige Kennzahl zur schnellen Bewertung eines Flugzeuges hinsichtlich seiner Transportleistung und trägt als wichtiges Kriterium bei der Wahl des „richtigen" Flugzeuges entscheidend bei.

Zum Abschluß dieser Ausführungen über die Transportleistung bei Flugzeugen soll der TVI eines nicht näher bestimmten PKW ermittelt und mit dem der bereits berechneten Cessna 172 R Skyhawk verglichen werden.

Die Treibstoffverbrauchswerte können natürlich nicht wie beim Flugzeug berechnet werden - Automotoren sind völlig anders konstruiert und verbrauchen bedeutend weniger Kraftstoff.

Beispiel: Oberklasse-PKW mit 180 PS	
Treibstoffverbrauch Liter/100 km	V = 12
Streckenleistungskonstante	S = 100
Autobahndurchschnitt (km/h)	R = 110
Personenzahl	P = 5
Zeitkorrekturfaktor (Z = 110 : 100)	Z = 1,10
TVI = (12 x 100) : (110 x 5) : 1,10 = 1,98	

Der TVI des angenommenen Oberklassen-PKW liegt mit 1,98 im Mittelfeld der TVI-Tabelle und somit schlechter als der TVI der Cessna 172 R Skyhawk.

Der bei diesem PKW angenommene Autobahndurchschnitt ist allerdings bei den heutigen Straßenverkehrsverhältnissen eine unwägbare Größe, die häufig auch deutlich niedriger liegen dürfte.

So kann sich der PKW-TVI in der Praxis sogar noch mehr verschlechtern. Erreicht man (z.B. durch Stau oder zähfließenden Verkehr) nur eine durchschnittliche Geschwindigkeit von 100 km/h und hat dabei einen Verbrauch von 10 Liter Kraftstoff, wird lediglich ein TVI von 2,00 erreicht. Hier ist deutlich zu sehen, daß sich gerade der Zeitaufwand, verursacht durch eine geringere Geschwindigkeit, negativ auf die Transportleistung eines Verkehrsmittels auswirkt.

Wirtschaftliche Reisegeschwindigkeit

Unter Reisegeschwindigkeit (wirtschaftliche Reisegeschwindigkeit) ist die Geschwindigkeit eines Flugzeuges zu verstehen, die es bei einer Leistungseinstellung von 65% in VFR-typischer Reiseflughöhe (ca. 5.000 ft) erreicht. Bedingungen: Gesamtgewicht abzüglich des bis zum Erreichen dieser Höhe verbrauchten Treibstoffs.

Datenvergleiche TVI und wirtschaftliche Reisegeschwindigkeit

Auf den folgenden beiden Seiten sind die Treibstoffverbrauchsindices und die wirtschaftlichen Reisegeschwindigkeiten von 75 ein- und zeimotorigen Flugzeugen in der Rangreihenfolge aufgelistet.

Diese beiden Vergleichstabellen liefern zuverlässige Werte, um die Transportleistung eines Flugzeuges zu ermitteln. Zu beachten ist, daß diese Werte je nach Einsatzbereich eine unterschiedliche Wertigkeit haben. So ist der TVI oder die wirtschaftliche Reisegeschwindigkeit z.B. für ein Kunstflugzeug (Pitts u.ä.) oder ein Schulflugzeug mit vorwiegendem Platzrundeneinsatz weitgehend bedeutungslos.

Datenvergleich: Treibstoffverbrauchsindex TVI

Aufsteigende Reihenfolge:
Das Flugzeug mit dem niedrigsten (besten) Treibstoffverbrauchsindex steht an erster Stelle.

(Quelle: Ein- und zweimotorige Flugzeuge, Bilder, Daten, Kosten, Air Report Verlag, Ausgabe Air Report Basics 1999/2001)

Flugzeug	TVI
Piper PA-46-350P Malibu Mirage	0,75
Beechcraft Bonanza B36TC	0,78
Cessna 210 Centurion Pressurized	0,82
Cessna 210 Centurion Turbo	0,85
Piper PA-32R-301T Saratoga II TC	0,89
Mooney Bravo	0,92
Beechcraft Bonanza A36	0,95
Cessna 210 Centurion	0,95
Socata TBM 700	0,99
Cessna 206 Stationair 6 Turbo	1,01
Piper PA-32R-301 Saratoga II HP	1,01
Mooney Eagle	1,02
Beechcraft Bonanza F33A	1,04
Beechcraft Bonanza V35B	1,04
Cessna 206 H Stationair Turbo	1,05
Mooney Ovation	1,06
Piper PA-28RT-201T Turbo Arrow	1,08
Robin DR 500/200i President	1,08
Diamond DA40	1,10
Cessna 182 Skylane Turbo RG	1,11
Socata Trinidad TB 21	1,12
Cessna 206 Stationair 6	1,19
Pezetel PZL M-20 Mewa	1,22
Piper PA-34-220T Seneca V	1,23
Cessna Grand Caravan	1,27
Robin DR 400/180 Regent	1,28
Socata Trinidad TB 20	1,31
Cessna 172 Cutlass RG	1,32
Partenavia P.68C	1,32
Cessna 206 H Stationair	1,33
Piper PA-28R-201 Arrow	1,35
Cessna 182 Skylane RG	1,37
Commander Commander 114 TC	1,37
Commander Commander 114 B	1,39
Maule MT-7-235 Super Rocket	1,39
Robin R 3180	1,40
Piper PA-28-181 Archer III	1,41
Cessna 414A Chancellor II	1,47
Cessna 421 Golden Eagle II	1,48
Cessna 182 Skylane	1,50
Cessna Conquest II	1,53
Piper PA-42-720 Cheyenne IIIA	1,53
Beechcraft King Air C90B	1,54
Diamond DA20-A1 Katana	1,54
Cessna 182 Skylane Bj. 84	1,56
Piper PA-28-236 Dakota	1,57
Cessna 172 R Skyhawk	1,58
Cessna 172 S Skyhawk SP	1,61
Robin DR 400/140B Dauphin 4	1,61
Robin DR 400/180R Remo 180	1,62
Cessna 172 Skyhawk	1,68
Piper PA-28-161 Warrior III	1,68
Socata Tobago TB 10	1,68
Socata Tobago TB 200	1,74
Cessna 340A	1,83
Maule MX-7-160 Sportplane	1,85
FFT Speed Canard SC 01-160	1,86
Piper PA-44-180 Seminole	1,87
Socata Tampico Club TB 9	1,87
Maule MXT-7-180A Comet	1,88
Beechcraft Baron 58	1,93
Piper PA-42-1000 Cheyenne 400	2,04
Beechcraft Super King Air B200	2,05
Robin R 200/120B	2,25
Piper PA-28-161 Cadet	2,26
Cessna 310 II	2,35
Cessna 152	2,50
Pezetel PZL Koliber 150	2,51
Diamond HK 36 S. Dimona TC 80	2,56
Robin R 2160 D	2,83
Grob G 115 C	3,10
Aviat Pitts S-2B	3,35
Grob G 115 E	3,36
Aviat Husky A-1	3,43
Piper PA-18-150 Super Cub	4,31

Datenvergleich: Reisegeschwindigkeit km/h bei 65% Leistung

Absteigende Reihenfolge:
Das schnellste Flugzeug steht an erster Stelle.

(Quelle: Ein- und zweimotorige Flugzeuge, Bilder, Daten, Kosten, Air Report Verlag, Ausgabe Air Report Basics 1999/2001)

Piper PA-42-1000 Cheyenne 400	495
Piper PA-42-720 Cheyenne IIIA	485
Cessna Conquest II	456
Beechcraft Super King Air B200	455
Socata TBM 700	450
Beechcraft King Air C90B	423
Cessna 421 Golden Eagle II	386
Piper PA-46-350P Malibu Mirage	369
Mooney Bravo	359
Cessna 414A Chancellor II	352
Mooney Ovation	341
Cessna 210 Centurion Pressurized	340
Beechcraft Bonanza B36TC	335
Cessna 210 Centurion Turbo	335
Cessna Grand Caravan	326
Pezetel PZL M-20 Mewa	325
Mooney Eagle	324
Piper PA-34-220T Seneca V	324
Cessna 340A	315
Piper PA-32R-301T Saratoga II TC	315
Socata Trinidad TB 21	313
Beechcraft Bonanza F33A	311
Beechcraft Bonanza V35B	311
Beechcraft Bonanza A36	305
Cessna 182 Skylane Turbo RG	305
Cessna 210 Centurion	305
Beechcraft Baron 58	302
Cessna 206 Stationair 6 Turbo	300
Partenavia P.68C	298
Cessna 206 H Stationair Turbo	295
Commander Commander 114 TC	295
Piper PA-32R-301 Saratoga II HP	295
Piper PA-44-180 Seminole	291
Socata Trinidad TB 20	290
Commander Commander 114 B	287
Piper PA-28RT-201T Turbo Arrow	285
Cessna 182 Skylane RG	275
FFT Speed Canard SC 01-160	275
Cessna 310 II	267
Cessna 206 Stationair 6	265
Aviat Pitts S-2B	261
Diamond DA40	261
Cessna 182 Skylane	260
Cessna 206 H Stationair	258
Piper PA-28-236 Dakota	257
Cessna 182 Skylane Bj. 84	255
Piper PA-28R-201 Arrow	255
Robin DR 500/200i President	255
Robin DR 400/180 Regent	249
Cessna 172 Cutlass RG	245
Maule MT-7-235 Super Rocket	244
Robin R 3180	238
Piper PA-28-181 Archer III	237
Grob G 115 C	226
Socata Tobago TB 200	225
Robin R 2160 D	223
Cessna 172 S Skyhawk SP	222
Robin DR 400/180R Remo 180	221
Grob G 115 E	217
Socata Tobago TB 10	217
Aviat Husky A-1	215
Diamond DA20-A1 Katana	215
Robin R 200/120B	215
Cessna 172 R Skyhawk	211
Robin DR 400/140B Dauphin 4	209
Cessna 172 Skyhawk	205
Maule MXT-7-180A Comet	205
Piper PA-28-161 Warrior III	205
Piper PA-28-161 Cadet	204
Cessna 152	195
Maule MX-7-160 Sportplane	195
Socata Tampico Club TB 9	194
Piper PA-18-150 Super Cub	175
Diamond HK 36 S. Dimona TC 80	167
Pezetel PZL Koliber 150	162

Fixe Kosten

Die Fixen Kosten werden pro Jahr (p.a.) berechnet. Sie fallen grundsätzlich an, ganz gleich, ob ein Flugzeug fliegt oder stillgelegt ist. Die Fixen Kosten in der kaufmännischen Kalkulation setzen sich aus den Kosten für Abstellung oder Hangarierung, Versicherung, Abschreibung und Kapitalzinsen zusammen. Bei der privaten Kalkulation enthalten die Fixen Kosten keine Abschreibungs- und Kapitalkosten.

Abschreibung

Bei *Abschreibung* handelt es sich um ein betriebswirtschaftliches Verfahren innerhalb des Rechnungswesens eines Unternehmens, den Kaufpreis eines abnutzbaren Anlagegegenstandes (hier Flugzeug) auf Zeit- und/oder Leistungseinheiten zu verteilen. Das steuerrechtliche Pendant nennt man *Absetzung für Abnutzung* (AfA).

In der kaufmännischen Kostenkalkulation ist die Verteilung auf Zeiteinheiten gewählt worden: Die jährlichen Abschreibungen sind als Teil der Fixen Kosten p.a. berücksichtigt. Angewendet wurde eine steuerlich übliche lineare Abschreibung mit dem vorgeschriebenen Abschreibungszeitraum von 21 Jahren. Nach Ablauf dieser 21 Jahre wurde ein ebenfalls üblicher Restwert in Höhe von 30% des Neupreises angesetzt.

Steuerlich üblich heißt hier, daß die Finanzbehörden bei Flugzeugen bis zu 20 Tonnen maximalem Startgewicht einen Abschreibungszeitraum von 21 Jahren fordern, sofern nicht verschleißintensive Einsatzbereiche das Flugzeug übermäßig strapazieren und es nachweisbar schneller abgeschrieben werden muß.

Bei Gebrauchtflugzeugen werden diese 21 Jahre um das Alter des Flugzeuges verringert, mindestens werden 5 Jahre abgeschrieben. Auch bei Gebrauchtflugzeugen wird nach Ablauf der Abschreibungsdauer ein Restwert von 30% des Kaufpreises angenommen, denn niemand käme auf die Idee, ein Flugzeug bis zu dem steuerlich möglichen Restbuchwert von 1 DM abzuschreiben. Beispiele (ohne MWSt):

Beispiel 1 (ohne MWSt) **Einmotoriges Flugzeug NN (gebraucht)**	
Alter in Jahren (neu = 0)	10
Kaufpreis	350.000 DM (178.952 €)
./. 30% Restwert	./. 105.000 DM (53.686 €)
= Gesamtabschreibung	= 245.000 DM (125.267 €)
: Abschreibungsdauer	: 11 Jahre
= Abschreibung p.a.	**= 22.273 DM (11.388 €)**

Beispiel 2 (ohne MWSt) **Cessna 172 R Skyhawk (neu)** (s. Musterkalkulation)	
Alter in Jahren (neu = 0)	0
Kaufpreis	375.424 DM (191.951 €)
./. 30% Restwert	./. 112.627 DM (57.585 €)
= Gesamtabschreibung	= 262.797 DM (134.366 €)
: Abschreibungsdauer	: 21 Jahre
= Abschreibung p.a.	**= 12.514 DM (6.398 €)**

Auf spezielle Abschreibungsvarianten (degressiv, progressiv usw.) soll hier nicht eingegangen werden.

Kapitalverzinsung

Bei den Betriebsstundenberechnungen innerhalb der kaufmännischen Kalkulation wird der Kaufpreis mit 50% Fremd- und mit 50% Eigenmitteln finanziert. Beim Kapitalzins sind 5% p.a. für Eigenmittel (entgangener Zins) und 7,5% p.a. für Fremdmittel berücksichtigt.

Da aber bei derartigen Finanzierungen lediglich der Zins auf das durchschnittlich p.a. gebundene Kapital berechnet wird, flossen effektiv bei den Eigenmitteln 2,5% und bei den Fremdmitteln 3,75% Zinsen p.a. (beide Prozentsätze bezogen auf den Kaufpreis ohne Mehrwertsteuer) in die Fixen Kosten ein.

Hier ein Beispiel (Cessna 172 R Skyhawk, siehe Musterkalkulation) bei einem Flugzeug-Kaufpreis von 375.424 DM / 191.951 € und 50% Eigen- und 50% Fremdkapital:

Kapitalzinsen (auf Kaufpreis 375.424 DM / 191.951 €, ohne MWSt) **Cessna 172 R Skyhawk** (s. Musterkalkulation)	
Effektiver Eigenzins 2,5% p.a.	4.693 DM (2.399 €)
Effektiver Fremdzins 3,75% p.a.	+ 7.039 DM (3.599 €)
= Gesamt-Kapitalzinsen p.a.	**= 11.732 DM (5.998 €)**

Luftfahrt-Versicherungen

Allgemeine Informationen

Bei den Luftfahrt-Versicherungen unterscheidet man folgende Versicherungsarten:

- Luftfahrt-Halter-Haftpflichtversicherung
- Luftfahrt-Passagier- (Luftfrachtführer-) Haftpflichtversicherung
- Kombinierte Luftfahrt-Halter-Haftpflicht- und Luftfrachtführer-Haftpflichtversicherung (CSL-Deckung)
- Luftfahrt-Kaskoversicherung
- Luftfahrt-Unfallversicherung
- Triebwerksversicherung (Maschinenbruchversicherung)

Bei allen diesen Versicherungen handelt es sich um an das Luftfahrzeug selbst gebundene Versicherungen. Teilweise sind es sogar gesetzlich vorgeschriebene bzw. behördlicherseits angeordnete Versicherungen, ohne die eine Genehmigung zur Aufnahme des Flugbetriebes bei gewerblichen Unternehmen erst gar nicht erteilt wird.

Die Lizenzverlust-Versicherung und die persönliche Piloten-Unfallversicherung sollen hier nicht berücksichtigt werden, da keine direkten Kosten für den Betrieb des Luftfahrzeuges anfallen.

Allerdings ist anzumerken, daß die private Allgemeine Unfallversicherung in der Regel das Pilotenrisiko nicht mit einschließt und daher jeder Flugzeugführer eine individuelle Absicherung vornehmen sollte.

Alle genannten Versicherungsbeiträge gelten zuzüglich der gesetzlichen Versicherungssteuer in Höhe von derzeit 15%. In der Regel wird der Versicherungsschutz mit weltweiter Deckung angeboten. Ausländische Gesellschaften bieten aber oft nur eine eingeschränkte Europa-Deckung an, die gegen Beitragszuschlag ausgeweitet werden kann.

Luftfahrt-Halter-Haftpflichtversicherung

Hierbei handelt es sich um eine Pflichtversicherung gemäß den Vorschriften der § 33 ff. des Luftverkehrsgesetzes (LuftVG). Die Versicherung deckt Ansprüche aus Schäden an Personen und Sachen, die **nicht** im Luftfahrzeug befördert werden (Drittschäden).

Die Haftung trifft zunächst den **Halter** des Luftfahrzeuges bis zur Höhe der in § 37 LuftVG festgelegten Haftungssummen und zwar auch dann, wenn kein Verschulden vorliegt. Man spricht hier von einer verschärften Gefährdungshaftung (Erfolgshaftung).

Liegt ein Verschulden vor (bereits einfache Fahrlässigkeit), haftet der Schadenverursacher - also meistens der Pilot - nach den allgemeinen gesetzlichen Vorschriften (z.B. nach § 823 BGB) unbegrenzt.

In der Halter-Haftpflichtversicherung sind die Deckungssummen nach dem maximalen Abfluggewicht des Luftfahrzeuges gestaffelt.

Die Jahresbeiträge (ohne Versicherungssteuer) betragen dabei (Auszug aus dem Tarif des Deutschen Luftpools - Stand Januar 2000):

Luftfahrt-Halter-Haftpflichtversicherung		
Fluggewicht	**Deckung**	**DM**
bis zu 1.200 kg	5 Mio	750 DM (383 €)
1.201 - 1.600 kg	7,5 Mio	1.050 DM (537 €)
1.601 - 2.000 kg	7,5 Mio	1.290 DM (660 €)
2.001 - 3.500 kg	15 Mio	2.300 DM (1.176 €)
3.501 - 5.700 kg	15 Mio	3.400 DM (1.738 €)

Die Deckungssummen verstehen sich je Schadensereignis. Reicht die gesetzliche Mindest-Deckungssumme nicht aus, kann sie gegen Beitragszuschlag erhöht werden. Eine Limitierung der Höchstersatzleistung je Einzelperson wird in der Halter-Haftpflicht nicht vorgenommen.

Neben dem Piloten ist die persönliche gesetzliche Haftpflicht aller Besatzungsmitglieder (z.B. Co-Pilot, Fluglehrer, Flugschüler) mitversichert. Nicht versichert ist dagegen die Haftung des Luftfrachtführers gegenüber den an Bord befindlichen Fluggästen. Die Absicherung hierfür erfolgt durch die folgende Versicherung, die auch Passagier-Haftpflichtversicherung genannt wird.

Luftfrachtführer-Haftpflichtversicherung

Versichert ist die gesetzliche Haftpflicht des Luftfrachtführers gegenüber Personen und Sachen (Obhutsgepäck), die **im** Luftfahrzeug befördert werden. Die gesetzliche Haftung (LuftVG) ist beschränkt auf die Haftungssummen von 320.000 DM / 163.613 € für Personenschäden und 3.200 DM / 1.636 € für Schäden am Obhutsgepäck.

Bei Vorliegen von grober Fahrlässigkeit werden die o.a. Haftungsgrenzen aufgehoben. Der Schadenverursacher haftet dann nach den allgemeinen gesetzlichen Vorschriften (z.B. BGB). Die Versicherung muß immer für alle vorhandenen Gastplätze abgeschlossen werden.

Bei Vorliegen eines Beförderungsvertrages kann die Haftung vorweg durch besondere Vereinbarung **nicht** ausgeschlossen werden. Liegt kein Beförderungsvertrag vor, sondern eine reine Gefälligkeitsmitnahme, gelten nicht die Vorschriften des LuftVG, sondern von vornherein die allgemeinen Haftungsbestimmungen, d.h., der Schadenverursacher haftet unbegrenzt. Auch hier besteht die Möglichkeit, die Deckungssummen der Versicherung anzuheben, um eine eventuelle höhere Haftung abzusichern.

Der Jahresbeitrag richtet sich nach der Zahl der vorhandenen Gastplätze. Anders als bei der Halter-Haftpflichtversicherung sind die Beitragstarife durchaus unterschiedlich. Die heute günstigsten Beiträge für den privaten Einsatz von Luftfahrzeugen sind wie folgt:

Luftfrachtführer-Haftpflichtversicherung	
1 Fluggastsitzplatz	425 DM (217 €)
2 Fluggastsitzplätze	850 DM (435 €)
3 Fluggastsitzplätze	1.275 DM (652 €)
4 Fluggastsitzplätze	1.700 DM (869 €)
5 Fluggastsitzplätze	2.000 DM (1.023 €)
6 Fluggastsitzplätze	2.300 DM (1.176 €)

Für gewerblich im Luftfahrtunternehmen eingesetzte Luftfahrzeuge werden höhere Beiträge verlangt (ca. 500 DM / 256 € je Gastplatz).

Für Luftfahrtunternehmen innerhalb der Europäischen Gemeinschaft gelten seit dem 18.10.1998 nicht mehr die Bestimmungen des LuftVG bezüglich der Haftung gegenüber den Fluggästen bei Personenschäden. Grundsätzlich gilt hier eine Verschuldenshaftung ohne summenmäßige Haftungseinschränkung. Dies bedeutet für den Luftfahrtunternehmer bzw. Luftfrachtführer, daß er bei Personenschäden unbegrenzt haftet. Gleichzeitig sind auch die Haftungsgrenzen für Personenschäden nach den Vorschriften des Warschauer Abkommens sowie der weiteren internationalen Haftungsvereinbarungen bei grenzüberschreitenden Flügen aufgehoben.

Für Luftfahrtunternehmen, aber auch für Privatflieger, welche aufgrund der vorher beschriebenen Haftungsproblematiken einen höheren Deckungsschutz wünschen, bietet sich eine Kombination aus Halter-Haftpflicht- und Luftfrachtführer-Haftpflichtversicherung an, die im folgenden beschrieben wird.

CSL-Deckung

Der Vorteil der CSL-Deckung liegt darin, daß für beide Haftpflicht-Versicherungsarten eine einheitliche Deckungssumme (beispielsweise 10.000.000 DM / 5.112.919 € pauschal) gewählt wird. Im Schadenfall steht diese Deckungssumme je Schadenereignis zur Verfügung, gleichgültig aus welchem Bereich der Anspruch kommt.

Das ist besonders vorteilhaft bei Personenschäden von Fluggästen, da der Dritt-Haftpflichtschaden erfahrungsgemäß nicht so hoch ausfällt.

Eine Beitragstabelle kann nicht veröffentlicht werden, da die Konditionen der CSL-Deckung durchweg unterschiedlich sind. In jedem Falle aber sind die Beiträge wegen des erheblich höheren Versicherungsschutzes höher als die Beitragskombination aus den beiden einzelnen Haftpflicht-Grunddeckungsarten.

Luftfahrt-Kaskoversicherung

Die Luftfahrt-Kaskoversicherung deckt den wirtschaftlichen Verlust bei Beschädigung oder Totalschaden des Luftfahrzeuges bis zur Höhe der Versicherungssumme, maximal jedoch bis zum Zeitwert des Luftfahrzeuges am Schadentag. Dieser wird im Totalschadenfall von einem Sachverständigen ermittelt. Daher sollte die festgelegte Versicherungssumme immer dem Zeitwert des Luftfahrzeuges entsprechen und von Jahr zu Jahr überprüft werden.

Damit können Probleme einer eventuellen Über- oder Unterversicherung vermieden werden. Die Versicherungssumme des Luftfahrzeuges wird gebildet aus dem Wert für das Luftfahrzeug nebst Standardausrüstung und der eingebauten Sonderausstattung bzw. Sonderinstrumentierung.

Die Sonderinstrumentierung (Flugzeugelektronik) kann auch über eine spezielle Elektronikversicherung abgedeckt werden, welche einen noch besseren Versicherungsschutz bietet als die Kaskoversicherung.

Die Elektronikversicherung lohnt sich allerdings nur für hochwertige Flugzeuge bzw. Elektronik.

Für die Kaskoversicherung der Geschäfts- und Reiseflugzeuge sowie Hubschrauber existieren keine festen Prämiensätze; der Tarif wird individuell ermittelt.

Für die Ermittlung der Kasko-Versicherungsprämie sind dabei risikotechnische Details wie z.B. Flugzeugtyp, Kennzeichen, Baujahr, Versicherungssumme (Zeitwert) und vor allem der genaue Verwendungszweck von Bedeutung. Auch die Lizenzen und die Flugerfahrung der einzelnen Piloten können erheblichen Einfluß auf die Prämie haben.

Die Versicherungsbeiträge zur Kaskoversicherung sind der größte Kostenfaktor. Einen allgemein gültigen Tarif gibt es in der Regel nur für einmotorige Luftfahrzeuge, Segelflugzeuge und Motorsegler. Prämien für mehrmotorige Flugzeuge werden individuell ermittelt. Je mehr risikotechnische Einzelheiten dem Versicherer oder Versicherungsmakler mitgeteilt werden, um so eher wird dieser eine adäquate Prämie anbieten.

Die Kasko-Versicherungsbeiträge sind am höchsten bei Luftfahrzeugen, die von mehreren ungenannten Piloten geflogen werden (bei Vercharterung, Schulung). Wegen der relativ hohen Auslastung ist auch das Unfallrisiko höher einzustufen. Die günstigsten Versicherungsbeiträge erhält der private Flugzeughalter, der sein Flugzeug allein fliegt und über eine gute und schadenfreie Flugerfahrung verfügt.

Berechnungsbeispiele

1. Cessna 152, 50.000* DM / 25.565 €, Vercharterung/Schulungsrisiko/mehrere Piloten, Beitragssatz: 6% der Versicherungssumme = 3.000 DM / 1.534 € bei einer Selbstbeteiligung von 2.000 DM / 1.023 € je Teilschadenfall.

2. Piper PA 28, 100.000* DM / 51.129 €, Reiseflüge durch 3 Piloten namentlich, Beitragssatz: 2,8% der Versicherungssumme = 2.800 DM / 1.432 € bei einer Selbstbeteiligung von 2.000 DM / 1.023 € je Teilschadenfall.

3. Aerospatiale Trinidad TB 20, 300.000* DM / 153.388 €, Reiseflüge durch 5 namentlich genannte Piloten, Beitragssatz: 2,1% der Versicherungssumme = 6.300 DM / 3.221 € bei einer Selbstbeteiligung von DM 3.000 DM / 1.534 € je Teilschadenfall.

4. Piper PA 34-220T Seneca IV, 500.000* DM / 255.646 €, Geschäfts-Reiseflüge durch 2 PPL-A-Piloten, Beitragssatz: 1,8% der Versicherungssumme = 9.000 DM / 4.602 € bei einer Selbstbeteiligung von 10.000 DM / 5.113 € je Teilschadenfall.

5. Cessna 421 Golden Eagle, 600.000* DM / 306.775 €, gewerbliche Personenbeförderung durch 2 Berufspiloten, Beitragssatz: 1,4% der Versicherungssumme = 8.400 DM / 4.295 € bei einer Selbstbeteiligung von 15.000 DM / 7.669 € je Teilschadenfall.

6. Beech King Air B 200, 3.000.000* DM / 1.533.876 €, gewerbliche Personenbeförderung durch mehr als 2 Berufspiloten, Beitragssatz: 0,7% der Versicherungssumme = 21.000 DM / 10.737 € bei einer Selbstbeteiligung von 30.000 DM / 15.339 € je Teilschadenfall.

Anmerkung: * = Kaufpreis ohne MWSt in DM und Euro. Bei allen vorgenannten Beiträgen ist ein Schadenfreiheitsrabatt bereits eingerechnet worden.

Die Spanne der Kaskoprämien reicht von 0,35% der Versicherungssumme bei Jets bis zu mehr als 8% der Versicherungssumme bei einmotorigen Flugzeugen. Bei Sonderrisiken wie z.B. Sprühflügen gelten noch weit höhere Beiträge.

Grundsätzlich ist die Einschaltung eines versierten Versicherungsmaklers zu empfehlen, der in der Lage ist, Angebote nicht nur des deutschen Luftfahrt-Versicherungsmarktes, sondern auch des europäischen (besonders des englischen Marktes) einzuholen.

Seriöse Luftfahrtmakler achten natürlich darauf, daß ausländische Versicherungsgesellschaften über das nötige Know How verfügen, eine deutsche Zulassung besitzen und eine ausreichende Bonität aufweisen.

Luftfahrt-Unfallversicherung (Platzversicherung)

Eine Unfallversicherung ist vorgeschrieben bei Einsatz der Luftfahrzeuge zur gewerblichen Personenbeförderung (s. § 50 LuftVG).

Die Mindest-Versicherungssummen betragen hier 35.000 DM / 17.895 € für den Todes- und Invaliditätsfall je Fluggast. Auch bei Schulflügen - sowohl bei der Anfänger- als auch bei der CPL-/IFR-Schulung - gelten entsprechende Summen für den Fluglehrer- und den Flugschülersitz bzw. Pilotensitz.

Die Jahresbeiträge sind bei den einzelnen Versicherungsgesellschaften unterschiedlich und betragen bei günstigen Anbietern je Pilotenplatz 105 DM / 54 € und je Gastplatz 85 DM / 43 €.

Triebwerks- und Maschinenbruchversicherung

In der Kaskoversicherung sind innere Triebwerksschäden nicht mitversichert. Es besteht hier die Möglichkeit einer speziellen Absicherung durch die Triebwerksversicherung. Für kleinere Kolbentriebwerke lohnt diese Versicherung kaum, wohl aber für Propellerturbinen und Düsentriebwerke.

Es gibt nur wenige Versicherungsgesellschaften, die diese Versicherung anbieten, teilweise auch in Verbindung mit einer sog. Loss-of-Use-Versicherung (Betriebsunterbrechungsversicherung). Die Versicherungsprämien schwanken je nach Schadenverlauf sehr stark, so daß an dieser Stelle keine konkreten Zahlen genannt werden können.

Notwendige Zusatzversicherungen bei grenzüberschreitenden Flügen

Trotz beginnender Harmonisierung der Haftung im europäischen Luftverkehr sind Haftungsvorschriften innerhalb der Europäischen Gemeinschaft immer noch sehr unterschiedlich.

Die in Deutschland geltenden Haftungsnormen und die Versicherungsvorschriften sind für die meisten Länder ausreichend. Lediglich für die Schweiz, Österreich und die skandinavischen Länder gelten höhere Haftungssummen.

Bei Einflug in den jeweiligen Luftraum wird hierüber der Versicherungsnachweis verlangt. Ein Verstoß dagegen wird mit Bußgeldern oder sogar Haftstrafe belegt. Über die Höhe der notwendigen Versicherungen und die in Frage kommenden Zusatzprämien geben die Versicherungsgesellschaften oder die Luftfahrt-Versicherungsmakler alle notwendigen Informationen.

Berechnungsbeispiele

In den folgenden Beispielen sind alle drei Versicherungsarten berechnet. Um die Versicherungskosten für die unterschiedlichen Einsatzbereiche des Flugzeuges besser vergleichen zu können, wurde in allen Beispielen eine neue Robin DR500/200i President (Kaufpreis 490.000 DM / 250.533 € plus 16% MWSt) zugrunde gelegt.

Beispiel 1 - Robin DR500/200i President im Firmenbesitz

Der Halter ist ein Unternehmen. Das Flugzeug wird für Geschäfts- und Reiseflüge verwendet und von 5 namentlich benannten Piloten geflogen.

Bemerkungen: In der Kaskoprämie sind eine Selbstbeteiligung von 1% des Versicherungswertes (ca. 5.000 DM / 2.556 €) je Teilschaden sowie ein im voraus gewährter Schadenfreiheitsrabatt von 15% enthalten, der bei einem Schaden und/oder bei Nichtverlängerung der Kaskoversicherung zurückzuzahlen ist.

Gesamt-Versicherungsprämien p.a. Robin DR500/200i President	
Luftfahrt-Haftpflicht	750 DM (383 €)
+ Luftfrachtführer-Haftpflicht	+ 1.700 DM (869 €)
+ Kaskoprämie 2,4% (abzüglich weitere 15%)	+ 9.996 DM (5.111 €)
= Summe ohne Vers.Steuer	= 12.446 DM (6.364 €)
+ 15% Vers.Steuer	+ 1.866 DM (954 €)
= Gesamt-Prämiensumme	= 14.312 DM (7.318 €)

Beispiel 2 - Robin DR500/200i President in Haltergemeinschaft

Halter ist eine Haltergemeinschaft (3 Personen). Das Flugzeug wird für Reiseflüge verwendet und ausschließlich von den 3 namentlich benannten Piloten geflogen.

Bemerkungen: Wie unter Beispiel 1.

Gesamt-Versicherungsprämien p.a. Robin DR500/200i President	
Luftfahrt-Haftpflicht	750 DM (383 €)
+ Luftfrachtführer-Haftpflicht	+ 1.700 DM (869 €)
+ Kaskoprämie 2,2% (abzüglich weitere 15%)	+ 9.163 DM (4.685 €)
= Summe ohne Vers.Steuer	= 11.613 DM (5.938 €)
+ 15% Vers.Steuer	+ 1.742 DM (891 €)
= Gesamt-Prämiensumme	= 13.355 DM (6.828 €)

Beispiel 3 - Robin DR500/200i President in Einzelbesitz

Der Halter ist eine Einzelperson. Das Flugzeug wird für Reiseflüge verwendet und nur vom Halter geflogen.

Bemerkungen: Wie unter Beispiel1.

Gesamt-Versicherungsprämien p.a. Robin DR500/200i President	
Luftfahrt-Haftpflicht	750 DM (383 €)
+ Luftfrachtführer-Haftpflicht	+ 1.700 DM (869 €)
+ Kaskoprämie 1,7% (abzüglich weitere 15%)	+ 7.080 DM (3.620 €)
= Summe ohne Vers.Steuer	= 9.530 DM (4.873 €)
+ 15% Vers.Steuer	+ 1.429 DM (731 €)
= Gesamt-Prämiensumme	= 10.960 DM (5.604 €)

Beispiel 4 - Robin DR500/200i President in Besitz eines Flugsportvereins

Der Halter ist ein Flugsportverein. Das Flugzeug wird für Reiseflüge verwendet und von den Vereinsmitgliedern geflogen.

Bemerkungen: Wie unter Beispiel1.

Gesamt-Versicherungsprämien p.a. Robin DR500/200i President	
Luftfahrt-Haftpflicht	750 DM (383 €)
+ Luftfrachtführer-Haftpflicht	+ 1.700 DM (869 €)
+ Kaskoprämie 3,1% (abzüglich weitere 15%)	+ 12.911 DM (6.601 €)
= Summe ohne Vers.Steuer	= 15.361 DM (7.854 €)
+ 15% Vers.Steuer	+ 2.304 DM (1.178 €)
= Gesamt-Prämiensumme	= 17.665 DM (9.032 €)

Abb. 2.2: Robin DR500/200i President. Schnelles Reiseflugzeug mit 200-PS-Lycoming-Einspritzmotor, 255 km/h bei 65% Leistung, Reichweite ca. 1.400 km (Quelle: Robin Intelisano).

Hangarierung oder Abstellplatz

Abstellgebühren und Hangarierungskosten werden meistens nach dem Gewicht des Flugzeuges und der Dauer der Stationierung vom Flugplatzhalter bzw. Hallenbesitzer berechnet. Ein einheitliches Berechnungsschema, aber mit unterschiedlichen Preisen, gibt es bei den Verkehrsflughäfen und Verkehrslandeplätzen der Arbeitsgemeinschaft Deutscher Verkehrsflughäfen.

Über den Sinn einer Unterbringung eines Flugzeuges in einer Halle gibt es, im Gegensatz zu den divergierenden Meinungen über den PKW in der Garage, kaum etwas zu diskutieren. Die Nachteile des Abstellens im Freien sind nämlich beim Flugzeug unstrittig:

- Korrosion des Flugzeuges im Freien (auch Aluminium korrodiert !)

- Ständige Verschmutzung der Zelle und der Flächen

- Rauhreif-, Eis- und Schneebeläge

- Auskühlung des Motors (zähes Öl, Batteriekapazitätsverluste)

- Festfrieren von Wasser- und Schmutzresten in Fahrwerkschächten

- Festfrieren von Wasser- und Schmutzresten an Rudergestängen

- Vögel- und Mäusenester im Motorraum, Insektenschlupflöcher

- Beschädigungs- und Diebstahlgefahr erheblich größer als in der Halle

Ist Abstell- und Hallenplatz rar, wird man getreu dem allseits bekannten Verhältnis zwischen Angebot und Nachfrage mehr, im umgekehrten Fall weniger zahlen müssen. Bei allen Kalkulationen sind nach Recherchen bei Verkehrslandeplätzen folgende Mittelwerte für die Unterbringung in einer Halle und für das Abstellen im Freien angesetzt worden (in den Berechnungen der beispielhaften Musterkalkulationen sind nur die Abstellkosten in der Halle berücksichtigt):

Abstellkosten in der Halle und im Freien (Durchschnittswerte p.a. ohne MWSt)		
Max. Gewicht	**Halle**	**Freigelände**
Bis 1.200 kg	3.600 DM (1.841 €)	1.700 DM (869 €)
Bis 2.000 kg	5.200 DM (2.659 €)	3.000 DM (1.534 €)
Bis 3.000 kg	7.300 DM (3.732 €)	5.200 DM (2.659 €)
Bis 4.000 kg	9.400 DM (4.806 €)	6.800 DM (3.477 €)
Bis 5.000 kg	11.500 DM (5.880 €)	8.400 DM (4.295 €)
Bis 5.700 kg	13.000 DM (6.647 €)	9.500 DM (4.857 €)

Zusätzliche Kostenbeispiele sind im Kapitel 7 unter *Beispiel für Treibstoffpreise, Landegebühren und Abstellkosten* abgedruckt.

Verteilung der Fixkosten

Die p.a. anfallenden Fixen Kosten werden auf die ebenfalls pro Jahr geflogenen Stunden verteilt, in der Fachsprache „umgelegt".

In den beiden folgenden Beispielen (Cessna 172 R Skyhawk) sind die Fixkosten je Betriebsstunde im ersten Beispiel nach der kaufmännischen Methode (ohne MWSt, mit Versicherungssteuer), im zweiten Beispiel nach der privaten Methode (mit MWSt und Versicherungssteuer) berechnet worden.

Variable Kosten

Die Variablen Kosten sind die Kosten, die mit dem Betrieb eines Flugzeuges unmittelbar verbunden sind. Sie enthalten:

1. Kosten für Treibstoff, Öl und Reifen

2. Kostenumlage für Wartung

3. Kostenumlage für Reparaturen

4. Kostenumlage für Rücklagen (außerordentliche Kosten wie Jahresnachprüfungen, Neueinbauten, Austauschaggregate, Risiken usw.)

5. Zuschläge für Betriebserschwernisse

Bei allen Kostenberechnungen sind die Landegebühren sowie sonstige Gebühren von Flugplatz- oder Flughafenbetreibern nicht in die Variablen Kosten eingerechnet worden, um ein vergleichbares Kostenbild pro Betriebsstunde aufzeigen zu können.

Die unter den Punkten 2. und 3. genannten Kosten sind mit je 0,01% des Kaufpreises, Punkt 4. mit 0,02% des Kaufpreises (insgesamt 0,04%) in die Variablen Kosten eingerechnet.

Diese Pauschalberechnung berücksichtigt einerseits, daß teure Flugzeuge entsprechend hohe Wartungskosten und Rücklagen haben, andererseits ermöglicht diese Berechnungsart eine einheitliche Bewertung bei allen Flugzeugen und verhindert, daß z.B. Wartungskosten, die ständigen Veränderungen unterworfen sind (z.B. Lohnkostensteigerungen, Entwicklung des Dollarkurses für Ersatzteile usw.), nur als „Momentaufnahme" in eine Kostenberechnung eingehen.

Fixkosten je Stunde bei 300 Stunden p.a. Cessna 172 R Skyhawk (kaufmännisch) (s. Musterkalkulation)	
Kaufpreis	375.424 DM (191.951 €)
Abschreibung p.a.	12.514 DM (6.398 €)
+ Hangarierung p.a.	+ 3.600 DM (1.841 €)
+ Kapitalzinsen p.a.	+ 11.732 DM (5.998 €)
+ Versicherung p.a.	+ 15.281 DM (7.813 €)
= Summe der Fixkosten p.a.	= 43.127 DM (22.050 €)
: Betriebsstunden p.a.	: 300 Stunden
= Fixkosten/Betriebsstunde	**= 144 DM (74 €)**

Fixkosten je Stunde bei 300 Stunden p.a. Cessna 172 R Skyhawk (privat) (s. Musterkalkulation)	
Kaufpreis	435.492 DM (222.664 €)
Hangarierung p.a.	4.176 DM (2.135 €)
+ Versicherung p.a.	+ 15.281 DM (7.813 €)
= Summe der Fixkosten p.a.	= 19.457 DM (9.948 €)
: Betriebsstunden p.a.	: 300 Stunden
= Fixkosten/Betriebsstunde	**= 65,00 DM (33 €)**

Treibstoff, Öl und Reifen

Flugzeuge mit normalen Kolbentriebwerken benötigen Flugbenzin (Avgas), mit Turbinentriebwerken Kerosin und mit entsprechend modifizierten Triebwerken Auto-Superbenzin (Mogas). Die Treibstoffpreise hatten im September 2001 folgenden Stand (inklusive Mineralöl- und Ökosteuer, ohne MWSt):

Treibstoffpreise ohne MWSt	
Avgas	2,66 DM (1,36 €)
Kerosin	2,19 DM (1,12 €)
Mogas (unverbleites Superbenzin)	2,21 DM (1,13 €)

Bei der Treibstoffverbrauchs-Berechnung wurde eine Triebwerksleistung von 65% in VFR-typischer Flughöhe (ca. 5.000 Fuß) angenommen, wobei Verbrauchsminderungen beim Landeanflug und bei der Landung und Verbrauchserhöhungen beim Start und beim Steigflug bis zum Erreichen der VFR-typischen Flughöhe ebenso wie der Treibstoffverbrauch bei den Rollvorgängen berücksichtigt sind. Als Basis für die Berechnung des Treibstoffverbrauchs pro Betriebsstunde wurde ein 2-stündiger Flug unter den o.a. Voraussetzungen gewählt.

Bei der Mehrzahl aller so berechneten Verbrauchswerte ergab sich ein empirischer Wert von 0,22, der, multipliziert mit der jeweiligen Triebwerksleistung (PS), als „Faustformel" zur Berechnung des Treibstoffverbrauchs je Betriebsstunde verwendet werden kann.

Das folgende Berechnungsbeispiel gilt für ein einmotoriges Flugzeug mit einer Triebwerksleistung von 160 PS (Cessna 172 R Skyhawk, siehe Musterkalkulation):

Verbrauch je Betriebsstunde = 160 x 0,22 = 35,2 Liter Avgas

Die Kosten für Treibstoff, Öl und Reifen je Betriebsstunde errechnen sich aus diesem Verbrauch, multipliziert mit dem Literpreis in DM, abschließend erhöht um den Faktor 1,05. Durch den Faktor 1,05 sind Ölverbrauch und Reifenverschleiß mit 5% pauschal berücksichtigt. Verwendet wird das vorstehende Berechnungsbeispiel und anhand der Formel Verbrauch Liter pro Stunde x DM pro Liter x 1,05 fortgeführt:

Treibstoff, Öl, Reifen (ohne MWSt) = 35,2 x 2,66 x 1,05 = 98,31 DM / 50,27 €

Umlagen

Umlage für Wartung

Unter den Wartungskosten sind die Kosten für die 25- und die 50-Stunden-Kontrollen einschließlich Materialien (Filter, Dichtungen, Öl usw.) zu verstehen. Wegen der Kombinationsmöglichkeiten (verschiedene Flugzeugtypen und Werftbetriebe, 25-Stunden-Kontrolle u.U. in Selbsthilfe, usw.) wurde ein Standard-Prozentsatz von 0,01% des Flugzeug-Kaufpreises als Wartungskostenumlage je Betriebsstunde angenommen.

Umlage für Reparaturen

Wie bei den Wartungskosten ist wegen der vielfachen Kombinationsmöglichkeiten ein einheitlicher Prozentsatz von 0,01% des Flugzeug-Kaufpreises pauschal als Reparaturkostenumlage festgesetzt worden.

Unter Reparaturen sind alle Instandsetzungen zu verstehen, die nicht zu den Wartungskosten gehören und auch nicht durch Rücklagen abgedeckt sind.

Umlage für Rücklagen

Mit dieser Kostenumlage sollen Rücklagen für die Abdeckung außerordentlicher Kosten wie Jahresnachprüfungen, Neueinbauten, Austauschaggregate, Risiken usw. gebildet werden. Diese Rücklagenkostenumlage wurde pauschal mit 0,02% des Flugzeug-Kaufpreises angesetzt.

Betriebserschwernisse

Die Zuschläge für Betriebserschwernisse wurden zu Beginn dieses Kapitels unter *Allgemeine Kostenbegriffe* ausführlich behandelt. Der sich durch die Betriebserschwernisse ergebende Prozentsatz wird - bezogen auf die Summe aller Variablen Kosten - auf diese aufgeschlagen.

Zuschläge für Betriebserschwernisse Cessna 172 R Skyhawk (s. Musterkalkulation)	
Einspritzmotor	1%
Mehr als 3 Piloten	1%
Regelmäßig max. Zuladung	1%
Flüge bis max. 5.000 ft	1%
Vorwiegend Betrieb bis 2 Stunden	1%
Summe	**5%**

Berechnungsbeispiel

Nach der Berechnung der Kosten für Treibstoff, Öl und Reifen je Betriebsstunde kommen die Kostenumlagen (pauschal 0,04% des Flugzeug-Kaufpreises) hinzu. Die Summe ergibt die Variablen Kosten ohne Betriebserschwernisse.

In dem folgenden Beispiel sollen die Variablen Kosten mit Betriebserschwernis-Zuschlag berechnet werden. Basis bleibt das bisherige Musterflugzeug (Cessna 172 R Skyhawk).

Es werden folgende Betriebserschwernisse (gerundete Werte ohne MWSt, kaufmännische Kalkulation) unterstellt:

Variable Kosten je Betriebsstunde (ohne MWSt) Cessna 172 R Skyhawk (s. Musterkalkulation)	
Treibstoff, Öl, Reifen	98,31 DM (50,27 €)
+ 0,04% Kostenumlagen	+ 150,17 DM (76,78 €)
= Zwischensumme	= 248,48 DM (127,05 €)
+ 5% Betriebserschwernisse	+ 12,42 DM (6,35 €)
= Variable Gesamtkosten	**= 260,91 DM (133,40 €)**

Diese Variablen Gesamtkosten fallen (unabhängig von der Betriebsstundenzahl p.a.) ausschließlich beim Betrieb des Flugzeuges je Betriebsstunde an. Bei der privaten Kalkulation wird noch die MWSt hinzugerechnet.

Gesamtkosten

Bei den Betriebsstundenkostenberechnungen werden sowohl die kaufmännische als auch die private Kalkulationsmethode angewendet, um sowohl Unternehmen als auch Privatpersonen gebrauchsfertige Zahlenwerte liefern zu können. Zur Erinnerung hier noch einmal die Unterschiede:

**Fixe Kosten
(kaufmännisch, ohne MWSt)**

- Abschreibung
- Hangarierung
- Versicherung (inkl. 15% Vers.-Steuer)
- Zinsen für Eigen- und Fremdkapital

**Fixe Kosten
(privat, inklusive MWSt)**

- Hangarierung
- Versicherung (inkl. 15% Vers.-Steuer)

Variable Kosten

Die Variablen Kosten sind bei der kaufmännischen und bei der privaten Kalkulation identisch. Bei den kaufmännischen Werten jedoch fehlt die gesetzliche Mehrwertsteuer, bei den privaten ist sie enthalten.

Betriebsstundenkosten

Zurück zu den bisherigen Berechnungen der neuen Cessna 172 R Skyhawk. Die kaufmännischen Fixkosten und die kaufmännischen Variablen Kosten (jeweils pro Betriebsstunde) werden nun entsprechend den vorangegangenen Berechnungen addiert.

Es ergeben sich die Gesamtkosten je Betriebsstunde bei 300 Stunden p.a.:

Gesamtkosten je Betriebsstunde bei 300 Stunden p.a. (ohne MWSt) Cessna 172 R Skyhawk (s. Musterkalkulation)	
Fixe Kosten/h	144 DM (74 €)
+ Variable Kosten/h	+ 261 DM (133 €)
= **Gesamtkosten/h**	= **405 DM (207 €)**

Weitere Musterkalkulationen

Nach der Erläuterung der genauen Kostenkalkulation für eine neue Cessna 172 R Skyhawk folgen abschließend zwei weitere Musterkalkulationen für eine gebrauchte Piper Archer III (Modell 2000, 150 Stunden TT) und eine neue, preisgünstige zweimotorige PZL M-20 Mewa.

Bei allen errechneten Werten ist trotz großer Sorgfalt und gründlichster Recherchen eine Abweichung von den angegebenen Werten in einer Größenordnung von +/- 5% zu berücksichtigen. Das liegt u.a. an der pauschalierten Kostenumlage für Wartung, Reparaturen und Rücklagen für außerordentliche Aufwendungen. Diese Kostenpositionen sind als Anhaltswerte zu sehen, die im Einzelfall u.U. deutlich von individuellen Berechnungen abweichen können.

Bei einer individuellen Kostenanalyse sind statt der pauschalierten Werte die effektiven p.a. aufgewendeten Kosten einzusetzen, um ein exaktes Kostenbild zu erhalten. Am einfachsten ist dabei eine Jahresabschlußrechnung für ein vorhandenes Flugzeug mit lückenlos dokumentierten Kosten.

Piper PA-28-181 Archer III — Technische Daten

1. Sitze, Fahrwerk, Zelle	
Sitzplätze inkl. Crew	4
Fahrwerk	Fest
Länge / Höhe	7,32 m / 2,20 m
Spannweite	10,80 m
Flügelfläche	15,80 qm

2. Propeller, Triebwerk, Verbrauch	
Propeller	Starr
Triebwerk	1 x Lycoming O-360-A4M
Triebwerkleistung	1 x 180 PS (132 kW)
Treibstoffverbrauch[1]	39,6 l/h Avgas

3. Gewichte	
Leergewicht	752 kg
+ Nutzladung[2]	277 kg
+ Treibstoff[3]	182 l = 131 kg
= Gesamtgewicht	1.160 kg

4. Belastungsdaten	
Leistungsbelastung	6,4 kg/PS
Flächenbelastung	73,4 kg/qm

5. Leistungsdaten	
Höchstgeschwindigkeit	246 km/h
Reisegeschwindigkeit[1]	237 km/h
Abreißgeschwindigkeit[4]	98 km/h
Steigleistung (1-/2-mot)	203 / 0 m/min
Dienstgipfelhöhe (1-/2-mot)	4.034 / 0 m
Start-[5] / Landerollstrecke[6]	351 m / 280 m

6. Transport-Kennzahlen	
Gesamtzuladung[7]	408 kg = 35 %
davon Nutzladung[2]	277 kg = 24 %
davon Treibstoff	131 kg = 11 %
Reichweite[8]	911 km
Treibstoffverbrauchsindex	1,41

Bewährtes und robustes Reiseflugzeug.

[1] Bei 65% Leistung [2] Crew, Passagiere, Gepäck [3] kg-Berechnung nach spezifischem Gewicht [4] Klappen 0° [5] Start- bis Abhebepunkt [6] Aufsetz- bis Stillstandpunkt [7] Anteil am Gesamtgewicht [8] Inkl. 45 Min. Reserve

Piper PA-28-181 Archer III — Preise & Kosten

1. Kaufpreis, Abschreibung, Restwert	DM kfm	= EUR kfm	DM pvt	= EUR pvt
Kaufpreis (gebraucht, Baujahr 2000)	495.143	253.163	574.366	293.669
Abschreibung in 20 Jahren	346.600	177.214	entfällt	entfällt
Restwert nach 20 Jahren	148.543	75.949	entfällt	entfällt
2. Fixe Kosten p.a.	**DM kfm**	**= EUR kfm**	**DM pvt**	**= EUR pvt**
Abschreibung	17.330	8.861	entfällt	entfällt
+ 2,5% Zins auf 50% Eigenkapital	6.189	3.164	entfällt	entfällt
+ 3,75% Zins auf 50% Fremdkapital	9.284	4.747	entfällt	entfällt
+ Versicherung (inkl. Vers.-Steuer)	19.411	9.925	19.411	9.925
+ Hangarierung	3.600	1.841	4.176	2.135
Summen Fixe Kosten	**55.814**	**28.538**	**23.587**	**12.060**
3. Variable Kosten je Betriebsstunde	**DM kfm**	**= EUR kfm**	**DM pvt**	**= EUR pvt**
Treibstoff	110,60	56,55	128,30	65,60
+ Wartung/Reparaturen/Rücklagen	198,06	101,27	229,75	117,47
+ Betriebserschwernisse	15,43	7,89	17,90	9,15
Summen Variable Kosten	**324,09**	**165,71**	**375,95**	**192,22**
4. Gesamtkosten je Betriebsstunde	**DM kfm**	**= EUR kfm**	**DM pvt**	**= EUR pvt**
Bei 025 Betriebsstunden p.a.	2.557	1.307	1.319	674
Bei 050 Betriebsstunden p.a.	1.440	736	848	434
Bei 075 Betriebsstunden p.a.	1.068	546	690	353
Bei 100 Betriebsstunden p.a.	882	451	612	313
Bei 125 Betriebsstunden p.a.	771	394	565	289
Bei 150 Betriebsstunden p.a.	696	356	533	273
Bei 175 Betriebsstunden p.a.	643	329	511	261
Bei 200 Betriebsstunden p.a.	603	308	494	253
Bei 225 Betriebsstunden p.a.	572	292	481	246
Bei 250 Betriebsstunden p.a.	547	280	470	240
Bei 275 Betriebsstunden p.a.	527	269	462	236
Bei 300 Betriebsstunden p.a.	510	261	455	233
Bei 325 Betriebsstunden p.a.	496	254	449	230
Bei 350 Betriebsstunden p.a.	484	247	443	227
Bei 375 Betriebsstunden p.a.	473	242	439	224
Bei 400 Betriebsstunden p.a.	464	237	435	222
Bei 425 Betriebsstunden p.a.	455	233	431	220
Bei 450 Betriebsstunden p.a.	448	229	428	219
Bei 475 Betriebsstunden p.a.	442	226	426	218
Bei 500 Betriebsstunden p.a.	436	223	423	216
Flugkilometer bei 300 Stunden p.a.	2,15	1,10	1,92	0,98
Sitzplatzkilometer bei 300 Stunden p.a.	0,54	0,28	0,48	0,25

DM kfm (Tab. 1-4): Kaufmännische Kalkulation (ohne MWSt). Tabelle 4 enthält die Gesamtkosten je Betriebsstunde (Variable Kosten + umgelegte Fixe Kosten).
DM pvt (Tab. 1-4): Private Kalkulation (mit MWSt). Tabelle 4 enthält die Gesamtkosten je Betriebsstunde (Variable Kosten + umgelegte Fixe Kosten; Fixe Kosten jedoch ohne Abschreibung und ohne Zinsen).
Euro-Werte EUR kfm und EUR pvt: Umrechnung der DM-Werte mit dem amtlichen Kurs DM : 1,95583.

Pezetel PZL M-20 Mewa — Technische Daten

1. Sitze, Fahrwerk, Zelle	
Sitzplätze inkl. Crew	6
Fahrwerk	Einziehbar
Länge / Höhe	8,72 m / 3,02 m
Spannweite	11,86 m
Flügelfläche	19,18 qm

2. Propeller, Triebwerk, Verbrauch	
Propeller	Verstellbar
Triebwerk	2 x Teledyne Continental TSIO-360 K
Triebwerkleistung	2 x 220 PS (162 kW)
Treibstoffverbrauch[1]	96,8 l/h Avgas

3. Gewichte	
Leergewicht	1.320 kg
+ Nutzladung[2]	497 kg
+ Treibstoff[3]	352 l = 253 kg
= Gesamtgewicht	2.070 kg

4. Belastungsdaten	
Leistungsbelastung	4,7 kg/PS
Flächenbelastung	107,9 kg/qm

5. Leistungsdaten	
Höchstgeschwindigkeit	360 km/h
Reisegeschwindigkeit[1]	325 km/h
Abreißgeschwindigkeit[4]	124 km/h
Steigleistung (1-/2-mot)	k.A. / 456 m/min
Dienstgipfelhöhe (1-/2-mot)	k.A. / 7.620 m
Start-[5] / Landerollstrecke[6]	472 m / 280 m

6. Transport-Kennzahlen	
Gesamtzuladung[7]	750 kg = 36 %
davon Nutzladung[2]	497 kg = 24 %
davon Treibstoff	253 kg = 12 %
Reichweite[8]	938 km
Treibstoffverbrauchsindex	1,22

Preiswerter Nachbau der Piper Seneca (PZL, Polen), sehr gute Repräsentanz in Deutschland (Hummelbrunner).

[1] Bei 65% Leistung [2] Crew, Passagiere, Gepäck [3] kg-Berechnung nach spezifischem Gewicht [4] Klappen 0° [5] Start- bis Abhebepunkt [6] Aufsetz- bis Stillstandpunkt [7] Anteil am Gesamtgewicht [8] Inkl. 45 Min. Reserve

Pezetel PZL M-20 Mewa — Preise & Kosten

1. Kaufpreis, Abschreibung, Restwert	DM kfm	= EUR kfm	DM pvt	= EUR pvt
Kaufpreis (neu, Baujahr 2001)	859.500	439.455	997.020	509.768
Abschreibung in 21 Jahren	601.650	307.619	entfällt	entfällt
Restwert nach 21 Jahren	257.850	131.837	entfällt	entfällt
2. Fixe Kosten p.a.	**DM kfm**	**= EUR kfm**	**DM pvt**	**= EUR pvt**
Abschreibung	28.650	14.649	entfällt	entfällt
+ 2,5% Zins auf 50% Eigenkapital	10.744	5.493	entfällt	entfällt
+ 3,75% Zins auf 50% Fremdkapital	16.116	8.240	entfällt	entfällt
+ Versicherung (inkl. Vers.-Steuer)	14.829	7.582	14.829	7.582
+ Hangarierung	7.300	3.732	8.468	4.330
Summen Fixe Kosten	**77.639**	**39.696**	**23.297**	**11.912**
3. Variable Kosten je Betriebsstunde	**DM kfm**	**= EUR kfm**	**DM pvt**	**= EUR pvt**
Treibstoff	270,36	138,23	313,62	160,35
+ Wartung/Reparaturen/Rücklagen	343,80	175,78	398,81	203,91
+ Betriebserschwernisse	30,71	15,70	35,62	18,21
Summen Variable Kosten	**644,87**	**329,71**	**748,05**	**382,47**
4. Gesamtkosten je Betriebsstunde	**DM kfm**	**= EUR kfm**	**DM pvt**	**= EUR pvt**
Bei 025 Betriebsstunden p.a.	3.750	1.917	1.680	859
Bei 050 Betriebsstunden p.a.	2.198	1.124	1.214	621
Bei 075 Betriebsstunden p.a.	1.680	859	1.059	541
Bei 100 Betriebsstunden p.a.	1.421	727	981	502
Bei 125 Betriebsstunden p.a.	1.266	647	934	478
Bei 150 Betriebsstunden p.a.	1.162	594	903	462
Bei 175 Betriebsstunden p.a.	1.089	557	881	450
Bei 200 Betriebsstunden p.a.	1.033	528	865	442
Bei 225 Betriebsstunden p.a.	990	506	852	436
Bei 250 Betriebsstunden p.a.	955	488	841	430
Bei 275 Betriebsstunden p.a.	927	474	833	426
Bei 300 Betriebsstunden p.a.	904	462	826	422
Bei 325 Betriebsstunden p.a.	884	452	820	419
Bei 350 Betriebsstunden p.a.	867	443	815	417
Bei 375 Betriebsstunden p.a.	852	436	810	414
Bei 400 Betriebsstunden p.a.	839	429	806	412
Bei 425 Betriebsstunden p.a.	828	423	803	411
Bei 450 Betriebsstunden p.a.	817	418	800	409
Bei 475 Betriebsstunden p.a.	808	413	797	407
Bei 500 Betriebsstunden p.a.	800	409	795	406
Flugkilometer bei 300 Stunden p.a.	2,78	1,42	2,54	1,30
Sitzplatzkilometer bei 300 Stunden p.a.	0,46	0,24	0,42	0,21

DM kfm (Tab. 1-4): Kaufmännische Kalkulation (ohne MWSt). Tabelle 4 enthält die Gesamtkosten je Betriebsstunde (Variable Kosten + umgelegte Fixe Kosten).
DM pvt (Tab. 1-4): Private Kalkulation (mit MWSt). Tabelle 4 enthält die Gesamtkosten je Betriebsstunde (Variable Kosten + umgelegte Fixe Kosten; Fixe Kosten jedoch ohne Abschreibung und ohne Zinsen).
Euro-Werte EUR kfm und EUR pvt: Umrechnung der DM-Werte mit dem amtlichen Kurs DM : 1,95583.

Kauf

Hat man sich nach eingehenden Berechnungen und Überlegungen zum Kauf eines ein- oder zweimotorigen Flugzeuges entschlossen, ist die nächste Frage, ob man das Flugzeug als Privatmann, im Verein, in einer Haltergemeinschaft oder in einem Unternehmen betreiben will. Normalerweise wird der geplante Einsatzzweck des Flugzeuges bestimmen, in welcher Form das Flugzeug von wem gekauft wird und durch wen der Kaufpreis zu finanzieren ist.

Der Kauf eines Neuflugzeuges wird durch eine mehr oder weniger lange Phase der Entscheidungsfindung eingeleitet, bei der nach der Festlegung des Einsatzzweckes ausführliches Prospektmaterial und Preislisten der entsprechenden Flugzeughändler angefordert und geprüft werden.

Ist man sich schließlich über den Flugzeugtyp und die Zusatzausrüstung samt Avionic-Bestückung einig, steht einer Bestellung nichts mehr im Wege. Zu beachten ist dabei, daß der Kaufpreis alle Nebenkosten enthält (Kaufpreis + Nebenkosten = Anschaffungspreis) und das Flugzeug LBA-zugelassen und betriebsbereit auf einem deutschen Verkehrslandeplatz übernommen werden kann.

In den folgenden Abschnitten werden kurz die unterschiedlichen Eigentümerformen und vor allem einige Finanzierungsmodalitäten angesprochen.

Privater Eigentümer

Die problemloseste, aber auch teuerste Art des Flugzeugkaufs ist die private Anschaffung. Das Flugzeug wird dabei auf den privaten Käufer zugelassen, und er wird als alleiniger Eigentümer in die Luftfahrzeugrolle des Luftfahrt-Bundesamtes eingetragen, sofern nicht Fremdmittel aufgenommen sind, und der (oder die) Kreditgeber bis zur Kredittilgung Eigentumsrechte an dem Flugzeug in der Höhe ihres Kredits hat.

Häufig bezahlen private Flugzeugeigentümer das Flugzeug in vollem Umfang aus versteuertem Einkommen (Sparguthaben, Wertpapierbesitz usw.) und leisten es sich sozusagen als „Luxusgegenstand" - ohne steuermindernde Effekte.

Aber auch Mischfinanzierungen sind üblich. Dabei wird zum Beispiel ein Teil des Kaufpreises aus privatem Vermögen abgezweigt, der andere Teil wird von einem Kreditinstitut in Form eines Darlehens aufgenommen. Die Kreditzinsen jedoch können hier nicht in der Einkommenssteuererklärung als Aufwendungen geltend gemacht werden, da das Hobby „Flugzeugbesitz" nicht als einkommenssteuermindernd anerkannt wird. Zwar kann man versuchen, einen Teil der Flüge in irgendeiner Form beruflich oder geschäftlich zu begründen, doch die Finanzbehörden sind gewieft und kennen die einschlägigen Tricks bestens. Allenfalls mit exakten und nachvollziehbaren Begründungen könnte hier etwas erreicht werden.

Im umgekehrten Fall (das Flugzeug ist auf ein Geschäft zugelassen und wird teilweise auch privat genutzt) sind die Finanzbeamten bei der Deklaration der Privatflüge dagegen sehr aufmerksam, denn bei dieser Variante winken zusätzliche Steuereinnahmen. Ein geschickter Steuerberater (der möglichst selbst fliegen sollte) kann mit Sicherheit bei einem privat zugelassenen Flugzeug eine akzeptable Lösung finden.

Alleiniges Eigentum oder Haltergemeinschaft?	
↑ **Alleiniges Eigentum**	↑ **Haltergemeinschaft**
Benutzungsgenehmigung entscheidet nur Eigentümer	Haltergemeinschaft förderlich für Flieger-Kameradschaft
Entscheidungsgewalt beim Eigentümer	Kosten je nach Anzahl der Mitglieder der Haltergemeinschaft erheblich niedriger
Reservierungen und Vormerkungen nicht erforderlich	
Versicherungskosten niedriger	
↓ **Alleiniges Eigentum**	↓ **Haltergemeinschaft**
Kosten erheblich höher	Basisausstattung und Avionik müssen vor Anschaffung mit Partnern abgestimmt werden
	Flugvorhaben und sonstige Entscheidungen müssen mit Partnern abgestimmt werden
	Problematik bei Halterwechsel und Auflösung der Haltergemeinschaft
	Versicherungskosten höher

Anmerkung: Die Kriterien sind alphabetisch und nicht nach Wertigkeit sortiert.

Verein als Eigentümer

In einem Fliegerverein wird meistens der Kaufpreis eines Flugzeuges durch zweckgebundene Spenden der Mitglieder sowie durch zusätzliche Darlehen von Mitgliedern und Kreditinstituten aufgebracht. Dabei haben die Mitglieder nach der Anschaffung meistens die Möglichkeit, ihre Spende oder ihr (oft zinslos gewährtes) Darlehen zu einem günstigen Betriebsstundenpreis abzufliegen. Die Höhe der Darlehen von Kreditinstituten wird bei Vereinen möglichst niedrig gehalten, um die Betriebsstundenkosten nicht durch hohe Zinsen übermäßig zu steigern. Der Fliegerverein wird als alleiniger Eigentümer des Flugzeuges in der Luftfahrzeugrolle eingetragen, sobald andere eingetragene Kredite getilgt sind.

Die Betriebsstundenkosten werden in den ersten 1 bis 2 Jahren nach der Anschaffung häufig höher als die reinen Selbstkosten angesetzt, um z.B. bestehende Darlehen schneller zu tilgen. Meistens folgt danach eine leichte Senkung dieser Preise, die aber immer noch über den Selbstkosten liegen sollten, um Rücklagen für außerordentliche Kosten (Überholungen, Nachprüfungen usw.), Investitionen (z.B. neuere Avionic) oder sogar für weitere Flugzeuganschaffungen bilden zu können.

Haltergemeinschaft

Eine Haltergemeinschaft besteht aus mindestens zwei Personen, die den Kaufpreis für ein Flugzeug zu (möglichst) gleichen

Teilen aufgebracht haben und entsprechend ihrem Anteil Eigentümer an dem Flugzeug sind. Eine Haltergemeinschaft entsteht oft als Gesellschaft des bürgerlichen Rechts, ihre Mitglieder sind in der Regel Piloten oder Personen, die Spaß am Mitfliegen haben.

Der Vorteil der Haltergemeinschaft besteht zunächst darin, daß der Kaufpreis von jedem einzelnen nur anteilig aufgebracht werden muß und somit Fremdfinanzierungen mit hohen Zinsbelastungen ausgeschlossen werden können. Zum anderen teilen sich die Mitglieder der Haltergemeinschaft entsprechend ihrem Halter-Anteil (ideal sind gleiche Anteile) die Kosten des Flugzeuges.

Durch die Umlage der Kosten auf die Betriebsstunden und jährliche Ausgleichszahlungen kann hier ein gerechter Verrechnungsmodus entsprechend den fliegerischen Aktivitäten der einzelnen Mitglieder gefunden werden.

Sinn einer Haltergemeinschaft ist es letztlich, mit befreundeten und/oder gut bekannten Fliegerkollegen durch möglichst viele Betriebsstunden pro Jahr billiger als in Fliegerclubs oder bei kommerziellen Vercharterern fliegen zu können.

Hinzu kommt, daß z.B. die Anonymität anderer Flugzeugbenutzer bei einem kommerziellen Vercharterer vermieden und dadurch ein positiver Sicherheitsaspekt erreicht wird.

Unternehmen als Eigentümer

Die Anschaffung eines ein- oder zweimotorigen Flugzeuges in einem Unternehmen wurde ausführlich behandelt. Im folgenden Kapitel über Leasing soll dargelegt werden, daß im Grunde der Kauf eines hochpreisigen, mobilen Investitionsgutes, das nicht unmittelbar der betrieblichen Umsatz- und Gewinnmaxime dient, die Liquidität eines Unternehmens negativ beeinflussen kann.

Der Plan eines Unternehmers, ein Flugzeug zu kaufen, ist nur dann sinnvoll, wenn entweder eine hervorragende Kapitaldecke und ausreichende liquide Mittel vorhanden sind, oder ein nur geringer Teil des Kaufpreises aus eigenen Mitteln bereitgestellt wird. Zusätzlich ist auch die Aktivierungspflicht im Betriebsvermögen zu beachten. Im übrigen finden sich in vielen Abschnitten dieses Handbuches ausführliche Hinweise und Überlegungen zum Flugzeugkauf, so daß nähere Ausführungen an dieser Stelle überflüssig sind.

Finanzierungsgrundlagen

Die Finanzierung eines Luftfahrzeuges mit privaten und fremden Mitteln ist in der Regel die von Privatpersonen, Gesellschaften des Bürgerlichen Rechts (Haltergemeinschaften usw.) und Flugvereinen praktizierte Finanzierungsmethode. Anstrebenswert ist bei der Höhe der Eigenmittel, daß sie etwa 50% der gesamten Finanzierungssumme ausmachen, da die Fremdzinsen je nach Bank und allgemeinem Kreditrisiko des Darlehensnehmers bis zu 10% reichen können. Je weniger Fremdkapital aufgenommen werden muß, um so günstiger wirkt sich dies später auf die Höhe der Flugkosten aus.

Bei vollständiger und auch teilweiser Fremdfinanzierung sind verschiedene Punkte zu beachten, die im folgenden kurz besprochen werden.

Der Käufer verhandelt über Preise, Ausrüstung, Lackierung und Lieferbedingungen unmittelbar mit dem Lieferanten bzw. Hersteller.

Rabatte, Skonti usw. kommen ihm voll zugute und mindern den Kaufpreis entsprechend und damit die Höhe der (monatlichen) Raten. Der Käufer bestellt das Luftfahrzeug seiner Wahl.

Anzahlung

Sofern Anzahlungen vor Auslieferung des Luftfahrzeugs vom Käufer übernommen wurden, erstattet die Bank den Betrag bei Auszahlung des restlichen Kaufpreises an den Lieferanten bzw. Hersteller. Sofern Eigenleistungen vereinbart wurden, werden bereits vom Käufer an den Lieferanten geleistete Anzahlungen berücksichtigt.

Auszahlung des Kredits zu 100%

Der Kredit ist der um die Eigenleistung des Käufers reduzierte Nettokaufpreis. Üblich sind Anzahlungen von 20 %.

Vertragslaufzeit

Die Vertragslaufzeit orientiert sich an dem vom Käufer ausgewählten Luftfahrzeug und wird individuell vereinbart.

Konditionen

Basis der Kalkulation ist die jeweilige Geld- und Kapitalmarktlage zum Zeitpunkt des Vertragsabschlusses. Der Zinssatz wird im allgemeinen für die gesamte Laufzeit fest vereinbart. Damit hat der Käufer eine sichere Kalkulationsgrundlage. Andere Zinsvariationen sind ebenfalls möglich, u.a. eine variable Zinsvereinbarung.

Rückzahlung

Grundsätzlich werden gleichhohe monatliche, gegebenenfalls vierteljährliche Raten vertraglich vereinbart. Individuelle Absprachen sind möglich.

Sicherheiten

Eine entsprechende Bonität des Darlehensnehmers vorausgesetzt, genügen im allgemeinen:

- Ein erstrangiges Registerpfandrecht an dem Luftfahrzeug in Höhe des Kreditbetrags oder
- die Sicherungsübereignung des Luftfahrzeugs und
- die offene Abtretung der Rechte aus der Vollkaskoversicherung (das Finanzierungsinstitut erhält den Sicherungsschein). Im Versicherungsvertrag ist die Klausel aufzunehmen, daß der Einwand der Leistungsfreiheit infolge grober Fahrlässigkeit gemäß § 61 VVG ausgeschlossen wird (Breach of Warranty).

Vertragsunterlagen

Den Darlehensvertrag bereitet die Finanzierungsellschaft unterschriftsreif vor. Vom Käufer müssen folgende Unterlagen (Kopien) eingereicht werden:

- Kaufvertrag
- Rechnung
- Ausrüstungsliste

Nach der Verkehrszulassung sind folgende Unterlagen einzureichen:

- Eintragungsschein
- Genehmigung Funkanlage (FTZ)
- Lärmzeugnis
- Lufttüchtigkeitszeugnis
- Aktuell gültiger Nachprüfschein

Beechcraft Baron 58

1. Sitze, Fahrwerk, Zelle
Sitzplätze inkl. Crew	6
Fahrwerk	Einziehbar
Länge / Höhe	9,09 m / 2,97 m
Spannweite	11,53 m
Flügelfläche	18,51 qm

2. Propeller, Triebwerk, Verbrauch
Propeller	Verstellbar
Triebwerk	2 x Continental IO-550-C
Triebwerkleistung	2 x 300 PS (221 kW)
Treibstoffverbrauch[1]	132,0 l/h Avgas

3. Gewichte
Leergewicht	1.579 kg
+ Nutzladung[2]	547 kg
+ Treibstoff[3]	513 l = 369 kg
= Gesamtgewicht	2.495 kg

4. Belastungsdaten
Leistungsbelastung	4,2 kg/PS
Flächenbelastung	134,8 kg/qm

5. Leistungsdaten
Höchstgeschwindigkeit	386 km/h
Reisegeschwindigkeit[1]	302 km/h
Abreißgeschwindigkeit[4]	156 km/h
Steigleistung (1-/2-mot)	119 / 529 m/min
Dienstgipfelhöhe (1-/2-mot)	2.220 / 6.306 m
Start-[5] / Landerollstrecke[6]	427 m / 434 m

6. Transport-Kennzahlen
Gesamtzuladung[7]	916 kg = 37 %
davon Nutzladung[2]	547 kg = 22 %
davon Treibstoff	369 kg = 15 %
Reichweite[8]	947 km
Treibstoffverbrauchsindex	1,93

[1] Bei 65% Leistung [2] Crew, Passagiere, Gepäck [3] kg-Berechnung nach spezifischem Gewicht [4] Klappen 0° [5] Start- bis Abhebepunkt [6] Aufsetz- bis Stillstandpunkt [7] Anteil am Gesamtgewicht [8] Inkl. 45 Min. Reserve

Abb. 2.3: Die Beechcraft Baron 58, das Einsteigermodell in die Beechcraft-Zweimot-Klasse, eignet sich mit einer Reichweite von ca. 950 km besonders für den Kurzstreckenverkehr. Schon am Preis von ca. 2.050.000 DM / 1.048.148 € (ohne MWSt) ist das gehobene Niveau erkennbar, das alle Flugzeuge von Beechcraft auszeichnet (Quelle: Beechcraft).

Flugzeugfinanzierung									
Monatliche Ratenzahlungen in DM oder Euro bei einer Kreditlaufzeit von 120 Monaten für unterschiedliche Kreditbeträge und Zinsen									
Kredit-Betrag	Zinsen pro Jahr								
	5,0%	5,5%	6,0%	6,5%	7,0%	7,5%	8,0%	8,5%	9,0%	9,5%
25.000	264	270	276	282	289	295	301	308	314	321
50.000	528	540	552	565	577	590	603	616	629	642
75.000	792	810	829	847	866	885	904	923	943	963
100.000	1.056	1.080	1.105	1.129	1.154	1.180	1.205	1.231	1.257	1.284
125.000	1.320	1.350	1.381	1.412	1.443	1.475	1.507	1.539	1.572	1.605
150.000	1.584	1.620	1.657	1.694	1.732	1.769	1.808	1.847	1.886	1.926
175.000	1.848	1.891	1.933	1.976	2.020	2.064	2.109	2.154	2.200	2.247
200.000	2.113	2.161	2.209	2.259	2.309	2.359	2.410	2.462	2.515	2.568
225.000	2.377	2.431	2.486	2.541	2.597	2.654	2.712	2.770	2.829	2.889
250.000	2.641	2.701	2.762	2.823	2.886	2.949	3.013	3.078	3.143	3.210
275.000	2.905	2.971	3.038	3.106	3.174	3.244	3.314	3.386	3.458	3.530
300.000	3.169	3.241	3.314	3.388	3.463	3.539	3.616	3.693	3.772	3.851
325.000	3.433	3.511	3.590	3.670	3.752	3.834	3.917	4.001	4.086	4.172
350.000	3.697	3.781	3.866	3.953	4.040	4.129	4.218	4.309	4.401	4.493
375.000	3.961	4.051	4.143	4.235	4.329	4.424	4.520	4.617	4.715	4.814
400.000	4.225	4.321	4.419	4.517	4.617	4.719	4.821	4.925	5.029	5.135
425.000	4.489	4.591	4.695	4.800	4.906	5.013	5.122	5.232	5.344	5.456
450.000	4.753	4.861	4.971	5.082	5.195	5.308	5.424	5.540	5.658	5.777
475.000	5.017	5.131	5.247	5.364	5.483	5.603	5.725	5.848	5.972	6.098
500.000	5.281	5.402	5.523	5.647	5.772	5.898	6.026	6.156	6.287	6.419
525.000	5.545	5.672	5.800	5.929	6.060	6.193	6.328	6.463	6.601	6.740
550.000	5.809	5.942	6.076	6.211	6.349	6.488	6.629	6.771	6.915	7.061
575.000	6.073	6.212	6.352	6.494	6.638	6.783	6.930	7.079	7.230	7.382
600.000	6.338	6.482	6.628	6.776	6.926	7.078	7.231	7.387	7.544	7.703

Tabelle Flugzeugfinanzierung

Mit dieser Tabelle können die monatlichen Raten bei einem Flugzeugkauf mit Eigen- und Fremdmitteln überschlägig ermittelt werden. Soll z.B. in einem Flugverein ein Neuflugzeug für 450.000 DM / 230.081 € angeschafft werden (davon 250.000 DM / 127.823 € rückzahlbare Eigenmittel eines Verein-Sponsors mit 5%, 200.000 DM / 102.258 € Bankkredit mit 7,5% Zinsen, Laufzeit je 10 Jahre), so errechnet sich folgende monatliche Gesamtbelastung: 2.641 DM / 1.350 € + 2.359 DM / 1.206 € = **5.000 DM / 2.556 €**.

Leasing

Leasing ist eine Form der Investitionsfinanzierung, die in Unternehmen neben klassischen Finanzierungsmodellen (Barkauf, Zielkauf, langfristige Kredite, eigene Mittel) immer mehr Akzeptanz findet. Die Vorteile sind im wesentlichen die nicht beeinträchtigte Liquidität, nicht ausgeschöpfte Fremdfinanzierungsquellen sowie steuerliche Gründe.

Seit Jahren geistert nun der Begriff des „Privat-Leasing" bei Kraftfahrzeugen durch die Köpfe potentieller Autokäufer. Schlagworte wie „Super-Leasing" und „Null-Leasing" verwässern hier die Wirklichkeit und täuschen etwas vor, was es in einem Wirtschaftssystem schlichtweg nicht gibt: Die unentgeltliche Hergabe von Geld zur Anschaffung eines mobilen Investitionsgutes.

Ausnahmen gibt es allerdings u.a. bei Absatzproblemen, in denen z.B. die Automobil-Industrie sensationelle Finanzierungsangebote macht. Was dabei wie „fast geschenkt" aussieht, ist meistens das letzte Mittel der Autofirmen, Ladenhüter an den Mann zu bringen oder hohe Kosten verursachende PKW-Halden abzubauen. In der Allgemeinen Luftfahrt gibt es solche Sonderangebote leider nicht.

Flugzeug-Leasing für Privatpersonen kann allenfalls in ganz speziellen Einzelfällen empfohlen werden. Es ist nämlich die teuerste Finanzierungsart, um Flugzeug-Halter bzw. Flugzeug-Besitzer oder eventuell nach Ablauf des Leasingvertrages Flugzeug-Eigentümer zu werden. Die Gründe hierfür liegen auf der Hand:

Der sogenannte Leasinggeber, die Leasing-Gesellschaft, besorgt sich das Geld zur Finanzierung der Leasing-Objekte bei seiner Hausbank, die sich ihrerseits dieses Geld auf dem Kapitalmarkt beschafft. Vereinfacht ausgedrückt ist die Leasing-Gesellschaft also der „Einzelhändler", der das Geld vom „Großhändler" (der Bank) erhält.

Neben den kalkulatorischen Aufschlägen für Kosten und Gewinn rechnet die Leasing-Gesellschaft auf das (übrigens ebenfalls von der Hausbank refinanzierte) Kapital zusätzlich nicht unbeträchtliche Risiko-Aufschläge hinzu. Daraus kann man sehen, daß die Finanzierung eines Flugzeuges durch eine Leasing-Gesellschaft zwangsläufig deutlich teurer sein muß als eine Finanzierung durch eine Bank.

Interessant ist Leasing für Unternehmen, die ihr Eigenkapital in gewinnbringende Investitionen einsetzen und nicht für Betriebsmittel und Betriebsausstattung binden wollen. Hinzu kommt, daß bei Unternehmen die Leasingraten steuerlich als Betriebsausgaben verrechnet werden können. Die Aktivierungspflicht in der Bilanz für das mobile Investitionsgut „Flugzeug" entfällt hier.

Diese unmittelbare Abzugsmöglichkeit der Leasingraten als Kosten mindert den zu versteuernden Betriebsgewinn. Ein gekauftes und somit bilanzmäßig zu aktivierendes Flugzeug würde sich erst im Laufe der steuerlich üblichen 21 Jahre (bis 31.12.98 waren es 14 Jahre) Abschreibungsdauer über die jährliche AfA (Absetzung für Abnutzung) verteilt gewinnmindernd auswirken.

Im Anschaffungsjahr könnten z.B. bei einem Flugzeug für 600.000 DM / 306.775 € (Wert ohne MWSt) nach linearer Abschreibung

**600.000 DM / 306.775 € : 21 Jahre
= 28.571 DM / 14.608 € p.a.**

abgeschrieben werden, so daß sich der in der Bilanz im 1. Jahr verbleibende Wert von 571.429 DM / 292.167 € steuerlich ungünstig (Gewerbesteuer, Vermögenssteuer) auswirken würde. Erst im Laufe der 21 Jahre würde sich der Flugzeugwert als steuerlich relevanter Aktivposten in der Bilanz (bis zum Restwert im 21. Jahr) vermindern. Bei der gesetzlichen AfA für Luftfahrzeuge bis 20 Tonnen Gesamtgewicht gibt es nur in begründeten Ausnahmefällen eine unter 21 Jahren liegende AfA-Zeit.

Trotz der auf den ersten Blick für Unternehmer verlockenden Möglichkeiten beim Leasing wird bei genauer Analyse aber auch der Zielkonflikt zwischen Rentabilität und Liquidität deutlich sichtbar. Wie bei jeder Form der Fremdfinanzierung müssen die Kapitalkosten in der Kostenplanung des Unternehmens berücksichtigt werden.

Unbedingt muß folglich vor einer Leasing-Entscheidung eine betriebswirtschaftlich exakte Analyse Aufschluß darüber geben, welche Prioritäten das Unternehmen in seiner Finanz-, Kosten- und Absatzplanung langfristig setzt und ob das Leasingobjekt den Cash Flow des Unternehmens tatsächlich positiv beeinflußt.

Basisinformationen über Leasing

Vor den eigentlichen Leasing-Vertragsformen folgen zunächst einige wichtige Vorbemerkungen zum Flugzeugleasing.

- **Leasingobjekte**
  Leasen kann man gebrauchte und neue ein- und zweimotorige Flugzeuge sowie gebrauchte und neue Luftfahrzeuge aller Art.

- **Kauf**
  Die Kaufverhandlungen mit dem Flugzeugverkäufer einschließlich Vertragsabschluß werden grundsätzlich vom Leasingnehmer geführt. Danach wird das Kaufrecht auf die Leasinggesellschaft übertragen, die Rechnung ist auf deren Namen auszustellen.

- **Garantie und Gewährleistung**
  Alle Garantie- und Gewährleistungsansprüche gegenüber dem Verkäufer oder Hersteller des Flugzeuges müssen durch den Leasingnehmer wahrgenommen werden.

- **Verkehrszulassung**
  Der Leasingnehmer wird als Halter des Luftfahrzeugs und der Leasinggeber als Eigentümer beim Luftfahrt-Bundesamt in Braunschweig eingetragen. Der Halter (und Leasingnehmer) übernimmt sämtliche Kosten, die mit dem Betrieb und der Nutzung des Luftfahrzeugs anfallen.

- **Versicherung**
  Als Halter des Luftfahrzeugs schließt der Leasingnehmer die erforderlichen Versicherungen - Haftpflicht- und Vollkaskoversicherung - ab. Für die Vertragsdauer werden die Rechte aus der Vollkaskoversicherung an den Leasinggeber offen abgetreten. Im Versicherungsvertrag ist die Klausel aufzunehmen, daß der Einwand der Leistungsfreiheit infolge grober Fahrlässigkeit gemäß § 61 VVG ausgeschlossen wird (Breach of Warranty).

- **Leasingraten**
  Basis für die Berechnung der Leasingraten ist der Nettokaufpreis. Für die Kalkulation sind die Geld- und Kapitalmarktverhältnisse zum Zeitpunkt des Vertragsabschlusses maßgebend; sollten sich diese bis zum Tage der Zahlung des Kaufpreises durch den Leasinggeber ändern, kann eine entsprechende Anpassung erfolgen. Ab Leasingbeginn bleiben die Leasingraten für die gesamte unkündbare Leasingdauer bzw. für die kalkulatorische Leasingdauer kon-

stant und bilden somit für den Leasingnehmer eine sichere Kalkulationsgrundlage. Bei Änderungen dieser Voraussetzungen bis zum Zeitpunkt der Kaufpreis-Auszahlung an den Verkäufer kann eine Anpassung durch die Leasinggesellschaft vorgenommen werden. Ab Mietbeginn bleiben die Raten während der gesamten unkündbaren Mietzeit konstant. Eine Vereinbarung über einen variablen Zins ist auch möglich.

- **Mehrwertsteuer**
  Alle Zahlungen aufgrund des Leasingvertrages unterliegen der Mehrwertsteuer, sofern keine Mehrwertsteuer-Befreiung vorliegt.

- **Vertragsunterlagen**
  Der Leasingvertrag wird vom Leasinggeber unterschriftsreif vorbereitet. Der Leasingnehmer reicht folgende Unterlagen (Kopien) ein:

  Vor der Verkehrszulassung
  1. Kaufvertrag
  2. Ausrüstungsliste
  3. Übernahmebescheinigung

  Nach der Verkehrszulassung
  1. Genehmigung Funkanlage (FTZ)
  2. Lärmzeugnis
  3. Lufttüchtigkeitszeugnis
  4. Aktuell gültiger Nachprüfschein.

Der Leasingnehmer kann entsprechend seinen Bedürfnissen unter folgenden Vertragstypen auswählen:

- **Vollamortisationsvertrag**
  Mit Kauf- und Verlängerungsoption

- **Teilamortisationsvertrag**
  Mit Andienungsrecht
  Mit Mehrerlösbeteiligung
  Auf unbestimmte Zeit (kündbar)

- **Mietkauf**
  Aktivierung beim Leasingnehmer

In den nächsten Abschnitten werden diese Leasing-Vertragsformen in den wichtigsten Punkten vorgestellt.

Vollamortisation

Der Leasinggeber ist wirtschaftlicher und juristischer Eigentümer des Flugzeuges.

Die unkündbare Grundmietzeit beträgt mindestens 40% und höchstens 90% der betriebsgewöhnlichen Nutzungsdauer nach der amtlich festgelegten Abschreibungszeit (AfA-Zeit). Diese AfA-Zeit beträgt bei Neuflugzeugen unter 20 Tonnen maximalem Startgewicht 21 Jahre (252 Monate).

Durch die Leasingraten werden die Investitionskosten innerhalb der Grundmietzeit voll amortisiert.

Nach Ablauf der unkündbaren Leasingdauer hat der Leasingnehmer folgende Wahlmöglichkeiten:

a) Er macht von seinem Recht Gebrauch, das Luftfahrzeug zu kaufen.

b) Er führt den Leasingvertrag durch Ausnutzung der Verlängerungsoption fort.

c) Er gibt das Luftfahrzeug zurück.

Der besondere Vorteil dieses Vertrags wird darin gesehen, daß zum Zeitpunkt der Vertragsbeendigung hinsichtlich des weiteren Einsatzes des Luftfahrzeugs frei entschieden werden kann.

Cessna Grand Caravan

1. Sitze, Fahrwerk, Zelle
Sitzplätze inkl. Crew	10
Fahrwerk	Fest
Länge / Höhe	12,67 m / 4,52 m
Spannweite	15,88 m
Flügelfläche	25,96 qm

2. Propeller, Triebwerk, Verbrauch
Propeller	Verstellbar
Triebwerk	1 x Pratt & Whitney PT6A-114A
Triebwerkleistung	1 x 675 PS (497 kW)
Treibstoffverbrauch[1]	168,8 l/h Kerosin

3. Gewichte
Leergewicht	1.922 kg
+ Nutzladung[2]	1.058 kg
+ Treibstoff[3]	1.257 l = 1.005 kg
= Gesamtgewicht	3.985 kg

4. Belastungsdaten
Leistungsbelastung	5,9 kg/PS
Flächenbelastung	153,5 kg/qm

5. Leistungsdaten
Höchstgeschwindigkeit	341 km/h
Reisegeschwindigkeit[1]	326 km/h
Abreißgeschwindigkeit[4]	145 km/h
Steigleistung (1-/2-mot)	297 / 0 m/min
Dienstgipfelhöhe (1-/2-mot)	7.620 / 0 m
Start-[5] / Landerollstrecke[6]	416 m / 290 m

6. Transport-Kennzahlen
Gesamtzuladung[7]	2.063 kg = 52 %
davon Nutzladung[2]	1.058 kg = 27 %
davon Treibstoff	1.005 kg = 25 %
Reichweite[8]	2.184 km
Treibstoffverbrauchsindex	1,27

1 Bei 65% Leistung **2** Crew, Passagiere, Gepäck **3** kg-Berechnung nach spezifischem Gewicht **4** Klappen 0° **5** Start- bis Abhebepunkt **6** Aufsetz- bis Stillstandpunkt **7** Anteil am Gesamtgewicht **8** Inkl. 45 Min. Reserve

Abb. 2.4: Die Cessna Caravan eignet sich ganz besonders zum Transport von großen Lasten oder bis zu 8 Passagieren über eine Reichweite von ca. 2.200 km. Mit 52% Nutzladung steht sie an der Spitze aller Ein- und Zweimotorigen bis zu 5,7 t. Eine solche Leistung hat ihren Preis (ohne MWSt): Ca. 2.960.000 DM / 1.513.424 € (Quelle: Cessna).

Teilamortisation

Teilamortisation mit Andienungsrecht

Der Leasinggeber ist wirtschaftlicher und juristischer Eigentümer des Flugzeuges. Die unkündbare Grundmietzeit beträgt mindestens 40% und höchstens 90% der betriebsgewöhnlichen Nutzungsdauer nach der amtlich festgelegten Abschreibungszeit. Diese AfA-Zeit beträgt wie beim Vollamortisationsvertrag 21 Jahre. Die Investitionskosten werden allerdings innerhalb der Grundmietzeit nur teilweise amortisiert.

Wird keine Vertragsverlängerung vereinbart, hat der Leasinggeber das Recht (Andienungsrecht), das Flugzeug dem Leasingnehmer zu einem Preis anzubieten, der dem nicht amortisierten Restwert der Investitionskosten entspricht. Der Leasinggeber wird aber in der Regel versuchen, das Flugzeug zu einem Preis anzubieten, den er auf dem Markt erzielen kann.

Heute ist diese Form des Leasingvertrages auf dem Markt aber kaum noch durchsetzbar, da eine Regelung hinsichtlich eines Mehrerlöses ausschließlich zugunsten der Leasinggesellschaft ausfallen würde. Aus diesem Grund werden in den Teilamortisationsverträgen das Andienungsrecht und die Mehrerlös-Aufteilung (s. folgenden Abschnitt) zusammengefaßt.

Teilamortisation mit Mehrerlös-Aufteilung

Der Leasinggeber ist wirtschaftlicher und juristischer Flugzeug-Eigentümer. Die unkündbare Grundmietzeit beträgt mindestens 40% und höchstens 90% der betriebsgewöhnlichen Nutzungsdauer nach der amtlich festgelegten Abschreibungszeit (AfA-Zeit).

Diese AfA-Zeit beträgt wie beim Vollamortisationsvertrag 21 Jahre. Nach der vereinbarten Grundmietzeit verkauft der Leasinggeber das Flugzeug in Zusammenarbeit mit dem Leasingnehmer. Ist der Verkaufserlös niedriger als der nicht amortisierte Restwert der Investitionskosten, muß der Leasingnehmer die Differenz nachzahlen. Ist er höher, erhält der Leasingnehmer 75% des Mehrerlöses, der Leasinggeber 25%.

In einer Sondervereinbarung kann mit dem Leasinggeber eine Bonifizierung des Mehrerlös-Anteils des Leasinggebers auf zukünftige Leasingobjekte vereinbart werden.

Wird z.B. bei 50% vereinbartem Restwert das Flugzeug für 60% vom Anschaffungspreis verkauft, stünden dem Leasinggeber 25% des den vereinbarten Restwert übersteigenden Prozentsatzes, also 25% von 10% = 2,5%, zu.

Der Leasinggeber kann nun z.B. auf die Hälfte dieser 2,5% verzichten und sie auf ein künftiges Leasingobjekt übertragen.

Sinn macht eine solche Regelung aber nur, wenn tatsächlich deutlich mehr als der vereinbarte Restwert auf dem Markt bei einem Verkauf erzielt werden kann. Bei Flugzeugen, die eine angenommene Lebensdauer zwischen 20 und 30 Jahren haben, ist z.B. ein Verkaufserlös von 60% des Anschaffungspreises nach 10 Jahren Nutzung allerdings keine Utopie - vorausgesetzt, das Flugzeug befindet sich optisch und wartungstechnisch in einem einwandfreien Zustand.

Beispiel Business Jet

Basisdaten
Kauf eines Business Jet unter 5,7 Tonnen für 5.000.000 DM / 2.556.460 € ohne MWSt, 120 Monate Leasingdauer, Restwert nach 120 Monaten 50%.

Kaufpreis Business Jet	5.000.000 DM (2.556.460 €)
AfA-Zeit Jahre / Monate	21 / 252
Leasingzeit Jahre / Monate	10 / 120
Kauf nach 120 Monaten	2.500.000 DM (1.278.230 €)

Da Leasing eines ein- oder zweimotorigen Flugzeuges für Privatpersonen kaum in Frage kommen wird (Leasinggesellschaften schließen fast nur mit Unternehmen Verträge ab), werden nachfolgend anhand eines Teilamortisationsvertrages zwei Musterberechnung für ein Unternehmen vorgestellt (Werte ohne MWSt).

Kaufpreis Business Jet	5.000.000 DM (2.556.460 €)
Restwert	2.500.000 DM (1.278.230 €)
Leasingdauer	120 Monate
Monatliche Leasingrate	44.187 DM (22.592 €)
Monatlicher Leasingsatz	0,88375%

Würde der Leasingnehmer bei einer Kaufoption von 50% Restwert nach Ablauf der vereinbarten Leasingdauer das Flugzeug selbst kaufen, müßte er mit folgender Gesamtleistung rechnen (Werte ohne MWSt):

Kaufpreis Business Jet nach Ablauf des Leasingvertrages	
120 Monate x 44.187 DM / 22.592 € =	5.302.440 DM (2.711.095 €)
+ Kaufoptionspreis	2.500.000 DM (1.278.230 €)
= **Gesamtleistung**	**7.802.440 DM (3.989.325 €)**

Bei dem Business Jet liegt der Leasingfaktor bei 0,88375% pro Monat auf der Basis eines Fremdfinanzierungszinssatzes von 7,25% (Stand September 2001). Allerdings ist bei Objekten in dieser Größenordnung je nach Bonität und den allgemeinen Rahmenbedingungen auch ein Leasingfaktor unter 0,7% möglich. Nur wenig Spielraum bei den Konditionen aber ist z.B. bei einer Einmotorigen der mittleren E-Klasse (z.B. Cessna 172 R) gegeben. In dem folgenden Beispiel werden die Leasingkonditionen für dieses Flugzeug berechnet.

Beispiel Cessna 172 R

Basisdaten
Kauf einer Cessna 172 R für 375.424 DM / 191.951 € ohne MWSt (siehe Musterberechnung aus den Abschnitten Fixe Kosten, Variable Kosten, Gesamtkosten in diesem Kapitel), 120 Monate Leasingdauer, Restwert nach 120 Monaten 50%.

Kaufpreis Cessna 172 R	375.424 DM (191.951 €)
AfA-Zeit Jahre / Monate	21 / 252
Leasingzeit Jahre / Monate	10 / 120
Kauf nach 120 Monaten	187.712 DM (95.976 €)

Kaufpreis Cessna 172 R	375.424 DM (191.951 €)
Restwert	187.712 DM (95.976 €)
Leasingdauer	120 Monate
Monatliche Leasingrate	3.317 DM (1.696 €)
Monatlicher Leasingsatz	0,88375%

Eigentum oder Leasing?	
↑ **Eigentum**	↑ **Leasing**
Flugzeug ist ein mobiler Vermögenswert	Kapitalbindung für Anschaffung entfällt
	Kreditlinien für andere Projekte sind nicht beeinträchtigt
	Leasingdauer kann an persönliche Vorstellung der Nutzungsdauer angepaßt werden
	Leasingmodelle variabel
	Steuerliche Vorteile durch direkte Zuordnung der Leasingkosten im Unternehmen
	Steuerliche Vorteile durch entfallene Aktivierungspflicht im Unternehmen
↓ **Eigentum**	↓ **Leasing**
Kapital für Anschaffung ist gebunden	Flugzeug gehört nicht zum Vermögen
Steuerliche Abgrenzung zwischen Privat- und Geschäftsnutzung problematisch	Leasingkosten i.d.R. etwas höher als andere Finanzierungskosten
	Leasingnehmer ist an Leasinggeber gebunden
	Vertragsbindung relativ lange

Anmerkung: Die Kriterien sind alphabetisch und nicht nach Wertigkeit sortiert.

Würde der Leasingnehmer bei einer Kaufoption in Höhe von 50% Restwert nach Ablauf der vereinbarten Leasingdauer das Flugzeug selbst kaufen, müßte er mit folgender Gesamtleistung rechnen (Werte ohne MWSt):

Kaufpreis Cessna 172 R nach Ablauf des Leasingvertrages	
120 Monate x 3.317 DM / 1.696 € =	398.040 DM (203.515 €)
+ Kaufoptionspreis	187.712 DM (95.976 €)
= **Gesamtleistung**	**585.752 DM (299.491 €)**

Diese Beispiele dienen nur zur groben Orientierung. Je nach individuellen Anforderungen bieten die Leasing-Gesellschaften entsprechend der aktuellen Kapitalmarktlage maßgeschneiderte Lösungen an und beraten Kunden, welche Leasingform die steuerlich und betriebswirtschaftlich günstigste Variante für das Unternehmen ist.

Teilamortisation auf unbestimmte Zeit

Bei diesem Leasingmodell wird eine unkündbare Grundmietzeit nicht unter 40% der betriebsgewöhnlichen Nutzungsdauer vereinbart. Auch hier werden die Investitionskosten teilweise amortisiert.

Der Leasingnehmer kann nach Ablauf der Grundmietzeit erstmals kündigen, danach jeweils in vorher vereinbarten Abständen. Bei einer Kündigung wird eine Abschlußzahlung in Höhe des bis zur Kündigung durch die Leasingraten nicht amortisierten Restwertes der Investitionskosten fällig.

Der Leasinggeber verkauft dann das Flugzeug in Zusammenarbeit mit dem Leasingnehmer und beteiligt diesen bis zur Höhe der Abschlußzahlung mit 90% am Verkaufserlös.

Mietkauf

Diese Konzeption verbindet Merkmale der Kreditfinanzierung mit Merkmalen des Leasings. Die unkündbare Leasingdauer kann jedoch unabhängig von der Abschreibungszeit nach den Wünschen des Käufers festgelegt werden. Der Vertrag kann jederzeit gekündigt und das Luftfahrzeug gekauft werden. Die geleisteten Leasingraten werden bei der Berechnung des Kaufpreises berücksichtigt.

Die Leasinggesellschaft ist juristischer und der Leasingnehmer wirtschaftlicher Eigentümer des Luftfahrzeugs, der das Flugzeug aktiviert und Abschreibungen in Anspruch nimmt. Der besondere Vorteil dieses Vertrags wird darin gesehen, daß sich der Leasingnehmer die Möglichkeit offenhalten kann, den Vertrag durch Kauf des Luftfahrzeugs jederzeit zu beenden.

Resumée

Flugzeug-Leasing ist vorwiegend eine Finanzierungsmöglichkeit für Unternehmen, die sich aus Liquiditätsgründen oder aus steuerlichen Aspekten nach einer eingehenden betriebswirtschaftlichen Prüfung der betriebsinternen Prioritäten für diese Finanzierungsmethode entschieden haben. Oft spielen aber z.B. auch „optische" Gründe bei großen Unternehmen eine Rolle, die ungern den Besitz eines Flugzeuges nach außen dokumentiert sehen möchten.

Die Basiskalkulation eines Leasingvertrages erfolgt heute üblicherweise mit dem gleichen Zinssatz, zu dem eine „normale" Objektfinanzierung kalkuliert wird. Insofern ist Leasing im Vergleich zu Standard-Finanzierungen nicht mehr teurer, sondern kann unter Einbeziehung eines eventuell erzielbaren Mehrerlöses nach Ablauf des Vertrages sogar günstiger sein.

Für den privaten Flugzeugeigentümer (Privatpersonen, Haltergemeinschaften, Flugsportvereine) kann Leasing nur in genau zu prüfenden Ausnahmefällen eine Alternative zu den konservativen Methoden der Eigen- oder Fremdfinanzierung sein, da privat die steuerlichen Vorteile des Leasing nicht realisierbar sind.

Cessna 182 Skylane

1. Sitze, Fahrwerk, Zelle
Sitzplätze inkl. Crew	4
Fahrwerk	Fest
Länge / Höhe	8,84 m / 2,85 m
Spannweite	10,97 m
Flügelfläche	16,20 qm

2. Propeller, Triebwerk, Verbrauch
Propeller	Verstellbar
Triebwerk	1 x Lycoming IO-540 AB1A5
Triebwerkleistung	1 x 230 PS (169 kW)
Treibstoffverbrauch[1]	50,6 l/h Avgas

3. Gewichte
Leergewicht	867 kg
+ Nutzladung[2]	301 kg
+ Treibstoff[3]	337 l = 243 kg
= Gesamtgewicht	1.411 kg

4. Belastungsdaten
Leistungsbelastung	6,1 kg/PS
Flächenbelastung	87,1 kg/qm

5. Leistungsdaten
Höchstgeschwindigkeit	269 km/h
Reisegeschwindigkeit[1]	260 km/h
Abreißgeschwindigkeit[4]	100 km/h
Steigleistung (1-/2-mot)	282 / 0 m/min
Dienstgipfelhöhe (1-/2-mot)	5.517 / 0 m
Start-[5] / Landerollstrecke[6]	242 m / 180 m

6. Transport-Kennzahlen
Gesamtzuladung[7]	544 kg = 39 %
davon Nutzladung[2]	301 kg = 21 %
davon Treibstoff	243 kg = 17 %
Reichweite[8]	1.537 km
Treibstoffverbrauchsindex	1,50

1 Bei 65% Leistung **2** Crew, Passagiere, Gepäck **3** kg-Berechnung nach spezifischem Gewicht **4** Klappen 0° **5** Start- bis Abhebepunkt **6** Aufsetz- bis Stillstandpunkt **7** Anteil am Gesamtgewicht **8** Inkl. 45 Min. Reserve

Abb. 2.5: Als robustes, gutmütiges und zuverlässiges einmotoriges Reiseflugzeug hat die Cessna 182 seit vielen Jahren einen legendären Ruf. Für einen Preis von ca. 580.000 DM / 296.550 € (ohne MWSt) erhält man ein vielseitig einsetzbares und wertbeständiges Flugzeug mit ausgewogenen Flugleistungen (Quelle: Cessna).

Charter

Das Chartern eines ein- oder zweimotorigen Flugzeuges ist aus der Sicht des gelegentlich fliegenden Piloten die problemloseste und preiswerteste Art und Weise, um auf dem Luftweg schnell von einem Ort zum anderen zu kommen. Am preisgünstigsten ist dabei das Chartern innerhalb eines Fliegervereins, denn dort werden üblicherweise keine Gewinn-Aufschläge auf die Selbstkosten und keine Mehrwertsteuer verlangt.

Privatcharter und Vereinscharter

Nachteilig beim Vereinscharter wirkt sich allerdings aus, daß häufig bei den von den meisten Piloten bevorzugten Wochenenden eine rege Nachfrage nach Vereinsflugzeugen herrscht. Vorzugsweise sollte man deshalb während der Wochentage chartern, an denen erfahrungsgemäß selten geflogen wird. Vielleicht kann man bei solchen „antizyklischen" Charterungen einen noch günstigeren Stundenpreis aushandeln.

Ähnlich preiswert kann das Chartern eines Flugzeuges von einem privaten Eigentümer sein, sofern der kein Interesse an einer kommerziellen Nutzung seines Flugzeuges hat und sich wie der Fliegerclub auf die Berechnung der Selbstkosten beschränkt.

Gewerbliche Vercharterer

Wählt man dagegen die Charterung von einem kommerziellen Vercharterer (Flugschule, Charterflugunternehmen, kommerziell arbeitende Eigentümergemeinschaft), so muß mit kräftigen Preisunterschieden gegenüber dem privaten Vercharterer oder Verein gerechnet werden.

Wer professionell Flugzeuge verchartert, muß völlig anders kalkulieren. Hier kommen Kostenarten wie Abschreibung und Kapitalverzinsung sowie zusätzliche Kosten für die optimale Instandhaltung der Flugzeuge hinzu.

Außerdem will ein solcher Vercharterer Geld verdienen und nicht nur den Ersatz seiner Selbstkosten haben. Gewinnaufschläge von 5% bis 10% auf die Selbstkosten müssen hierbei mindestens berücksichtigt werden.

Weiterhin wird auf den sich danach ergebenden Betriebsstundenpreis zusätzlich die Mehrwertsteuer aufgeschlagen, zu deren Abzug der private Charterer nicht berechtigt ist.

Kostet (z.B. in einem Verein) ein einmotoriges, viersitziges Reiseflugzeug 300 DM / 153 € je Betriebsstunde, so dürfte eine Maschine gleichen Typs und gleicher Instrumentierung beim gewerblichen Vercharterer unter 350 DM / 179 € bis 400 DM / 205 € plus Mehrwertsteuer kaum zu haben sein.

Nachteile beim Chartern

Auf einen gravierenden Nachteil beim Chartern muß abschließend hingewiesen werden. Zur Vercharterung stehende Flugzeuge werden von vielen Piloten geflogen, von denen jeder das Flugzeug im Prinzip unterschiedlich handhabt.

Dazu gehören harte und weiche Landungen, Reiseflug mit mehr oder weniger Leistung, richtiges und falsches Leanen, zeitlich kurze und lange Flüge und viele andere individuelle Einflußnahmen auf das Flugzeug, die es mehr oder weniger strapazieren oder im schlimmsten Fall sogar beschädigen können.

Eigentum oder Charter?	
↑ Eigentum	↑ Charter
Basisausstattung und Avionik entsprechend persönlichen Vorstellungen wählbar	Kapitalbindung entfällt
Benutzungsgenehmigung entscheidet nur Eigentümer	Kosten nur nach Charterzeiten
Einsatzzweck und Flugzeugtyp aufeinander abstimmbar	Verpflichtungen wie bei Eigentum entfallen
Prestige größer	
Sicherheit durch persönliche Beziehung größer	
Verfügbarkeit nur durch Wartungszeiten eingeschränkt	
Versicherungskosten niedriger	
Zuverlässigkeit im technischen Bereich größer	
↓ Eigentum	↓ Charter
Arbeitsanfall für Verwaltung und technische Betreuung hoch	Flugzeugausstattung entspricht oft nicht den persönlichen Vorstellungen
Flugkosten bei geringen Jahresflugstunden u.U. extrem hoch	Mängel (geringe) durch viele Nutzer häufiger
Kapitalbindung	Mängel (Flugtauglichkeit beeinträchtigende) durch viele Nutzer wahrscheinlicher
Verpflichtungen auf lange Zeit	Verfügbarkeit durch viele Nutzer u.U. erheblich eingeschränkt
Wartungszeiten schließen Verfügbarkeit aus	

Anmerkung: Die Kriterien sind alphabetisch und nicht nach Wertigkeit sortiert.

Kein Pilot macht absichtlich Fehler, doch ein falsches Handling muß immer einkalkuliert werden. Nur vereinzelt werden diese Fehler sofort sichtbar. Sie zeigen sich z.B. erst bei einer Landung, wenn das schon bei einem vorangegangenen Flug angeknackste Bugrad endgültig wegbricht. Im Unterbewußtsein eines jeden Piloten lauert daher immer ein wenig Angst vor eventuellen Fehlern der Piloten, die das gerade gecharterte Flugzeug vor ihm geflogen haben.

Bei der Flugzeugcharter ist deswegen immer Vorsicht angebracht. Die Vorflugkontrolle sollte besonders gründlich ausfallen - auch wenn man wegen seiner Pingeligkeit von anderen Piloten mit Häme bedacht wird.

Noch einmal muß betont werden, daß die Charter aus der Sicht des scharf rechnenden Piloten das preiswerteste Fliegen ist. Anders als beim Eigentum oder Besitz eines Flugzeuges zahlt man nur die geflogenen Stunden und nicht die fixen Kosten, die bei Eigentum oder Besitz immer anfallen - sogar bei einem abgemeldetem und in der Halle oder im Freien stehendem Flugzeug.

Vergleichsrechnung Flugzeug-Eigentum und Flugzeug-Charter

Die folgenden Beispielrechnungen sollen den Unterschied zwischen eigenem Flugzeug, Flugzeugcharter beim Verein und Flugzeugcharter bei einem Charterunternehmen verdeutlichen. Angenommen, ein Pilot mit PPL-A würde pro Jahr mit der in diesem Handbuch in der Musterberechnung vorgestellten neuen Cessna 172 R Skyhawk insgesamt 75 Stunden fliegen.

Jahreskosten bei privatem Eigentum der neuen Cessna 172 R Skyhawk

Da der private Eigner sein Flugzeug nicht verchartert, sondern ausschließlich allein fliegt, fallen folgende Kosten an:

**75 Stunden pro Jahr je 562 DM / 287 €
= 42.150 DM / 21.551 €**

Jahreskosten bei Charter einer neuen Cessna 172 R Skyhawk im Eigentum eines Flugvereins

Das Flugzeug wird von den Vereinsmitgliedern durchschnittlich 400 Stunden p.a. geflogen. Da der Verein keinen Gewinn erzielen will, berechnet er den Vereinsmitgliedern die Betriebsstunde des Flugzeugs mit 351 DM / 179 €.

Ein Pilot chartert als Vereinsmitglied die Cessna 172 R also zu folgenden Kosten:

**75 Stunden pro Jahr je 351 DM / 179 €
= 26.325 DM / 13.460 €**

Jahreskosten bei Charter einer neuen Cessna 172 R Skyhawk bei einem gewerblichen Vercharterer

Wie beim Flugverein soll angenommen werden, daß der gewerbliche Vercharterer seine Cessna 172 pro Jahr 400 Stunden verchartert und entsprechend kalkuliert. Auf die in der Musterberechnung kaufmännisch errechneten 369 DM / 189 € bei 400 Stunden p.a. schlägt das Unternehmen noch 5% Gewinn und die Mehrwertsteuer auf. Die Betriebsstunde wird also mit 449 DM / 230 € berechnet. Für den Piloten ergibt sich sich folgende Charterrechnung:

**75 Stunden pro Jahr je 449 DM / 230 €
= 33.675 DM / 17.218 €**

Aus diesen Berechnungen ergibt sich, daß der private Flugzeugbesitz bei einer alleinigen Nutzung von 75 Stunden p.a. definitiv nicht sinnvoll ist. Am billigsten ist erwartungsgemäß der Flugverein, gefolgt von dem gewerblichen Vercharterer.

Entsprechend dem Schema dieser Berechnungen kann anhand der Musterkalkulation in diesem Handbuch z.B. ermittelt werden, bei welcher Jahresflugstundenleistung sich eine eigene Cessna 172 R Skyhawk rechnen würde.

Kapitel 3
Eigentum, Besitz und Betrieb von Luftfahrzeugen im Luftrecht

Einführung

Für den Besitz und Betrieb eines ein- oder zweimotorigen Flugzeuges gelten verschiedene luftrechtliche Bestimmungen, die im ersten Teil dieses Kapitels näher vorgestellt werden. Diese Auszüge basieren auf der Grundlage von Veröffentlichungen des Luftfahrt-Bundesamts in Braunschweig. Behandelt werden dabei in Übersichten und detaillierten Texten die Gesetzesverweise, die sich auf

- das Flugzeug,
- die Betriebsaufzeichnungen und die
- Haftung und Versicherung

von Luftfahrzeugen beziehen. Je nach Bedeutung des entsprechenden Gesetzes im Zusammenhang mit dem Inhalt dieses Handbuchs sind die Gesetzestexte in einer *kleineren Schrift kursiv* nach dem Verweis abgedruckt.

Mit der Veröffentlichung dieser Gesetzestexte in diesem Handbuch ist beabsichtigt, potentielle Eigentümer, Halter und Führer von Luftfahrzeugen auf die gesetzlichen Vorschriften bezüglich des Besitzes und des Betriebs von Luftfahrzeugen aufmerksam zu machen und einen Einblick in die Komplexität dieses Themas zu geben.

Eine gründliche Kenntnis und Interpretation der Gesetzesinhalte ist für einen Nichtjuristen naturgemäß ungewohnt, zumal die Ortung der jeweiligen Vorschriften in den verschiedenen Gesetzen, Verordnungen und Durchführungsverordnungen sehr schwierig ist. Die folgende Zusammenstellung der Gesetzestexte entsprechend der Thematik dieses Handbuchs soll dabei Hilfestellung leisten. Eine Gewähr auf Vollständigkeit kann allerdings nicht geleistet werden.

1. Luftfahrzeug

1.1 Zulassung

1.1.1 Musterzulassungspflicht

LuftVZO § 1 - Zulassungspflicht und Umfang der Zulassung

(1) Luftfahrtgeräte, die der Musterzulassung bedürfen, sind:

1. *Flugzeuge,*
2. *Drehflügler,*
3. *Motorsegler,*
4. *Segelflugzeuge,*
5. *Luftschiffe,*
6. *bemannte Ballone,*
7. *Luftsportgeräte einschließlich Rettungs- und Schleppgeräte,*
8. *Flugmodelle mit mehr als 20 kg Höchstgewicht,*
9. *Flugmotoren,*
10. *Propeller,*
11. *sonstiges Luftfahrtgerät, das als Ausrüstungs- oder Zubehörteil eines Luftfahrzeugs den vom Bundesministerium für Verkehr in der jeweils jüngsten im Bundesanzeiger bekanntgemachten Fassung der deutschen Übersetzung der Bestimmungen der Joint Aviation Authorities über technische Beschreibungen und Festlegungen der Luftfahrzeugausrüstung (JAR-TSO deutsch) (BAnz. Nr. 137a vom 28. Juli 1998) oder besonderen Anforderungen nach den Bau- oder Betriebsvorschriften für Luftfahrzeuge unterliegt.*

1.1.2 Änderungen an musterzulassungspflichtigen Luftfahrtgerät

LuftBO § 12 - Kleine Änderung

Eine Änderung des Luftfahrtgeräts, die keine Auswirkungen auf seine Lufttüchtigkeit hat und unter Anwendung üblicher Arbeitsverfahren durch-

führbar ist (Kleine Änderung), kann ohne vorherige Unterrichtung der zuständigen Stelle vorgenommen werden, wenn dies in Übereinstimmung mit einem von der zuständigen Stelle festgelegten Änderungsverfahren geschieht. § 9 Abs. 1 findet entsprechende Anwendung.

LuftBO § 13 - Große Änderung

Eine Änderung des Luftfahrtgeräts, die Auswirkungen auf seine Lufttüchtigkeit hat und nicht unter Anwendung üblicher Arbeitsverfahren durchführbar ist (Große Änderung), ist von nach der Verordnung zur Prüfung von Luftfahrtgerät genehmigten Instandhaltungsbetrieben, genehmigten luftfahrttechnischen Betrieben oder genehmigten Herstellungsbetrieben nach den von der zuständigen Stelle genehmigten Änderungsanweisungen durchzuführen.

LuftGerPV § 11 - Instandhaltungsprüfungen

(1) Die Instandhaltungsmaßnahmen, mit Lufttüchtigkeitsanweisungen angeordneten Maßnahmen und Änderungen nach der Betriebsordnung für Luftfahrtgerät werden für das zum Verkehr zugelassene, für die Beförderung von Fluggästen, Fracht oder Post gegen Entgelt verwendete Luftfahrtgerät nach § 1 Abs. 1 Nr. 1, 2 und 5 der Luftverkehrs-Zulassungs-Ordnung vom Halter des Luftfahrtgeräts veranlaßt und nach den Bestimmungen der von den Europäischen Gemeinschaften als Technische Vorschriften und Verwaltungsverfahren in der Zivilluftfahrt in der jeweils jüngsten im Amtsblatt der EG bekanntgemachten Fassung der JAR-145 (ABl. EG Nr. C 297 vom 25. Oktober 1994 S. 12) in einem Instandhaltungsbetrieb nach § 13 durchgeführt. Die ordnungsgemäße Durchführung wird vom Instandhaltungsbetrieb bescheinigt.

(2) Der Halter von Luftfahrtgerät nach Absatz 1 hat in Zeitabständen von 12 Monaten eine Instandhaltungsprüfung von einem Instandhaltungsbetrieb nach § 13 durchführen zu lassen.

In der Instandhaltungsprüfung wird festgestellt und bescheinigt, ob die erforderlichen planmäßigen Instandhaltungsarbeiten, die angeordneten Instandhaltungen, die zutreffenden Lufttüchtigkeitsanweisungen und die notwendigen Reparaturen oder Änderungen durchgeführt worden sind.

(3) Der Halter hat die Bescheinigungen der durchgeführten Instandhaltungsprüfungen nach Absatz 2 zu den Betriebsaufzeichnungen des Luftfahrzeugs zu nehmen. Eine Ausfertigung der Bescheinigungen ist dem Luftfahrt-Bundesamt vorzulegen. Eine Ausfertigung der jeweils letzten Bescheinigung ist im Luftfahrzeug mitzuführen.

LuftGerPV § 16 - Nachprüfung bei der Instandhaltung und Änderung des Luftfahrtgeräts

(1) Bei der Wartung des Luftfahrtgeräts und kleinen Änderungen nach den Bestimmungen der Betriebsordnung für Luftfahrtgerät wird die ordnungsgemäße Durchführung der Arbeiten nachgeprüft.

(2) Bei der Überholung des Luftfahrtgeräts sowie bei großen Reparaturen und großen Änderungen nach den Bestimmungen der Betriebsordnung für Luftfahrtgerät wird die Lufttüchtigkeit des Luftfahrtgeräts und die Übereinstimmung mit den im zugehörigen Gerätekennblatt enthaltenen Angaben nachgeprüft.

1.1.3 Verkehrszulassungspflicht

LuftVG § 2 - Verkehrszulassung

(1) Deutsche Luftfahrzeuge dürfen nur verkehren, wenn sie zum Luftverkehr zugelassen (Verkehrszulassung) und - soweit es durch Rechtsverordnung vorgeschrieben ist - in das Verzeichnis der deutschen Luftfahrzeuge (Luftfahrzeugrolle) eingetragen sind. Ein Luftfahrzeug wird zum Verkehr nur zugelassen, wenn

1. das Muster des Luftfahrzeugs zugelassen ist (Musterzulassung),
2. der Nachweis der Verkehrssicherheit nach der Prüfordnung für Luftfahrtgerät geführt ist,
3. der Halter des Luftfahrzeugs nach den Vorschriften dieses Gesetzes versichert ist oder durch Hinterlegung von Geld oder Wertpapieren Sicherheit geleistet hat und
4. die technische Ausrüstung des Luftfahrzeugs so gestaltet ist, daß das durch seinen Betrieb entstehende Geräusch das nach dem jeweiligen Stand der Technik unvermeidbare Maß nicht übersteigt.

LuftVZO § 6 - Umfang der Zulassung

(1) Luftfahrtgeräte, die der Verkehrszulassung bedürfen, sind

1. *Flugzeuge,*
2. *Drehflügler,*
3. *Luftschiffe,*
4. *Motorsegler,*
5. *Segelflugzeuge,*
6. *bemannte Ballone,*
6a. *Luftsportgeräte,*
7. *Flugmodelle mit mehr als 20 kg Höchstgewicht,*
8. *(weggefallen)*
9. *sonstiges Luftfahrtgerät, soweit es für die Benutzung des Luftraums bestimmt und nach der Verordnung zur Prüfung von Luftfahrtgerät prüfpflichtig ist.*

(2) Nichtmotorgetriebene Luftsportgeräte sowie Rettungs- und Schleppgeräte für Luftsportgerät sind von der Verkehrszulassung befreit.

1.1.4 Verkehrszulassung

LuftVG § 3 - Luftfahrzeugrolle

(1) Luftfahrzeuge werden vorbehaltlich abweichender Verordnungen des Rates der Europäischen Union in die deutsche Luftfahrzeugrolle nur eingetragen, wenn

1. *sie in einem ausländischen staatlichen Luftfahrzeugregister nicht eingetragen sind und im ausschließlichen Eigentum deutscher Staatsangehöriger stehen; juristische Personen und Gesellschaften des Handelsrechts mit Sitz im Inland werden deutschen Staatsangehörigen gleichgestellt, wenn der überwiegende Teil ihres Vermögens oder Kapitals sowie die tatsächliche Kontrolle darüber deutschen Staatsangehörigen zusteht und die Mehrheit der Vertretungsberechtigten oder persönlich haftenden Personen deutsche Staatsangehörige sind;*
2. *ein Recht eines deutschen Staatsangehörigen, an einem Luftfahrzeug Eigentum durch Kauf zu erwerben, oder ein Recht zum Besitz auf Grund eines für einen Zeitraum von mindestens sechs Monaten abgeschlossenen Mietvertrages oder eines dem Mietvertrag ähnlichen Rechtsverhältnisses besteht.*

Staatsangehörige der Mitgliedstaaten der Europäischen Union sowie der anderen Vertragsstaaten des Abkommens über den Europäischen Wirtschaftsraum stehen deutschen Staatsangehörigen gleich.

(2) Die für die Verkehrszulassung zuständige Stelle kann im Einzelfall Ausnahmen zulassen, wenn besondere Umstände vorliegen.

LuftVZO § 7 - Zuständige Stellen

Die Verkehrszulassung wird von dem Luftfahrt-Bundesamt erteilt. Die Verkehrszulassung der Luftsportgeräte wird von dem vom Bundesministerium für Verkehr Beauftragten erteilt.

LuftVZO § 8 - Zulassungsantrag

(1) Der Antrag auf Verkehrszulassung muß enthalten

1. *die Bezeichnung des Eigentümers, und zwar*
   a) bei natürlichen Personen den Namen und die Anschrift sowie andere, den Eigen-

tümer deutlich kennzeichnende Merkmale, soweit dies zur Klarstellung erforderlich ist,
b) bei juristischen Personen und Gesellschaften des Handelsrechts die Firma oder den Namen sowie den Sitz, bei einer offenen Handelsgesellschaft ferner die Namen aller Gesellschafter und bei einer Kommanditgesellschaft oder einer Kommanditgesellschaft auf Aktien die Namen aller persönlich haftenden Gesellschafter,
c) bei mehreren Eigentümern die Anteile der Berechtigten in Bruchteilen oder das für die Gemeinschaft maßgebende Rechtsverhältnis, ferner einen von den Berechtigten bevollmächtigten Vertreter;
2. die Angabe der Staatsangehörigkeit des Eigentümers; bei juristischen Personen oder Gesellschaften des Handelsrechts die Angabe der Staatsangehörigkeit der Vertretungsberechtigten oder persönlich haftenden Personen und auf Verlangen einen Auszug aus dem Vereins-, Handels- oder Genossenschaftsregister; die deutsche Staatsangehörigkeit ist auf Verlangen nachzuweisen;
3. bei juristischen Personen und Gesellschaften des Handelsrechts die Erklärung, wem der überwiegende Teil ihres Vermögens oder Kapitals sowie die tatsächliche Kontrolle darüber zusteht und die Erklärung über die Staatsangehörigkeit dieser Personen; die den Erklärungen zugrunde liegenden tatsächlichen Behauptungen sind auf Verlangen nachzuweisen;
4. die Erklärung, daß das Luftfahrzeug außerhalb des Geltungsbereichs dieser Verordnung nicht in einem öffentlichen Register eingetragen ist; die Erklärung ist auf Verlangen glaubhaft zu machen;
5. die Angabe des Verwendungszweckes;
6. den Namen und die Anschrift des Halters, wenn der Eigentümer nicht zugleich Halter ist; bei mehreren Haltern gilt Nummer 1 Buchstabe c sinngemäß;
7. den regelmäßigen Standort des Luftfahrzeugs.

(2) Dem Antrag sind beizufügen

1. der Nachweis des Eigentumserwerbs an dem Luftfahrzeug;
2. der Nachweis der Lufttüchtigkeit nach der Verordnung zur Prüfung von Luftfahrtgerät;
3. die Versicherungsbestätigung nach § 103 Abs. 4 oder der Hinterlegungsschein nach § 105;
4. der Nachweis der Löschung, wenn das Luftfahrzeug zuletzt außerhalb des Geltungsbereichs dieser Verordnung in einem öffentlichen Register eingetragen war;
5. die Frequenzzuteilung gemäß § 47 des Telekommunikationsgesetzes; für Ultraleichtflugzeuge zusätzlich der Nachweis der Zulassung der Bordfunkanlage durch das Luftfahrt-Bundesamt oder das Flugsicherungsunternehmen;
6. auf Verlangen der zuständigen Stelle eine Bescheinigung über das Ausmaß des durch den Betrieb des Luftfahrzeugs entstehenden Geräuschs, wenn das Luftfahrzeug nicht in allen Teilen dem lärmschutzgeprüften Muster entspricht; die zuständige Stelle kann eine für die Geräuschmessung geeignete Stelle vorschreiben, wenn Anlaß für Zweifel an der Richtigkeit des vom Hersteller erbrachten Meßergebnisses besteht.

LuftVZO § 10 - Verkehrszulassung, Rücknahme und Widerruf

(1) Die zuständige Stelle läßt das Luftfahrtgerät durch Erteilung eines Lufttüchtigkeitszeugnisses nach Anlage 1 zum Verkehr zu; hierbei legt sie den Verwendungszweck (Kategorie) fest. Das Lufttüchtigkeitszeugnis ist bei dem Betrieb des Luftfahrtgeräts mitzuführen.

(2) Die Zulassung kann eingeschränkt, geändert, mit Auflagen verbunden und befristet werden. Die Zulassung ist zurückzunehmen, wenn die Voraussetzungen für ihre Erteilung nicht vorgelegen haben. Sie ist zu widerrufen, wenn die Voraussetzungen für ihre Erteilung nach-

träglich nicht nur vorübergehend entfallen sind oder eine Anzeige nach § 104 eingeht.

(3) Ist die Zulassung zurückgenommen oder widerrufen worden, so hat die zuständige Stelle das Lufttüchtigkeitszeugnis einzuziehen.

(4) Die zuständige Stelle erteilt für das Luftfahrzeug bei der Verkehrszulassung (Absatz 1 Satz 1) ein Lärmzeugnis, wenn die Einhaltung der nach § 3 Abs. 3 bekanntgegebenen Lärmgrenzwerte durch Übereinstimmung des Luftfahrzeugs mit dem Muster oder durch die Bescheinigung nach § 8 Abs. 2 Nr. 6 nachgewiesen ist.

Das Lärmzeugnis muß enthalten:

1. den Staat, in dem das Luftfahrzeug eingetragen ist,
2. das Staatszugehörigkeits- und Eintragungszeichen des Luftfahrzeugs,
3. Art und Muster des Luftfahrzeugs,
4. die Werknummer der Zelle des Luftfahrzeugs,
5. die Höchstmasse, bei der die Einhaltung der Anforderungen für das Lärmzeugnis nachgewiesen wurde,
6. bei Flugzeugen, für die ein Antrag auf Erteilung der Musterzulassung ab dem 6. Oktober 1977 gestellt worden ist, die Geräuschpegel und ihre 90%-igen Vertrauensbereichsgrenzen,
7. Angabe jeder zusätzlichen Änderung, die zur Einhaltung der Anforderungen für das Lärmzeugnis vorgenommen wurde.

Nicht im Geltungsbereich dieser Verordnung erteilte Lärmzeugnisse oder ihnen entsprechende Urkunden werden als gültig anerkannt, wenn sie die Angaben nach Satz 2 enthalten und der ausgewiesene Geräuschpegel folgenden Mindestanforderungen genügt:

- am seitlichen und am Anflugmeßpunkt 108 EPNdB (Effective Perceived Noise dB) für Flugzeuge mit einer höchstzulässigen Startmasse von 272.000 kg oder darüber. Bei geringerer Masse verringert sich der zulässige Geräuschpegel linear mit dem Logarithmus der Masse um jeweils 2 EPNdB pro Halbierung der Masse bis auf 102 EPNdB bei 34.000 kg; bei einer Masse unter 34.000 kg bleibt der Wert konstant bei 102 EPNdB;

- am Start-Überflugmeßpunkt 108 EPNdB für Flugzeuge mit einer höchstzulässigen Startmasse von 272.000 kg und darüber. Bei geringerer Masse verringert sich der zulässige Geräuschpegel linear mit dem Logarithmus der Masse um jeweils 5 EPNdB pro Halbierung der Masse bis auf 93 EPNdB bei 34.000 kg Masse und bleibt bei geringerer Masse konstant bei 93 EPNdB.

LuftVZO § 14 - Eintragungen in Luftfahrzeugregister

(1) Flugzeuge, Drehflügler, Luftschiffe, Motorsegler, Segelflugzeuge und bemannte Ballone sind bei der Verkehrszulassung von dem Luftfahrt-Bundesamt von Amts wegen in die Luftfahrzeugrolle einzutragen. Die Eintragung kann vor der Verkehrszulassung vorgenommen werden, wenn ein berechtigtes Interesse glaubhaft gemacht wird. Dem Eigentümer oder im Falle des § 8 Abs. 1 Nr. 1 Buchstabe c dem bevollmächtigten Vertreter wird ein Eintragungsschein nach Anlage 1 erteilt. Der Eintragungsschein ist bei dem Betrieb des Luftfahrzeugs mitzuführen.

(2) Ultraleichtflugzeuge werden für die Verkehrszulassung von den Beauftragten nach § 31c des Luftverkehrsgesetzes in das Luftsportgeräteverzeichnis eingetragen, Hängegleiter und Gleitsegel auf Antrag. Absatz 1 Satz 2 bis 4 gilt entsprechend, Absatz 1 Satz 4 jedoch nicht für Hängegleiter und Gleitsegel.

LuftVZO § 19 - Kennzeichen

(1) Bei der Verkehrszulassung nach § 14 Abs. 1 Satz 1 oder bei der Eintragung nach § 14 Abs. 1 Satz 2 oder Abs. 2 Satz 1 wird dem Luftfahr-

zeug ein Kennzeichen zugeteilt; im Falle der vorläufigen Verkehrszulassung nach § 12 kann ihm ein vorläufiges Kennzeichen zugeteilt werden. Die Kennzeichen sind zugleich mit dem deutschen Staatszugehörigkeitszeichen nach den Vorschriften der Anlage 1 am Luftfahrzeug zu führen.

(2) Auf Antrag kann unter Angabe des Musters, der Baureihe und der Werknummer des Luftfahrzeugs ein Kennzeichen, für Luftsportgeräte befristet, vorgemerkt werden.

1.1.5 Lärmzulassung

§ 8 Abs. 2 Nr. 6 LuftVZO
§ 10 Abs. 4 LuftVZO
(Anmerkung: Gesetzestexte bereits in diesem Kapitel unter 1.1.4 enthalten)

1.1.6 Verlust der Lufttüchtigkeit

LuftBO § 25 - Verlust der Lufttüchtigkeit

(1) Werden beim Betrieb des zugelassenen Luftfahrzeugs Mängel festgestellt, die seine Lufttüchtigkeit beeinträchtigen oder beeinträchtigen können, oder bestehen begründete Zweifel an der Lufttüchtigkeit des Luftfahrzeugs, kann die zuständige Stelle das Luftfahrzeug bis zum Nachweis der Lufttüchtigkeit nach den Vorschriften der Verordnung zur Prüfung von Luftfahrtgerät für luftuntüchtig erklären.

(2) Ein Luftfahrzeug, das luftuntüchtig ist oder von der zuständigen Stelle für luftuntüchtig erklärt worden ist, darf nicht in Betrieb genommen werden. Die Inbetriebnahme für Zwecke der Nachprüfung ist zulässig.

(3) Die zuständige Stelle kann auf Antrag des Halters in Ausnahmefällen für ein luftuntüchtiges Luftfahrzeug die Erlaubnis erteilen, das Luftfahrzeug im Fluge auf einen Flugplatz zu überführen, auf dem die für die Wiederherstellung der Lufttüchtigkeit erforderlichen Reparaturen durchgeführt werden können. Die Erlaubnis kann mit Auflagen verbunden und befristet werden.

1.2 Verantwortlichkeiten

1.2.1 Eigentümer - Anzeige des Halterwechsels

LuftVZO § 11 - Anzeigepflichten

(1) Der Halter des Luftfahrtgeräts hat der zuständigen Stelle unverzüglich anzuzeigen

1. technische Mängel, welche die Lufttüchtigkeit beeinträchtigen oder beeinträchtigen können, soweit sie nicht durch die vorgeschriebene Instandhaltung zu beheben sind,
2. jede Änderung des regelmäßigen Standorts eines der in § 8 Abs. 1 bezeichneten Luftfahrzeuge und der Segelflugzeuge.

(2) Der Eigentümer des Luftfahrtgeräts hat der zuständigen Stelle unverzüglich anzuzeigen, wenn der Halter des Geräts wechselt und mit dem neuen Halter vereinbart wird, daß er das Gerät für mindestens sechs Monate in Gebrauch nimmt.

1.2.2 Eigentümer - Vorgeschriebene und betriebstüchtige Flugsicherungsausrüstung

FSAV § 5 - Pflichten des Führers, Eigentümers und Halters eines Luftfahrzeugs

(1) Ein Flug darf nicht durchgeführt werden, wenn eine nach § 2 Abs. 1 und § 3 oder § 4 Abs. 1 bis 3 vorgeschriebene Flugsicherungsausrüstung nicht vorhanden oder nach den Feststellungen des Luftfahrzeugführers nicht betriebstüchtig ist.

(2) Wird eine Beeinträchtigung der Betriebstüchtigkeit der Flugsicherungsausrüstung fest-

gestellt, so können die Flugverkehrskontrollstellen des Flugsicherungsunternehmens im Einzelfall Ausnahmen zulassen, soweit dadurch die öffentliche Sicherheit oder Ordnung, insbesondere die Sicherheit des Luftverkehrs, nicht beeinträchtigt wird. Fallen während des Fluges Teile der Flugsicherungsausrüstung aus, die für die sichere Durchführung des Fluges und für die Einhaltung der Flugsicherungsverfahren erforderlich sind, so hat der Luftfahrzeugführer die zuständige Flugverkehrskontrollstelle unverzüglich zu unterrichten. § 26 Abs. 4 der Luftverkehrs-Ordnung bleibt unberührt.

(3) Eigentümer und Halter eines Luftfahrzeugs dürfen die Durchführung eines Fluges nicht zulassen, wenn die vorgeschriebene Flugsicherungsausrüstung nicht vorhanden ist.

1.2.3 Halter - Anzeige technischer Mängel des Luftfahrzeugs

§ 11 Abs. 1 Nr. 1 LuftVZO
(Anmerkung: Gesetzestexte bereits in diesem Kapitel unter 1.2.1 enthalten)

1.2.4 Halter - Anzeige des Standortwechsels

§ 11 Abs. 1 Nr. 2 LuftVZO
(Anmerkung: Gesetzestexte bereits in diesem Kapitel unter 1.2.1 enthalten)

1.2.5 Halter - Sicherer Betrieb des Luftfahrzeugs

LuftBO § 2 - Verantwortlichkeit

(1) Sofern in dieser Verordnung nichts anderes bestimmt ist, trägt der Halter des Luftfahrtgeräts die Verantwortung für die Einhaltung der Vorschriften dieser Verordnung und der zu ihrer Durchführung erlassenen Vorschriften.

(2) Verfügt der Halter persönlich nicht über ausreichende Kenntnisse und Erfahrungen im technischen Betrieb von Luftfahrzeugen, hat er unbeschadet seiner eigenen Verantwortung einen technischen Betriebsleiter zu bestellen, wenn sich die Notwendigkeit aus dem Umfang des Betriebs ergibt. Das gleiche gilt für die Bestellung eines Flugbetriebsleiters, wenn der Halter persönlich nicht über ausreichende Kenntnisse und Erfahrungen im Flugbetrieb verfügt und sich die Notwendigkeit der Bestellung aus dem Umfang des Betriebs ergibt. Die Aufgaben des technischen Betriebsleiters und des Flugbetriebsleiters können von einer Person wahrgenommen werden.

(3) Die Verantwortlichkeit des Luftfahrzeugführers für die Führung des Luftfahrzeugs bleibt unberührt.

LuftBO § 3 - Grundregel für den Betrieb

(1) Der Halter hat das Luftfahrtgerät in einem solchen Zustand zu erhalten und so zu betreiben, daß kein anderer gefährdet, geschädigt oder mehr als nach den Umständen unvermeidbar behindert oder belästigt wird.

(2) Luftsportgeräte dürfen nur mit einem zugelassenen Rettungsgerät betrieben werden. Luftsportgeräteführer und Fluggast müssen einen geeigneten Kopfschutz zur Abwehr von Verletzungen bei Unfällen oder sonstigen Störungen tragen. Der Beauftragte kann Ausnahmen zulassen. Absatz 1 bleibt unberührt.

1.2.6 Halter - Anzeige von Störungen und Unfällen

LuftVO § 5 - Anzeige von Flugunfällen und Störungen

(1) Unfälle ziviler Luftfahrzeuge, ausgenommen Luftsportgeräte, in der Bundesrepublik Deutschland hat der verantwortliche Luftfahrzeugführer oder, wenn dieser verhindert ist, ein anderes Besatzungsmitglied oder, sofern keine dieser Personen dazu in der Lage ist, der Halter des

Luftfahrzeugs unverzüglich der Bundesstelle für Flugunfalluntersuchung zu melden. Dies gilt auch für Unfälle deutscher Luftfahrzeuge außerhalb der Bundesrepublik Deutschland sowie für Unfälle ausländischer Luftfahrzeuge, die zur Zeit des Ereignisses von deutschen Luftfahrtunternehmen aufgrund eines Halter-Vertrages betrieben werden.

(2) Schwere Störungen bei dem Betrieb ziviler Flugzeuge, Drehflügler, Ballone und Luftschiffe in der Bundesrepublik Deutschland hat der verantwortliche Luftfahrzeugführer unverzüglich der Bundesstelle für Flugunfalluntersuchung zu melden. Dies gilt auch für schwere Störungen außerhalb der Bundesrepublik Deutschland beim Betrieb deutscher Luftfahrzeuge oder ausländischer Luftfahrzeuge, die zur Zeit des Ereignisses von deutschen Luftfahrtunternehmen aufgrund eines Halter-Vertrages betrieben werden.

(3) Ungeachtet der Absätze 1 und 2 sind die Luftaufsichtsstellen, die Flugleitungen auf Flugplätzen und die Flugsicherungsdienststellen verpflichtet, bei Bekanntwerden eines Unfalls oder einer schweren Störung bei dem Betrieb eines Luftfahrzeugs dies unverzüglich der Bundesstelle für Flugunfalluntersuchung zu melden.

(4) Meldungen nach den Absätzen 1 bis 3 sollen enthalten:

a) *Name und derzeitiger Aufenthalt des Meldenden,*
b) *Ort und Zeit des Unfalls oder der schweren Störung,*
c) *Art, Muster, Kenn- und Rufzeichen des Luftfahrzeugs,*
d) *Name des Halters des Luftfahrzeugs,*
e) *Zweck des Flugs, Start- und Zielflugplatz,*
f) *Name des verantwortlichen Luftfahrzeugführers,*
g) *Anzahl der Besatzungsmitglieder und Fluggäste,*
h) *Umfang des Personen- und Sachschadens,*
i) *Angaben über beförderte gefährliche Güter,*
j) *Darstellung des Ablaufs des Unfalls oder der schweren Störung.*

Zur Vervollständigung der Meldung ist der Halter des Luftfahrzeugs auf Verlangen der Bundesstelle für Flugunfalluntersuchung verpflichtet, einen ausführlichen Bericht auf zugesandtem Formblatt binnen 14 Tagen vorzulegen.

(5) Pflichten zur Abgabe von Meldungen an das Luftfahrt-Bundesamt und an andere Luftfahrtbehörden aufgrund anderer Vorschriften oder Auflagen bleiben unberührt.

(6) Unfälle und Störungen bei dem Betrieb von Luftsportgeräten hat der Halter unverzüglich dem vom Bundesministerium für Verkehr Beauftragten schriftlich anzuzeigen. Absatz 4 gilt entsprechend.

(7) Die Absätze 1 bis 6 gelten für Unfälle und Störungen im Sinne des Gesetzes über die Untersuchung von Unfällen und Störungen bei dem Betrieb ziviler Luftfahrzeuge.

1.2.7 Halter - Führung von Betriebsaufzeichnungen

LuftBO § 15 - Betriebsaufzeichnungen

(1) Der Halter eines Luftfahrtgeräts ist verpflichtet, Betriebsaufzeichnungen zu führen und sie den für die Nachprüfungen des Luftfahrtgeräts nach der Verordnung zur Prüfung von Luftfahrtgerät zuständigen Stellen bei der Nachprüfung vorzulegen. Die zuständigen Stellen können die Einsicht in die Betriebsaufzeichnungen jederzeit verlangen. Der Beauftragte kann Halter von nichtmotorgetriebenen Luftsportgeräten von der Verpflichtung zum Führen der Betriebsaufzeichnungen befreien.

(2) Die Betriebsaufzeichnungen müssen Angaben über die Instandhaltung des Luftfahrtgeräts und durchgeführte Änderungen sowie alle Prüf-

aufzeichnungen und Bescheinigungen enthalten, deren Übernahme die zuständige Stelle vorgeschrieben hat.

(3) Nach endgültiger Außerdienststellung des Luftfahrtgeräts sind die zugehörigen Betriebsaufzeichnungen 12 Monate aufzubewahren. Die zuständige Stelle kann in besonderen Fällen eine längere Aufbewahrungszeit anordnen.

1.2.8 Halter - Führung des Bordbuchs

LuftBO § 30 - Bordbuch

(1) Für jedes Luftfahrzeug mit Ausnahme der Luftsportgeräte ist ein Bordbuch zu führen.

(2) Das Bordbuch ist den für die Nachprüfung des Luftfahrzeugs nach der Verordnung zur Prüfung von Luftfahrtgerät zuständigen Stellen bei der Prüfung vorzulegen. Die zuständigen Luftfahrtbehörden können die Einsicht in das Bordbuch jederzeit verlangen.

(3) Das Bordbuch muß enthalten:

1. *das Staatszugehörigkeits- und Eintragungszeichen;*
2. *Art, Muster, Geräte- und Werknummer des Luftfahrzeugs;*
3. *für die durchgeführten Flüge*
   a) Ort, Tag, Zeit (UTC) des Abflugs und der Landung sowie die Betriebszeit; die an einem Tage während des Flugbetriebs auf einem Flugplatz und in dessen Umgebung durchgeführten Flüge können unter Angabe der Anzahl der Flüge und der gesamten Betriebszeit eingetragen werden;
   b) Name des verantwortlichen Luftfahrzeugführers;
   c) Anzahl der zur Besatzung gehörenden Personen;
   d) Anzahl der Fluggäste;
   e) technische Störungen und besondere Vorkommnisse während des Flugs;
   f) Gesamtbetriebszeit und Betriebszeit nach der letzten Grundüberholung;
4. *Angaben über die Instandhaltung und Nachprüfung des Luftfahrzeugs nach § 15 Abs. 2 Nr. 1 Buchstaben b und c.*

(4) Für die Führung des Bordbuches ist der Halter verantwortlich. Daneben ist der verantwortliche Luftfahrzeugführer für die seinen Flug betreffenden Angaben nach Absatz 3 Nr. 3 Buchstaben a bis e verantwortlich. Die Eintragungen nach Absatz 3 Nr. 3 sind alsbald und dauerhaft vorzunehmen und von den dafür verantwortlichen Personen abzuzeichnen. Die Bordbücher sind zwei Jahre nach dem Tage der letzten Eintragung aufzubewahren.

(5) Das Bordbuch ist an Bord des Luftfahrzeugs mitzuführen.

1.2.9 Halter - Vorgeschriebene und betriebstüchtige Flugsicherungsausrüstung

FSAV § 5 - Pflichten des Führers, Eigentümers und Halters eines Luftfahrzeugs

(3) Eigentümer und Halter eines Luftfahrzeugs dürfen die Durchführung eines Fluges nicht zulassen, wenn die vorgeschriebene Flugsicherungsausrüstung nicht vorhanden ist.

1.2.10 Luftfahrzeugführer - Sicherer Betrieb des Luftfahrzeugs

LuftVO § 2 - Verantwortlicher Luftfahrzeugführer

(1) Die Vorschriften dieser Verordnung über die Rechte und Pflichten des Luftfahrzeugführers gelten für den verantwortlichen Luftfahrzeugführer unabhängig davon, ob er das Luftfahrzeug selbst bedient oder nicht.

(2) Luftfahrzeuge sind während des Flugs und am Boden von dem verantwortlichen Luftfahrzeugführer zu führen. Er hat dabei den Sitz des

verantwortlichen Luftfahrzeugführers einzunehmen, ausgenommen bei Ausbildungs-, Einweisungs- und Prüfungsflügen oder im Falle des Absatzes 3, wenn der Halter etwas anderes bestimmt hat.

(3) Sind mehrere zur Führung des Luftfahrzeugs berechtigte Luftfahrer an Bord, ist verantwortlicher Luftfahrzeugführer, wer als solcher bestimmt ist. Die Bestimmung ist vom Halter oder von seinem gesetzlichen Vertreter, bei einer juristischen Person von dem vertretungsberechtigten Organ zu treffen. Den nach Satz 2 Verpflichteten steht gleich, wer mit der Leitung oder Beaufsichtigung des Unternehmens eines anderen beauftragt oder von diesem ausdrücklich damit betraut ist, die Bestimmung nach Satz 1 in eigener Verantwortlichkeit zu treffen.

(4) Ist eine Bestimmung entgegen der Vorschrift des Absatzes 3 nicht getroffen, so ist derjenige verantwortlich, der das Luftfahrzeug von dem Sitz des verantwortlichen Luftfahrzeugführers aus führt. Ist in dem Flughandbuch oder in der Betriebsanweisung des Luftfahrzeugs der Sitz des verantwortlichen Luftfahrzeugführers nicht besonders bezeichnet, gilt

1. bei Flugzeugen, Motorseglern und Segelflugzeugen mit nebeneinander angeordneten Sitzen der linke Sitz,
2. bei Flugzeugen, Motorseglern und Segelflugzeugen mit hintereinander angeordneten Sitzen der beim Alleinflug einzunehmende Sitz,
3. bei Drehflüglern der rechte Sitz

als der Sitz des verantwortlichen Luftfahrzeugführers.

LuftVO § 3 - Rechte und Pflichten des Luftfahrzeugführers

(1) Der Luftfahrzeugführer hat das Entscheidungsrecht über die Führung des Luftfahrzeugs. Er hat die während des Flugs, bei Start und Landung und beim Rollen aus Gründen der Sicherheit notwendigen Maßnahmen zu treffen.

(2) Der Luftfahrzeugführer hat dafür zu sorgen, daß die Vorschriften dieser Verordnung und sonstiger Verordnungen über den Betrieb von Luftfahrzeugen sowie die in Ausübung der Luftaufsicht zur Durchführung des Flugs ergangenen Verfügungen eingehalten werden.

LuftBO § 2 - Verantwortlichkeit

(1) Sofern in dieser Verordnung nichts anderes bestimmt ist, trägt der Halter des Luftfahrtgeräts die Verantwortung für die Einhaltung der Vorschriften dieser Verordnung und der zu ihrer Durchführung erlassenen Vorschriften.

(2) Verfügt der Halter persönlich nicht über ausreichende Kenntnisse und Erfahrungen im technischen Betrieb von Luftfahrzeugen, hat er unbeschadet seiner eigenen Verantwortung einen technischen Betriebsleiter zu bestellen, wenn sich die Notwendigkeit aus dem Umfang des Betriebs ergibt. Das gleiche gilt für die Bestellung eines Flugbetriebsleiters, wenn der Halter persönlich nicht über ausreichende Kenntnisse und Erfahrungen im Flugbetrieb verfügt und sich die Notwendigkeit der Bestellung aus dem Umfang des Betriebs ergibt. Die Aufgaben des technischen Betriebsleiters und des Flugbetriebsleiters können von einer Person wahrgenommen werden.

(3) Die Verantwortlichkeit des Luftfahrzeugführers für die Führung des Luftfahrzeugs bleibt unberührt.

1.2.11 Luftfahrzeugführer - Anzeige von Mängeln am Luftfahrzeug gegenüber Halter

LuftBO § 28 - Anzeigepflicht

Der Luftfahrzeugführer hat dem Halter des Luftfahrzeugs die bei dem Betrieb des Luftfahrzeugs *festgestellten Mängel des Luftfahrzeugs unverzüglich anzuzeigen.*

1.2.12 Luftfahrzeugführer - Anzeige von schweren Störungen und Unfällen

§ 5 Abs. 1 und 2 LuftVO
(Anmerkung: Gesetzestexte bereits in diesem Kapitel unter 1.2.6 enthalten)

1.2.13 Luftfahrzeugführer - Führung des Bordbuchs für den jeweiligen Flug

§ 30 Abs. 4 LuftBO
(Anmerkung: Gesetzestexte bereits in diesem Kapitel unter 1.2.8 enthalten)

1.3 Instandhaltung des Luftfahrzeugs

1.3.1 Instandhaltung und Wartung

LuftBO § 5 - Umfang der Instandhaltung

Die Instandhaltung umfaßt die Wartung einschließlich kleiner Reparaturen, die Überholung und die großen Reparaturen.

LuftBO § 6 - Wartung

Bei der Wartung des Luftfahrtgeräts sind durchzuführen:

1. *Planmäßige Kontrollen und Arbeiten, die zur Aufrechterhaltung und Überwachung der Lufttüchtigkeit erforderlich sind;*

2. *nichtplanmäßige zusätzliche Arbeiten und kleine Reparaturen, die zur Behebung angezeigter Beanstandungen oder festgestellter Mängel erforderlich sind und mit einfachen Mitteln ausgeführt werden können. Dazu gehört der Einbau von geprüften Teilen im Austausch gegen überholungs-, reparatur- oder änderungsbedürftige Teile, wenn dies mit einfachen Mitteln möglich ist.*

LuftBO § 7 - Überholung

Hat ein Luftfahrtgerät die zulässige Betriebszeit nach § 4 erreicht oder sind bei seinem Betrieb Mängel festgestellt worden, die im Rahmen der Wartung nach § 6 nicht behoben werden können, ist das Gerät ganz oder teilweise zu überholen (Grund- oder Teilüberholung).

LuftBO § 8 - Große Reparatur

Hat ein Luftfahrtgerät einen Schaden erlitten, der im Rahmen der Wartung nach § 6 nicht einwandfrei behoben werden kann, ist eine große Reparatur durchzuführen. Reparaturverfahren, die nicht in den Instandhaltungsunterlagen im Rahmen der Musterzulassung genehmigt worden sind, sind wie Änderungen am Muster zu behandeln und bedürfen der Zulassung.

LuftBO § 9 - Durchführung der Instandhaltung

(1) Die Instandhaltung der Flugzeuge, die in der Lufttüchtigkeitsgruppe Verkehrsflugzeuge zugelassen sind, und der Drehflügler mit einem höchstzulässigen Fluggewicht über 5.700 kg sowie die Überholung und große Reparatur des übrigen Luftfahrtgeräts sind von Betrieben durchzuführen, die eine Genehmigung als Instandhaltungsbetrieb, luftfahrttechnischer Betrieb oder Herstellungsbetrieb für Luftsportgerät nach der Verordnung zur Prüfung von Luftfahrtgerät besitzen. Die Wartung einschließlich kleiner Reparaturen des Luftfahrtgeräts mit Ausnahme der in Satz 1 aufgeführten Flugzeuge und Drehflügler kann auch von sachkundigen Personen durchgeführt werden. Bei einfachen Kontrollen und Arbeiten im Rahmen der Wartung können in diesem Fall die Nachprüfungen nach der Verordnung zur Prüfung von Luftfahrtgerät zusammengefaßt bei der Jahresnachprüfung durchgeführt werden.

(2) Wer eine Erlaubnis als Luftfahrzeugführer besitzt, kann an einem Luftfahrzeug, dessen

Eigentümer oder Halter er ist und das nicht für die gewerbsmäßige Beförderung von Personen oder Sachen verwendet wird, einfache Kontrollen und Arbeiten im Rahmen der Wartung selbst durchführen, wenn er die notwendigen Kenntnisse und Fähigkeiten besitzt. Das gleiche gilt für den nach § 2 Abs. 2 bestellten technischen Betriebsleiter oder Flugbetriebsleiter sowie Mitglieder von Luftfahrtverbänden und -vereinen. Die Nachprüfungen nach der Verordnung zur Prüfung von Luftfahrtgerät können zusammengefaßt bei der Jahresnachprüfung durchgeführt werden.

(3) Bei der Instandhaltung sind die von dem Hersteller des Luftfahrtgeräts erstellten Betriebsanweisungen und technischen Mitteilungen zu berücksichtigen.

(4) (weggefallen)

(5) Erfordert die ordnungsgemäße Durchführung bestimmter Instandhaltungsarbeiten besondere Kenntnisse und Fähigkeiten, dürfen diese Arbeiten nur von Fachkräften durchgeführt werden, die nachweislich den Anforderungen genügen.

(6) Wer Luftfahrtgerät instand hält, hat der zuständigen Stelle Mängel des Musters, die ihm bei seiner Tätigkeit bekannt werden und welche die Lufttüchtigkeit beeinträchtigen oder beeinträchtigen können, unverzüglich anzuzeigen.

LuftBO § 10 - Wägung der Luftfahrzeuge

Gewicht und Schwerpunkt der Luftfahrzeuge sind in bestimmten Zeitabständen durch Wägung zu überprüfen. Das gleiche gilt, wenn Gewicht und Schwerpunkt verändert worden sind und die Daten durch Rechnung nicht mit hinreichender Genauigkeit festgestellt werden können. Satz 1 gilt nicht für nichtmotorgetriebene Luftsportgeräte.

LuftBO § 11 - Prüfflüge

(1) Nach Instandhaltungsarbeiten, deren ordnungsgemäße Ausführung nur im Flug geprüft werden kann, sind mit dem Luftfahrzeug Prüfflüge vorzunehmen. Über die Prüfflüge sind Aufzeichnungen zu führen.

(2) Bei Prüfflügen nach Absatz 1 dürfen nur die bei der Führung und Prüfung des Luftfahrzeugs tätigen Personen mitgenommen werden oder teilnehmen.

1.3.2 Instandhaltungsprüfungen

LuftGerPV § 11 - Instandhaltungsprüfungen

(1) Die Instandhaltungsmaßnahmen, mit Lufttüchtigkeitsanweisungen angeordneten Maßnahmen und Änderungen nach der Betriebsordnung für Luftfahrtgerät werden für das zum Verkehr zugelassene, für die Beförderung von Fluggästen, Fracht oder Post gegen Entgelt verwendete Luftfahrtgerät nach § 1 Abs. 1 Nr. 1, 2 und 5 der Luftverkehrs-Zulassungs-Ordnung vom Halter des Luftfahrtgeräts veranlaßt und nach den Bestimmungen der von den Europäischen Gemeinschaften als Technische Vorschriften und Verwaltungsverfahren in der Zivilluftfahrt in der jeweils jüngsten im Amtsblatt der EG bekanntgemachten Fassung der JAR-145 (ABl. EG Nr. C 297 vom 25. Oktober 1994 S. 12) in einem Instandhaltungsbetrieb nach § 13 durchgeführt. Die ordnungsgemäße Durchführung wird vom Instandhaltungsbetrieb bescheinigt.

(2) Der Halter von Luftfahrtgerät nach Absatz 1 hat in Zeitabständen von 12 Monaten eine Instandhaltungsprüfung von einem Instandhaltungsbetrieb nach § 13 durchführen zu lassen. In der Instandhaltungsprüfung wird festgestellt und bescheinigt, ob die erforderlichen planmäßigen Instandhaltungsarbeiten, die angeordneten Instandhaltungen, die zutreffenden Lufttüchtigkeitsanweisungen und die notwendigen Reparaturen oder Änderungen durchgeführt worden sind.

(3) Der Halter hat die Bescheinigungen der durchgeführten Instandhaltungsprüfungen nach Absatz 2 zu den Betriebsaufzeichnungen des Luftfahrzeugs zu nehmen. Eine Ausfertigung der Bescheinigungen ist dem Luftfahrt-Bundesamt vorzulegen. Eine Ausfertigung der jeweils letzten Bescheinigung ist im Luftfahrzeug mitzuführen.

1.3.3 Nachprüfungen

LuftGerPV § 14 - Nachprüfungen

(1) Die Lufttüchtigkeit des Luftfahrtgeräts, das nicht unter die Regelung von § 11 Abs. 1 fällt, wird bei den nach den §§ 5 bis 14 der Betriebsordnung für Luftfahrtgerät erforderlichen Instandhaltungsmaßnahmen und Verfahren in einem luftfahrttechnischen Betrieb nach § 18 oder von den vom Luftfahrt-Bundesamt für bestimmte Nachprüfungen anerkannten selbständigen Prüfern im Rahmen ihrer Befugnisse oder bei Luftsportgeräten von der nach § 19 Abs. 4 bestimmten Stelle nachgeprüft.

(2) Nachprüfungen erfolgen in bestimmten Zeitabständen nach § 15, bei der Instandhaltung und der Änderung des Luftfahrtgeräts nach § 16 sowie auf Anordnung der zuständigen Stelle nach § 17.

(3) Ein Instandhaltungsbetrieb nach § 13 kann auf Antrag zur Durchführung der Nachprüfung nach Absatz 1 vom Luftfahrt-Bundesamt genehmigt werden.

1.3.4 Nachprüfschein

LuftGerPV § 20 - Bescheinigung der Nachprüfungen

(1) Die umfassende Nachprüfung nach § 15 Abs. 1, die Nachprüfung bei Überholung, großen Reparaturen und großen Änderungen nach § 16 Abs. 2 und die angeordnete Nachprüfung nach § 17 sind von der nachprüfenden Stelle in einem Nachprüfschein, für Hängegleiter und Gleitsegel durch einen dauerhaft am Luftsportgerät anzubringenden Prüfstempel zu bescheinigen. In dem Nachprüfschein und dem Prüfstempel sind die Lufttüchtigkeit und die Übereinstimmung mit den im zugehörigen Gerätekennblatt enthaltenen Angaben festzustellen.

(2) Eine Ausfertigung des Nachprüfscheins ist der nach § 2 Abs. 1 zuständigen Stelle vorzulegen. Eine weitere Ausfertigung ist zu den Betriebsaufzeichnungen des Luftfahrzeugs zu nehmen. Eine Ausfertigung des jeweils letzten Nachprüfscheins ist im Luftfahrzeug mitzuführen.

1.3.5 Lufttüchtigkeitsanweisungen

LuftBO § 14 - Lufttüchtigkeitsanweisung

(1) Die zuständigen Stelle ordnet durch Lufttüchtigkeitsanweisung, die in den Nachrichten für Luftfahrer oder in der Informationsschrift des Beauftragten bekanntgemacht wird, die durchzuführenden Maßnahmen an, wenn sich beim Betrieb des Luftfahrtgeräts Mängel des Musters herausstellen, welche die Lufttüchtigkeit beeinträchtigen.

(2) Ein durch die Lufttüchtigkeitsanweisung betroffenes Luftfahrtgerät darf nach dem in der Lufttüchtigkeitsanweisung angegebenen Termin außer für Zwecke der Nachprüfung nur in Betrieb genommen werden, wenn die angeordneten Maßnahmen ordnungsgemäß durchgeführt worden sind.

1.4 Betrieb des Luftfahrzeugs

1.4.1 Verantwortlicher Luftfahrzeugführer

LuftVO § 2 - Verantwortlicher Luftfahrzeugführer

(1) Die Vorschriften dieser Verordnung über die Rechte und Pflichten des Luftfahrzeugführers

gelten für den verantwortlichen Luftfahrzeugführer unabhängig davon, ob er das Luftfahrzeug selbst bedient oder nicht.

(2) Luftfahrzeuge sind während des Flugs und am Boden von dem verantwortlichen Luftfahrzeugführer zu führen. Er hat dabei den Sitz des verantwortlichen Luftfahrzeugführers einzunehmen, ausgenommen bei Ausbildungs-, Einweisungs- und Prüfungsflügen oder im Falle des Absatzes 3, wenn der Halter etwas anderes bestimmt hat.

(3) Sind mehrere zur Führung des Luftfahrzeugs berechtigte Luftfahrer an Bord, ist verantwortlicher Luftfahrzeugführer, wer als solcher bestimmt ist. Die Bestimmung ist vom Halter oder von seinem gesetzlichen Vertreter, bei einer juristischen Person von dem vertretungsberechtigten Organ zu treffen. Den nach Satz 2 Verpflichteten steht gleich, wer mit der Leitung oder Beaufsichtigung des Unternehmens eines anderen beauftragt oder von diesem ausdrücklich damit betraut ist, die Bestimmung nach Satz 1 in eigener Verantwortlichkeit zu treffen.

(4) Ist eine Bestimmung entgegen der Vorschrift des Absatzes 3 nicht getroffen, so ist derjenige verantwortlich, der das Luftfahrzeug von dem Sitz des verantwortlichen Luftfahrzeugführers aus führt. Ist in dem Flughandbuch oder in der Betriebsanweisung des Luftfahrzeugs der Sitz des verantwortlichen Luftfahrzeugführers nicht besonders bezeichnet, gilt

1. bei Flugzeugen, Motorseglern und Segelflugzeugen mit nebeneinander angeordneten Sitzen der linke Sitz,
2. bei Flugzeugen, Motorseglern und Segelflugzeugen mit hintereinander angeordneten Sitzen der beim Alleinflug einzunehmende Sitz,
3. bei Drehflüglern der rechte Sitz

als der Sitz des verantwortlichen Luftfahrzeugführers.

1.4.2 Zulässige Betriebszeiten

LuftBO § 4 - Zulässige Betriebszeiten

(1) Für das Luftfahrtgerät oder seine Teile können von dem Luftfahrt-Bundesamt oder dem vom Bundesminister für Verkehr Beauftragten zulässige Betriebszeiten festgelegt werden, soweit dies zur Gewährleistung eines sicheren Betriebs erforderlich ist.

(2) Auf Antrag des Halters kann die zuständige Stelle von Absatz 1 abweichende zulässige Betriebszeiten festlegen, wenn diese der Verwendung des Luftfahrtgeräts und den besonderen Betriebsbedingungen Rechnung tragen. Der Antragsteller hat durch Vorlage der Betriebsergebnisse nachzuweisen, daß die beantragte zulässige Betriebszeit die Sicherheit nicht beeinträchtigt. Die Festlegung kann eingeschränkt, mit Auflagen verbunden und befristet werden. Die zuständige Stelle kann die Festlegung zurücknehmen, wenn die Voraussetzungen für die Festlegung nicht vorgelegen haben; sie kann sie widerrufen, wenn die Voraussetzungen für die Festlegung nachträglich nicht nur vorübergehend entfallen sind oder die erteilten Auflagen nicht eingehalten werden.

1.4.3 Betrieb in Übereinstimmung mit dem Verwendungszweck

LuftBO § 23 - Verwendung des Luftfahrzeugs

Ein Luftfahrzeug darf nur in Übereinstimmung mit dem im Lufttüchtigkeitszeugnis eingetragenen Verwendungszweck (Kategorie) betrieben werden.

1.4.4 Betriebsgrenzen für Luftfahrtgerät

LuftBO § 24 - Betriebsgrenzen für Luftfahrzeuge

(1) Ein Luftfahrzeug darf nur in Übereinstimmung mit den im zugehörigen Flughandbuch

und in anderen Betriebsanweisungen angegebenen Leistungsdaten und festgelegten Betriebsgrenzen betrieben werden. Das Flughandbuch ist an Bord des Luftfahrzeugs mit Ausnahme der nichtmotorgetriebenen Luftsportgeräte mitzuführen. Die Zulassungsbehörde kann auf Antrag des Halters weitere Ausnahmen zulassen, sofern der Flugbesatzung die für den Betrieb des Luftfahrzeugs erforderlichen Daten zur Verfügung stehen.

(2) Für jeden Flug ist zu prüfen, ob die Startmasse begrenzt werden muß oder ob der Flug überhaupt durchgeführt werden kann. Hierbei sind, soweit erforderlich, alle die Leistung des Luftfahrzeugs beeinflussenden Faktoren, insbesondere Masse des Luftfahrzeugs, Luftdruck, Temperatur und Wind sowie Höhe, Beschaffenheit und Zustand der Start- und Landebahnen, zu berücksichtigen.

(3) Luftfahrzeuge, deren Tragflächen, Rotorblätter, Steuerflächen oder Propeller einen die Flugsicherheit gefährdenden Eis-, Reif- oder Schneebelag aufweisen, dürfen nicht starten.

1.5 Ausrüstung des Luftfahrzeugs

1.5.1 Allgemein

LuftBO § 18 - Ausrüstung

Zur Ausrüstung der Luftfahrzeuge gehören die Grundausrüstung, die in den Bauvorschriften geregelt ist, die Flugsicherungsausrüstung, die in der Verordnung über die Flugsicherungsausrüstung der Luftfahrzeuge geregelt ist, und die Ergänzungsausrüstung nach den folgenden Vorschriften (§§ 19 bis 22).

1.5.2 Ergänzungsausrüstung nach Verwendungszweck

LuftBO § 19 - Ergänzungsausrüstung, die durch den Verwendungszweck erforderlich ist

(1) Luftfahrzeuge, die für die Beförderung von Personen oder Sachen verwendet werden, müssen ausgerüstet sein mit:

1. *einem Sitz für jede Person und einem Anschnallgurt für jeden Sitz; zwei Kinder mit einem Höchstalter bis zu zwei Jahren oder ein Kind mit einem Höchstalter bis zu zwei Jahren und ein Erwachsener können auf einem Sitz untergebracht werden; in Flugzeugen, die nicht in der Lufttüchtigkeitsgruppe Verkehrsflugzeuge zugelassen sind, und sonstigen Luftfahrzeugen mit einem höchstzulässigen Fluggewicht bis zu 5.700 kg können zwei Kinder mit einem Höchstalter bis zu 10 Jahren auf einem Sitz untergebracht werden, wenn dadurch die Sicherheit und Ordnung nicht gefährdet wird; Freiballone sind von den Vorschriften dieser Nummer ausgenommen; in doppelsitzigen Luftsportgeräten können Fluggäste mit einem Mindestalter nach § 23 LuftVZO befördert werden;*
2. *Einrichtungen, Sicherheits- und Rettungsgeräten zum Schutz der Insassen in Notlagen und bei Unfällen;*
3. *Einrichtungen und Geräten mit Ausnahme der Luftsportgeräte, die es ermöglichen, den Insassen Verhaltensmaßregeln zu erteilen;*
4. *Einrichtungen, die zur Sicherung der beförderten Sachen erforderlich sind.*

(2) Luftfahrzeuge, die für Luftarbeit verwendet werden, müssen mit Geräten und Einrichtungen, die eine sichere Durchführung der Arbeitsflüge ermöglichen, ausgerüstet sein. Bei Flügen zum Absetzen von Fallschirmspringern kann der Kabinenboden des Luftfahrzeugs als Sitzfläche benutzt werden, soweit dies nach den Festlegungen im Flughandbuch zulässig ist. Auch in diesem Fall muß ein Anschnallgurt für jeden Fallschirmspringer an seinem Sitzplatz vorhanden sein.

1.5.3 Ergänzungsausrüstung nach Betriebsart

LuftBO § 20 - Ergänzungsausrüstung, die durch die Betriebsart erforderlich ist

(1) Für Flüge nach Instrumentenflugregeln, für kontrollierte Flüge nach Sichtflugregeln und für Flüge nach Sichtflugregeln über geschlossenen Wolkendecken müssen die Luftfahrzeuge mit den für eine sichere Durchführung der Flüge unter den zu erwartenden Betriebsbedingungen und vorgeschriebenen Landeverfahren erforderlichen Flugüberwachungs- und Navigationsgeräten und Flugregelsystemen ausgerüstet sein. Das gleiche gilt für Wolkenflüge mit Segelflugzeugen.

(2) Für Kunstflüge müssen die Luftfahrzeuge mit einem vierteiligen Anschnallgurt für jeden Insassen ausgerüstet sein.

1.5.4 Ausrüstung für Instrumentenflug

LuftBO-DVO1 § 11 - Ausrüstung für Flüge nach Instrumentenflugregeln (zu § 20 Abs. 1 LuftBO)

(1) Flugzeuge, die nach Instrumentenflugregeln geflogen werden, müssen ausgerüstet sein

1. *mit einem Doppelsteuer; bei Flugzeugen, deren Muster nicht in der Lufttüchtigkeitsgruppe "Verkehrsflugzeuge" zugelassen ist, kann ein Steuer verwendet werden, das wahlweise von einem der beiden Führersitze aus bedient werden kann,*

2. *mit einer Flugüberwachungsanlage, die für die sichere Führung und Bedienung des Flugzeuges notwendig ist, mindestens jedoch mit*
   a) einer Fahrtmesseranlage, die gegen Vereisung und Kondensation geschützt ist,
   b) zwei barometrischen Höhenmessern, darunter einem Feinhöhenmesser,
   c) einem Variometer,
   d) einem Kurskreisel,
   e) einem Wendezeiger mit Scheinlot,
   f) einem Kreisehorizont,
   g) einem Außenluftthermometer,
   h) einer Uhr mit großem Sekundenzeiger,
   i) einer Beleuchtungsanlage für alle Instrumente und Bedienungsgeräte, die für die sichere Führung des Flugzeuges erforderlich sind,
   j) einem Anzeigegerät für die ordnungsgemäße Funktion der Energieversorgung der Kreiselgeräte.

(2) Die Vorschriften der Verordnung über die Flugsicherungsausrüstung der Luftfahrzeuge bleiben unberührt.

LuftBO-DVO3 § 2 - Ausrüstung für Flüge nach Instrumentenflugregeln (zu § 20 Abs. 1 LuftBO)

(1) Motorgetriebene Luftfahrzeuge, die nach Instrumentenflugregeln geflogen werden, müssen ausgerüstet sein mit:

1. *einem Doppelsteuer, wenn das Luftfahrzeug nach den Vorschriften der Betriebsordnung für Luftfahrtgerät von zwei Luftfahrzeugführern zu führen und zu bedienen ist;*

2. *Flugüberwachungsgeräten, die für die sichere Führung und Bedienung des Luftfahrzeugs notwendig sind, mindestens jedoch mit*
   a) einer Fahrtmesseranlage, die gegen Vereisung und Kondensation geschützt ist,
   b) zwei barometrischen Höhenmesseranlagen, darunter einem Feinhöhenmesser,
   c) einem Variometer,
   d) einem Kurskreisel,
   e) einem Magnetkompaß,
   f) einem Kreisehorizont,
   g) einer Scheinlotanzeige,
   h) einem Wendezeiger oder einem zusätzlichen Kreisehorizont, die unabhängig von der Energiequelle des unter f) geforderten

Kreiselhorizontes versorgt werden,
i) einem Außenluftthermometer,
j) einer Uhr mit großem Sekundenanzeiger und Stoppeinrichtung,
k) einer Beleuchtungsanlage für alle Instrumente und Bedienungsgeräte, die für die sichere Führung des Luftfahrzeugs erforderlich sind,
l) einem Anzeigegerät für die ordnungsgemäße Funktion der Energieversorgung der Kreiselgeräte.

(2) Die nach den Bauvorschriften (Lufttüchtigkeitsforderungen) geforderte Ausrüstung wird auf die Ausrüstung nach Absatz 1 angerechnet.

LuftBO-DVO3 § 2a - Ausrüstung für Flüge nach Instrumentenflugregeln über den Nordatlantik (zu § 20 Abs. 1 LuftBO)

(1) Flugzeuge müssen für Flüge nach Instrumentenflugregeln über den Nordatlantik in dem nach Absatz 2 festgelegten Luftraum zusätzlich zur Ausrüstung nach § 2 mit zwei Langstrecken-Navigationsanlagen ausgerüstet sein. Jede einzelne Langstrecken-Navigationsanlage muß der Besatzung fortlaufend die Position des Flugzeugs anzeigen können und bestehen aus:

1. einer Trägheitsnavigationsanlage oder
2. einer Global Navigation Satellite System (GNSS)-Empfangsanlage.

(2) Die Ausrüstung nach Absatz 1 ist zwischen Flugfläche 275 und Flugfläche 400 in den

1. im Osten durch die östlichen Grenzen der Kontrollbezirke Santa Maria Oceanic, Shanwick Oceanic und Reykjavik,
2. im Norden durch den geographischen Nordpol,
3. im Westen - nördlich der geographischen Breite 38 Grad 30'N - durch die westlichen Grenzen der Kontrollbezirke Reykjavik, Gander Oceanic und New York Oceanic und - südlich der geographischen Breite 38 Grad 30'N - durch den Längengrad 60 Grad W im Kontrollbezirk New York Oceanic und
4. im Süden - östlich des Längengrades 60 Grad W - durch den Breitengrad 27 Grad N und - westlich des Längengrades 60 Grad W - durch die geographische Breite 38 Grad 30'N

begrenzten Luftraum mitzuführen.

(3) Die Ausrüstung nach Absatz 1 muß nachstehende Genauigkeit der Navigation in dem nach Absatz 2 festgelegten Luftraum ermöglichen:

1. die Standardabweichung des seitlichen Kursfehlers darf 6,3 Seemeilen nicht überschreiten;
2. der Anteil an der Gesamtflugzeit, den das Luftfahrzeug sich 30 Seemeilen oder mehr außerhalb des zugewiesenen Kurses über Grund befindet, muß weniger als 5,3 x betragen (weniger als 1 Stunde in etwa 2.000 Flugstunden);
3. der Anteil an der Gesamtflugzeit, den das Luftfahrzeug sich zwischen 50 und 70 Seemeilen außerhalb des zugewiesenen Kurses über Grund befindet, muß weniger als 13 x betragen (weniger als 1 Stunde in etwa 8.000 Flugstunden).

Die Navigationsgenauigkeit ist dem Luftfahrt-Bundesamt nachzuweisen.

(4) Abweichend von Absatz 1 sind Flüge nach Instrumentenflugregeln zwischen dem Nordteil Großbritanniens oder Irland einerseits und Nordostkanada andererseits über Island und Grönland in dem nach Absatz 2 festgelegten Luftraum auch zulässig, wenn das Flugzeug zusätzlich zur Ausrüstung nach § 2 mit einer Langstrecken-Navigationsanlage nach Absatz 1 Satz 2 oder Absatz 6 ausgerüstet ist.

(5) Für Flüge nach Instrumentenflugregeln von und nach Island auf den durch die Navigationsfunkfeuer

a) Flesland, Myggenaes und Ingolfshofdi oder
b) Sumburgh, Akraberg und Myggenaes

festgelegten Flugstrecken bedarf es der zusätzlichen Ausrüstung nach Absatz 1 nicht.

(6) Das Luftfahrt-Bundesamt kann andere als die in Absatz 1 geforderten Navigationsanlagen als Ausrüstung zulassen, wenn damit die gleiche Genauigkeit und Zuverlässigkeit der Navigation nach Absatz 3 nachgewiesen wurde.

1.5.5 Ausrüstung für kontrollierten Sichtflug

LuftBO-DVO1 § 11a - Ausrüstung für kontrollierte Flüge nach Sichtflugregeln (zu § 20 Abs. 1 LuftBO)

(1) Für kontrollierte Flüge nach Sichtflugregeln in dafür festgelegten Lufträumen müssen die Flugzeuge ausgerüstet sein mit:

1. einem Magnetkompaß,
2. einem barometrischen Höhenmesser,
3. einer Fahrtmesseranlage,
4. einem Variometer,
5. einem Wendezeiger oder Kreiselhorizont,
6. einer Scheinlotanzeige,
7. einem Kurskreisel,
8. einer Uhr mit Sekundenanzeige.

(2) Die nach den Bauvorschriften (Lufttüchtigkeitsforderungen) geforderte Ausrüstung wird auf die Ausrüstung nach Absatz 1 angerechnet.

LuftBO-DVO3 § 3 - Ausrüstung für kontrollierte Flüge nach Sichtflugregeln (zu § 20 Abs. 1 LuftBO)

(1) Für kontrollierte Flüge nach Sichtflugregeln in dafür festgelegten Lufträumen müssen motorgetriebene Luftfahrzeuge ausgerüstet sein mit:

1. einem Magnetkompaß,
2. einem Kurskreisel,
3. einem barometrischen Höhenmesser,
4. einer Fahrtmesseranlage,
5. einem Variometer,
6. einem Wendezeiger oder einem Kreiselhorizont,
7. einer Scheinlotanzeige und
8. einer Uhr mit Sekundenanzeige.

(2) § 2 Abs. 2 gilt entsprechend.

LuftBO-DVO3 § 3a - Ausrüstung von Motorseglern und Ultraleichtflugzeugen für Überlandflüge (zu § 22 LuftBO)

Motorsegler und Ultraleichtflugzeuge, deren Grundausrüstung keinen Magnetkompaß enthält, müssen für Überlandflüge mit einem solchen Gerät ausgerüstet sein.

1.5.6 Ausrüstung für Kunstflug

LuftBO § 20 - Ergänzungsausrüstung, die durch die Betriebsart erforderlich ist

(2) Für Kunstflüge müssen die Luftfahrzeuge mit einem vierteiligen Anschnallgurt für jeden Insassen ausgerüstet sein.

1.5.7 Ausrüstung für Flüge über Wasser

LuftBO § 21 - Ergänzungsausrüstung, die durch äußere Betriebsbedingungen erforderlich ist

(1) Für Flüge über Wasser, bei denen im Falle einer Störung mit einer Notlandung auf dem Wasser zu rechnen ist, und für Flüge über unerschlossenen Gebieten, bei denen im Falle einer Störung mit einer Notlandung auf nicht vorbereitetem Gelände zu rechnen ist, müssen die Luftfahrzeuge entsprechend den zu erwartenden Verhältnissen mit den erforderlichen Rettungs- und Signalmitteln ausgerüstet sein.

1.5.8 Ausrüstung für Höhenflüge (über 3.000 m)

LuftBO § 21 - Ergänzungsausrüstung, die durch äußere Betriebsbedingungen erforderlich ist

(2) Für Flüge über 6.000 m (20.000 Fuß) NN müssen Luftfahrzeuge für die gewerbsmäßige Beförderung von Personen mit Druckkabine ausgerüstet sein. Luftfahrzeuge mit Druckkabine müssen mit einer Sauerstoffanlage und Atemgeräten ausgestattet sein und für Flüge über 3.000 m (1.000 Fuß) NN einen angemessenen Sauerstoffvorrat mitführen. Für Flüge über 7.600 m (25.000 Fuß) NN müssen alle diensthabenden Mitglieder der Flugbesatzung schnell anlegbare Sauerstoffmasken griffbereit haben. Flugzeuge mit Druckkabine, die nach dem 1. Juli 1962 erstmals zugelassen sind und für Flüge über 7.600 m (25.000 Fuß) NN eingesetzt werden sollen, müssen mit einer Warnanlage für gefährlichen Druckabfall ausgerüstet sein. Luftfahrzeuge ohne Druckkabine müssen mit einer Sauerstoffanlage und Atemgeräten sowie einem angemessenen Sauerstoffvorrat ausgestattet sein, wenn sie mehr als 30 Minuten in Höhen über 3.600 m (12.000 Fuß) NN, im gewerbsmäßigen Luftverkehr in Höhen über 3.000 m (10.00 Fuß) NN, fliegen oder wenn sie 4.000 m (13.000 Fuß) übersteigen.

1.5.9 Ausrüstung für Flüge bei Vereisungsgefahr

LuftBO § 21 - Ergänzungsausrüstung, die durch äußere Betriebsbedingungen erforderlich ist

(3) Für Flüge unter Wetterbedingungen, bei denen Vereisung zu erwarten ist, müssen alle Luftfahrzeuge mit Einrichtungen zur Verhütung oder zur Beobachtung und Beseitigung von Eisansatz ausgerüstet sein.

1.5.10 Ausrüstung für Flüge bei Nacht

LuftBO § 21 - Ergänzungsausrüstung, die durch äußere Betriebsbedingungen erforderlich ist

(4) Für Flüge nach Sichtflugregeln bei Nacht sind Luftfahrzeuge zusätzlich zu den Lichtern, die nach der Luftverkehrs-Ordnung zu führen sind mit einer Instrumentenbeleuchtung auszurüsten. Für Flüge nach Instrumentenflugregeln bei Nacht müssen Luftfahrzeuge außerdem mit Landescheinwerfern, Beleuchtungsanlagen für die Führer-, Fluggast- und Frachträume sowie mit elektrischen Handlampen, die unabhängig vom Bordnetz sind, ausgerüstet sein.

1.5.11 Zusatzausrüstung

LuftBO § 22 - Zusätzliche Ergänzungsausrüstung

Die zuständige Stelle kann zusätzliche Geräte oder Anlagen, die für die Sicherheit des Luftverkehrs erforderlich sind, für die Ausrüstung der Luftfahrzeuge vorschreiben. Das gilt auch für Geräte, die zur Ermittlung von Unfallursachen beitragen können.

1.5.12 Ausfall von Ausrüstungsteilen

LuftBO § 26 - Ausfall von Ausrüstungsteilen

(1) Sind bei Antritt eines Flugs vorgeschriebene Anlagen, Geräte oder Bauteile der Ausrüstung des Luftfahrzeugs nicht betriebsbereit, darf der Flug nicht durchgeführt werden.
Die zuständige Stelle kann allgemein oder im Einzelfall Ausnahmen zulassen, wenn der Flug auch bei Ausfall von vorgeschriebenen Anlagen, Geräten oder Bauteilen der Ausrüstung des Luftfahrzeugs sicher durchgeführt werden kann. Die Erlaubnis kann mit Auflagen verbunden und befristet werden.
Der Halter des Luftfahrzeugs kann eine Mindestausrüstungsliste erstellen, die den Luftfahrzeug-

führer ermächtigt, Flüge mit ausgefallenen Anlagen, Geräten oder Bauteilen der Ausrüstung durchzuführen. Die Liste bedarf der Zustimmung der zuständigen Stelle.

(2) Fallen nach Antritt eines Flugs Anlagen, Geräte oder Bauteile der Ausrüstung des Luftfahrzeugs ganz oder teilweise aus, so hat der verantwortliche Luftfahrzeugführer unter Berücksichtigung aller Umstände, unter denen der Flug durchzuführen ist, zu entscheiden, ob der Flug fortgesetzt werden kann oder zur Behebung des Schadens abgebrochen werden muß.

1.5.13 Flugsicherungsausrüstung - Beschaffenheit und Betriebstüchtigkeit

FSAV § 2 - Beschaffenheit und Betriebstüchtigkeit der Flugsicherungsausrüstung

(1) Die Flugsicherungsausrüstung der Luftfahrzeuge darf nur aus Anlagen, Geräten und Baugruppen bestehen, die auf Grund ihrer Eigenschaften und Leistungen unter Beachtung der festgelegten Verwendungsgrenzen einen zuverlässigen Betrieb gewährleisten, als Luftfahrtgerät zugelassen sind und den jeweils vom Luftfahrt-Bundesamt im Bundesanzeiger und den Nachrichten für Luftfahrer bekanntgemachten technischen Anforderungen genügen.

(2) Das Flugsicherungsunternehmen kann in begründeten Einzelfällen von den nachfolgenden Ausrüstungspflichten Ausnahmen zulassen, soweit dadurch die öffentliche Sicherheit oder Ordnung, insbesondere die Sicherheit des Luftverkehrs und seine flüssige Abwicklung, nicht beeinträchtigt werden. Die Ausnahmen können mit Auflagen verbunden werden.

1.5.14 Flugsicherungsausrüstung - Instrumentenflug (IFR)

FSAV § 3 - Flugsicherungsausrüstung für Flüge nach Instrumentenflugregeln

(1) Für Flüge nach Instrumentenflugregeln müssen Luftfahrzeuge ausgerüstet sein mit:

1. *zwei UKW-(VHF-)Sende-/Empfangsgeräte (Frequenzbereich: 117,975-137,000 MHz) für den Sprechfunkverkehr im beweglichen Flugfunkdienst mit den Flugverkehrskontrollstellen, wobei für Flüge im oberen Luftraum (oberhalb Flugfläche 245) diese Geräte ab 1. Januar 1999 für den Betrieb im 8,33 kHz-Kanalraster geeignet sein müssen;*

2. *zwei Empfangsgeräten für die Signale von UKW-Drehfunkfeuern (VOR-Navigations-Empfangsanlagen), wobei eines dieser Empfangsgeräte entfallen kann, wenn eine von der VOR-Navigations-Empfangsanlage unabhängige funktionsfähige Flächennavigationsausrüstung nach Absatz 1 Nr. 6 vorhanden ist;*

3. *einem automatischen Funkpeilgerät (ADF), das den Frequenzbereich 200,0 kHz bis 526,5 kHz umfaßt und eine Richtungsanzeige und eine Abhörmöglichkeit besitzt, soweit dieses für die Nutzung von An-/Abflugverfahren vorgeschrieben ist;*

4. *einem Sekundärradar-Antwortgerät (Transponder), das für den Abfragemodus A mit 4096 Antwortcodes und für den Abfragemodus C mit automatischer Höhenübermittlung ausgestattet ist und ab 1. Januar 2003, für neue Flugzeuge ab 1. Januar 2001, die Mode S-Technik verwendet;*

5. *einem Funkentfernungsmeßgerät (DME-Interrogator);*

6. *einer Flächennavigationsausrüstung mit einer erforderlichen Navigationsleistung (Required Navigation Performance - RNP) von mindestens 5 NM, soweit die jeweilige Navigationsleistung für den jeweiligen Luftraum, die jeweilige Streckenführung oder das jeweilige Flugverfahren durch das Luftfahrt-Bundesamt vorgeschrieben und in den Nachrichten für Luftfahrer veröffentlicht ist;*

7. *einem Kollisionswarnsystem (Airborn Collision Avoidance System - ACAS); die Aus-*

rüstungspflicht wird wirksam ab 1. Januar 2000 für Flugzeuge mit mehr als 30 Sitzplätzen oder mit einer höchstzulässigen Startmasse von mehr als 15.000 kg sowie ab 1. Januar 2005 für Flugzeuge mit mehr als 19 Sitzplätzen oder mit einer höchstzulässigen Startmasse von mehr als 5.700 kg.

(2) Für Anflüge nach dem Instrumenten-Landesystem (ILS) müssen Flugzeuge ausgerüstet sein mit:

1. einem Empfangsgerät für die Signale von ILS-Landekurssendern (ILS-Landekursempfangsanlage);
2. einem Empfangsgerät für die Signale von ILS-Gleitwegsendern (ILS-Gleitwegempfangsanlage);
3. einem UKW-Empfangsgerät mit einer Anzeigeeinrichtung für die Signale der Markierungsfunkfeuer;
4. einem Gerät für die gemeinsame Anzeige der Signale der ILS-Landekurs- und Gleitwegsender.

1.5.15 Flugsicherungsausrüstung - Sichtflug (VFR)

FSAV § 4 , Absatz 1 - Flugsicherungsausrüstung für Flüge nach Sichtflugregeln

(1) Für Flüge nach Sichtflugregeln müssen Flugzeuge, Drehflügler, Motorsegler, Segelflugzeuge Luftschiffe und Freiballone ausgerüstet sein mit:

1. einem UKW-Sende-/Empfangsgerät, das mindestens die für den vorgesehenen Flug erforderlichen Frequenzen aus dem Bereich von 117,975 bis 137,000 MHz umfaßt; die Sendeleistung und die Empfängerempfindlichkeit müssen mindestens so groß sein, daß unter Berücksichtigung der flugbetrieblichen Eigenschaften des Luftfahrzeuges und der beflogenen Strecke ein einwandfreier Sprechfunkverkehr mit den Flugverkehrskontrollstellen durchgeführt werden kann;
2. einem Sekundärradar-Antwortgerät (Transponder) für den Abfragemodus A mit 4.096 Antwortcodes und für den Abfragemodus C mit automatischer Höhenübermittlung, das ab 1. Januar 2005 (für neue Luftfahrzeuge ab 1. Januar 2003) die Mode S - Technik verwendet, soweit dies in Lufträumen mit vorgeschriebener Transponderschaltung (Transponder Mandatory Zone - TMZ) durch das Luftfahrt-Bundesamt vorgeschrieben ist.

Kontrollierter Sichtflug

FSAV § 4, Absatz 2 Nr. 1 - Flugsicherungsausrüstung für Flüge nach Sichtflugregeln

1. Flüge in Gebieten mit kontrolliertem Sichtflugbetrieb (CVFR-Gebiete) bzw. in Lufträumen der Klasse C (ab dem 29. April 1993) mit einem VOR-Navigationsempfänger;

Nachtflug

FSAV § 4, Absatz 2 Nr. 2 - Flugsicherungsausrüstung für Flüge nach Sichtflugregeln

2. Flüge bei Nacht außerhalb der Sichtweite eines für den Nachtflugbetrieb genehmigten und befeuerten Flugplatzes
a) im kontrollierten Luftraum mit einem VOR-Navigationsempfänger;
b) im unkontrollierten Luftraum mit einem VOR-Navigationsempfänger oder einem automatischen Funkpeilgerät (ADF);

Über Wolkendecken

FSAV § 4, Absatz 2 Nr. 3 - Flugsicherungsausrüstung für Flüge nach Sichtflugregeln

3. Flüge über Wolkendecken mit einem VOR-Navigationsgerät oder einem automatischen Funkpeilgerät (ADF).

1.5.16 Transponderverpflichtung

FSAV § 4, Absatz 3 - Flugsicherungsausrüstung für Flüge nach Sichtflugregeln

(3) Motorgetriebene Luftfahrzeuge müssen für folgende Flüge nach Sichtflugregeln mit einem Sekundärradar-Antwortgerät (Transponder) für den Abfragemodus A mit 4.096 Antwortcodes und für den Abfragemodus C mit automatischer Höhenübermittlung, das ab 1. Januar 2005 (für neue Luftfahrzeuge ab 1. Januar 2003) die Mode S - Technik verwendet, ausgerüstet sein:

1. *in Lufträumen der Klasse C;*
2. *oberhalb 5.000 Fuß über NN oder oberhalb einer Höhe von 3.500 Fuß über Grund, wobei jeweils der höhere Wert maßgebend ist;*
3. *bei Nacht im kontrollierten Luftraum.*

2. Betriebsaufzeichnungen

2.1 Technische Betriebsaufzeichnungen

LuftBO § 15 - Betriebsaufzeichnungen

(1) Der Halter eines Luftfahrtgeräts ist verpflichtet, Betriebsaufzeichnungen zu führen und sie den für die Nachprüfungen des Luftfahrtgeräts nach der Verordnung zur Prüfung von Luftfahrtgerät zuständigen Stellen bei der Nachprüfung vorzulegen. Die zuständigen Stellen können die Einsicht in die Betriebsaufzeichnungen jederzeit verlangen. Der Beauftragte kann Halter von nichtmotorgetriebenen Luftsportgeräten von der Verpflichtung zum Führen der Betriebsaufzeichnungen befreien.

(2) Die Betriebsaufzeichnungen müssen Angaben über die Instandhaltung des Luftfahrtgeräts und durchgeführte Änderungen sowie alle Prüfaufzeichnungen und Bescheinigungen enthalten, deren Übernahme die zuständige Stelle vorgeschrieben hat.

(3) Nach endgültiger Außerdienststellung des Luftfahrtgeräts sind die zugehörigen Betriebsaufzeichnungen 12 Monate aufzubewahren. Die zuständige Stelle kann in besonderen Fällen eine längere Aufbewahrungszeit anordnen.

2.2 Bordbuch

LuftBO § 30 - Bordbuch

(1) Für jedes Luftfahrzeug mit Ausnahme der Luftsportgeräte ist ein Bordbuch zu führen.

(2) Das Bordbuch ist den für die Nachprüfung des Luftfahrzeugs nach der Verordnung zur Prüfung von Luftfahrtgerät zuständigen Stellen

bei der Prüfung vorzulegen. Die zuständigen Luftfahrtbehörden können die Einsicht in das Bordbuch jederzeit verlangen.

(3) Das Bordbuch muß enthalten:

1. das Staatszugehörigkeits- und Eintragungszeichen;
2. Art, Muster, Geräte- und Werknummer des Luftfahrzeugs;
3. für die durchgeführten Flüge
   a) Ort, Tag, Zeit (UTC) des Abflugs und der Landung sowie die Betriebszeit; die an einem Tage während des Flugbetriebs auf einem Flugplatz und in dessen Umgebung durchgeführten Flüge können unter Angabe der Anzahl der Flüge und der gesamten Betriebszeit eingetragen werden;
   b) Name des verantwortlichen Luftfahrzeugführers;
   c) Anzahl der zur Besatzung gehörenden Personen;
   d) Anzahl der Fluggäste;
   e) technische Störungen und besondere Vorkommnisse während des Flugs;
   f) Gesamtbetriebszeit und Betriebszeit nach der letzten Grundüberholung;
4. Angaben über die Instandhaltung und Nachprüfung des Luftfahrzeugs nach § 15 Abs. 2 Nr. 1 Buchstaben b und c.

(4) Für die Führung des Bordbuches ist der Halter verantwortlich. Daneben ist der verantwortliche Luftfahrzeugführer für die seinen Flug betreffenden Angaben nach Absatz 3 Nr. 3 Buchstaben a bis e verantwortlich. Die Eintragungen nach Absatz 3 Nr. 3 sind alsbald und dauerhaft vorzunehmen und von den dafür verantwortlichen Personen abzuzeichnen. Die Bordbücher sind zwei Jahre nach dem Tage der letzten Eintragung aufzubewahren.

(5) Das Bordbuch ist an Bord des Luftfahrzeugs mitzuführen.

2.3 Flugbuch

LuftPersV § 120 - Nachweis der fliegerischen Voraussetzungen

(1) Luftfahrzeugführer, Flugnavigatoren, Flugingenieure und Bordwarte auf Hubschraubern im Bundesgrenzschutz und bei der Polizei haben ein Flugbuch zu führen, in dem alle Flüge oder Fahrten unter Angabe der ausgeübten Tätigkeit und des Luftfahrzeugmusters nach Datum, Art des Fluges, Abflugzeit, Landezeit mit der sich daraus ergebenden Flugdauer, Abflugort und Landeort anzugeben sind.

Die Erlaubnisbehörde kann bestimmen, daß bei Luftfahrzeugen mit einer Höchstmasse von mehr als 2.000 kg der Zeitpunkt, zu dem ein Luftfahrzeug mit eigener oder fremder Kraft zum Start abrollt, und der Zeitpunkt, zu dem es am Ende des Fluges zum Stillstand kommt, sowie die sich daraus ergebende Flugzeit (Blockzeit) in das Flugbuch einzutragen sind. Das Flugbuch ist während der erlaubnispflichtigen Tätigkeit mitzuführen.

Angaben zum Nachweis von Voraussetzungen zum Erwerb, zur Erweiterung, Verlängerung oder Erneuerung einer Erlaubnis oder Berechtigung, die unter der Aufsicht oder in Begleitung eines Luftfahrers zu erfüllen sind, müssen von diesem unter Angabe der Art und Nummer seines Luftfahrerscheins als richtig bescheinigt werden.

Der Nachweis der fliegerischen Voraussetzungen kann durch Auszüge aus dem Flugbuch erbracht werden, deren Übereinstimmung mit den Angaben des Flugbuches durch einen Beauftragten für Luftaufsicht, einen Flugleiter, einen Ausbildungs- oder Flugbetriebsleiter, ein Prüfungsratsmitglied, einen Fluglehrer oder Einweisungsberechtigten bescheinigt sein müssen. Vorgeschriebene Navigationsflüge sind zusätzlich durch Höhenbarogramme nachzuweisen.

(2) Bei Luftfahrerschulen, Luftfahrtunternehmen oder im Werkluftverkehr kann die Genehmigungs- oder Aufsichtsbehörde Ausnahmen von Absatz 1

zulassen, wenn die Erfüllung der Anforderungen nach Absatz 1 auf andere Weise gewährleistet ist.

(3) Für den Nachweis von Übungen auf einem Flugübungsgerät ist Absatz 1 mit der Maßgabe anzuwenden, daß die Übungen von Personen zu bescheinigen sind, die als Lehrer am Flugübungsgerät anerkannt und zur Bescheinigung der Übungen ermächtigt sind.

3. Haftung und Versicherung

3.1 Haftung für Personen und Sachen, die nicht im Luftfahrzeug befördert werden

LuftVG § 33 - Ersatzpflicht des Halters, Schwarzflug

(1) Wird beim Betrieb eines Luftfahrzeugs durch Unfall jemand getötet, sein Körper oder seine Gesundheit verletzt oder eine Sache beschädigt, so ist der Halter des Luftfahrzeugs verpflichtet, den Schaden zu ersetzen. Für die Haftung aus dem Beförderungsvertrag gegenüber einem Fluggast sowie für die Haftung des Halters militärischer Luftfahrzeuge gelten die besonderen Vorschriften der §§ 44 bis 54. Wer Personen zu Luftfahrern ausbildet, haftet diesen Personen gegenüber nur nach den allgemeinen gesetzlichen Vorschriften.

(2) Benutzt jemand das Luftfahrzeug ohne Wissen und Willen des Halters, so ist er an Stelle des Halters zum Ersatz des Schadens verpflichtet. Daneben bleibt der Halter zum Ersatz des Schadens verpflichtet, wenn die Benutzung des Luftfahrzeugs durch sein Verschulden ermöglicht worden ist. Ist jedoch der Benutzer vom Halter für den Betrieb des Luftfahrzeugs angestellt oder ist ihm das Luftfahrzeug vom Halter überlassen worden, so ist der Halter zum Ersatz des Schadens verpflichtet; die Haftung des Benutzers nach den allgemeinen gesetzlichen Vorschriften bleibt unberührt.

LuftVG § 34 - Mitverschulden des Verletzten

Hat bei der Entstehung des Schadens ein Verschulden des Verletzten mitgewirkt, so gilt § 254 des Bürgerlichen Gesetzbuchs; bei Beschädigung einer Sache steht das Verschulden desjenigen, der die tatsächliche Gewalt darüber ausübt, dem Verschulden des Verletzten gleich.

LuftVG § 35 - Umfang der Ersatzpflicht bei Tötung

(1) Bei Tötung umfaßt der Schadensersatz die Kosten versuchter Heilung sowie den Vermögensnachteil, den der Getötete dadurch erlitten hat, daß während der Krankheit seine Erwerbsfähigkeit aufgehoben oder gemindert oder sein Fortkommen erschwert oder seine Bedürfnisse vermehrt waren. Außerdem sind die Kosten der Bestattung dem zu ersetzen, der sie zu tragen verpflichtet ist.

(2) Stand der Getötete zur Zeit des Unfalls zu einem Dritten in einem Verhältnis, vermöge dessen er diesem gegenüber kraft Gesetzes unterhaltspflichtig war oder werden konnte, und ist dem Dritten infolge der Tötung das Recht auf Unterhalt entzogen, so hat der Ersatzpflichtige ihm so weit Schadensersatz zu leisten, wie der Getötete während der mutmaßlichen Dauer seines Lebens zur Gewährung des Unterhalts verpflichtet gewesen sein würde. Die Ersatzpflicht tritt auch dann ein, wenn der Dritte zur Zeit des Unfalls erzeugt, aber noch nicht geboren war.

LuftVG § 36 - Umfang der Ersatzpflicht

Bei Verletzung des Körpers oder der Gesundheit umfaßt der Schadensersatz die Heilungskosten sowie den Vermögensnachteil, den der Verletzte dadurch erleidet, daß infolge der Verletzung zeitweise oder dauernd seine Erwerbsfähigkeit aufgehoben oder gemindert oder sein Fortkommen erschwert ist oder seine Bedürfnisse vermehrt sind.

LuftVG § 37 - Haftungshöchstbeträge

(1) Der Ersatzpflichtige haftet für die Schäden aus einem Unfall

a) bei Flugmodellen bis 20 Kilogramm Höchstgewicht, bei anderen Luftfahrzeugen, soweit sie nicht durch Verbrennungsmotor angetrieben werden können, bis 750 Kilogramm Gewicht bis zu 2,5 Millionen Deutsche Mark,
b) bei Luftfahrzeugen, die nicht unter Buchstabe a) fallen, bis 1.200 Kilogramm Gewicht bis zu 5 Millionen Deutsche Mark,
c) bei Luftfahrzeugen mit mehr als 1.200 Kilogramm Gewicht bis 2.000 Kilogramm Gewicht bis zu 7,5 Millionen Deutsche Mark,
d) bei Luftfahrzeugen mit mehr als 1.000 Kilogramm Gewicht bis 5.700 Kilogramm Gewicht bis zu 15 Millionen Deutsche Mark,
e) bei Luftfahrzeugen mit mehr als 5.700 Kilogramm Gewicht bis 14.000 Kilogramm Gewicht bis zu 40 Millionen Deutsche Mark,
f) bei Luftfahrzeugen mit mehr als 14.000 Kilogramm Gewicht bis zu 100 Millionen Deutsche Mark.

Gewicht ist das für den Abflug zugelassene Höchstgewicht des Luftfahrzeugs.

(2) Die Höchstsumme des Schadensersatzes für jede verletzte Person beträgt 500.000 Deutsche Mark. Das gilt auch für den Kapitalwert einer als Entschädigung festgesetzten Rente.

(3) Übersteigen die Entschädigungen, die mehreren auf Grund desselben Ereignisses zustehen, die Höchstbeträge nach Absatz 1, so verringern sich die einzelnen Entschädigungen vorbehaltlich des Absatzes 4 in dem Verhältnis, in dem ihr Gesamtbetrag zum Höchstbetrag steht.

(4) Beruhen die Schadensersatzansprüche sowohl auf Sachschäden als auch auf Personenschäden, so dienen zwei Drittel des nach Absatz 1 Satz 1 errechneten Betrages vorzugsweise für den Ersatz von Personenschäden. Reicht dieser Betrag nicht aus, so ist er anteilmäßig auf die Ansprüche zu verteilen. Der übrige Teil des nach Absatz 1 Satz 1 errechneten Betrages ist anteilmäßig für den Ersatz von Sachschäden und für die noch ungedeckten Ansprüche aus Personenschäden zu verwenden.

LuftVG § 38 - Schadensersatz durch Geldrente

(1) Der Schadensersatz für Aufhebung oder Minderung der Erwerbsfähigkeit, für Erschwerung des Fortkommens oder für Vermehrung der Bedürfnisse des Verletzten und der nach § 35 Abs. 2 einem Dritten zu gewährende Schadensersatz ist für die Zukunft durch Geldrente zu leisten.

(2) Die Vorschriften des § 843 Abs. 2 bis 4 des Bürgerlichen Gesetzbuchs finden entsprechende Anwendung.

(3) Bei Verurteilung zu einer Geldrente kann der Berechtigte noch nachträglich Sicherheitsleistung oder Erhöhung einer solchen verlangen, wenn sich die Vermögensverhältnisse des Verpflichteten erheblich verschlechtert haben. Diese Bestimmung gilt bei Schuldtiteln des § 794 Abs. 1 Nr. 1 und 5 der Zivilprozeßordnung entsprechend.

LuftVG § 39 - Verjährung

Auf die Verjährung finden die für unerlaubte Handlungen geltenden Verjährungsvorschriften des Bürgerlichen Gesetzbuchs entsprechende Anwendung.

LuftVG § 40 - Anzeigepflicht, Verwirkung

Der Ersatzberechtigte verliert die Rechte, die ihm nach diesem Gesetz zustehen, wenn er nicht spätestens drei Monate, nachdem er von dem Schaden und der Person des Ersatzpflichtigen Kenntnis erhalten hat, diesem den Unfall anzeigt. Der Rechtsverlust tritt nicht ein, wenn die Anzeige infolge eines Umstandes unterblieben ist, den der Ersatzberechtigte nicht zu vertreten hat, oder wenn der Ersatzpflichtige innerhalb der Frist auf andere Weise von dem Unfall Kenntnis erhalten hat.

LuftVG § 41 - Schaden durch mehrere Luftfahrzeuge

(1) Wird ein Schaden durch mehrere Luftfahrzeuge verursacht und sind die Luftfahrzeughalter einem Dritten kraft Gesetzes zum Schadensersatz verpflichtet, so hängt im Verhältnis der Halter untereinander Pflicht und Umfang des Ersatzes von den Umständen, insbesondere davon ab, wie weit der Schaden überwiegend von dem einen oder dem anderen verursacht worden ist. Dasselbe gilt, wenn der Schaden einem der Halter entstanden ist, bei der Haftpflicht, die einen anderen von ihnen trifft.

(2) Absatz 1 gilt entsprechend, wenn neben dem Halter ein anderer für den Schaden verantwortlich ist.

LuftVG § 42 - Haftung auf Grund sonstigen Rechts

Unberührt bleiben die bundesrechtlichen Vorschriften, wonach für den beim Betrieb eines Luftfahrzeugs entstehenden Schaden der Halter oder Benutzer (§ 33 Abs. 2) in weiterem Umfang oder der Führer oder ein anderer haftet.

LuftVG § 43 - Haftpflichtversicherung, Sicherheitsleistung

(1) Zur Sicherung der in diesem Unterabschnitt genannten Schadensersatzforderungen ist der Halter des Luftfahrzeugs verpflichtet, in einer durch Rechtsverordnung zu bestimmenden Höhe eine Haftpflichtversicherung abzuschließen oder durch Hinterlegung von Geld oder Wertpapieren Sicherheit zu leisten. Das gilt nicht, wenn der Bund oder ein Land Halter ist. Wird zur Sicherung eine Haftpflichtversicherung abgeschlossen, so gelten für diese die besonderen Vorschriften des Gesetzes über den Versicherungsvertrag für die Pflichtversicherung.

(2) Ist die Sicherheit durch Befriedigung von Schadensersatzforderungen verringert oder erschöpft, so ist sie innerhalb eines Monats nach Aufforderung wieder auf den ursprünglichen Betrag zu bringen.

(3) Die Rückgabe der Sicherheit kann erst verlangt werden, wenn derjenige, der die Sicherheit geleistet hat, nicht mehr Halter ist und seitdem vier Monate verstrichen sind. Der Anspruch beschränkt sich auf den Rest nach Deckung der Schadensersatzforderungen. Schon vor Ablauf der Frist kann die Rückgabe verlangt werden, wenn glaubhaft gemacht wird, daß keine Schadensersatzforderungen bestehen.

(4) Durch Rechtsverordnung können Ausnahmen von Absatz 1 Satz 1 für Luftfahrzeuge vorgesehen werden, die nicht zulassungspflichtig sind und für deren Aufstieg es auch einer Erlaubnis nicht bedarf.

3.2 Haftung aus dem Beförderungsvertrag

Vorbemerkung
Neben den §§ 44 bis 48 des LuftVG gilt zusätzlich das Warschauer Abkommen sowie das Montrealer Übereinkommen und VO (EG) 2027/97. Abgedruckt sind jedoch nur die §§ des LuftVG.

LuftVG § 44 - Haftung für Fluggäste und Reisegepäck

(1) Wird ein Fluggast an Bord eines Luftfahrzeugs oder beim Ein- und Aussteigen getötet, körperlich verletzt oder sonst gesundheitlich geschädigt, so ist der Luftfrachtführer verpflichtet, den Schaden zu ersetzen. Das gleiche gilt für den Schaden, der an Sachen entsteht, die der Fluggast an sich trägt oder mit sich führt.

(2) Der Luftfrachtführer haftet ferner für den Schaden, der an aufgegebenem Reisegepäck während der Luftbeförderung entsteht. Die Luftbeförderung umfaßt den Zeitraum, in dem sich das Reisegepäck auf einem Flughafen, an Bord eines Luftfahrzeugs oder - bei Landung außerhalb eines Flughafens - sonst in der Obhut des Luftfrachtführers befindet.

LuftVG § 45 - Ausschluß der Haftung

Die Ersatzpflicht des Luftfrachtführers nach § 44 tritt nicht ein, wenn er beweist, daß er und seine Leute alle erforderlichen Maßnahmen zur Verhütung des Schadens getroffen haben oder daß sie diese Maßnahmen nicht treffen konnten.

LuftVG § 46 - Haftungshöchstbeträge

(1) Im Falle der Tötung oder Verletzung einer beförderten Person haftet der Luftfrachtführer für jede Person bis zu einem Betrage von 320.000 Deutsche Mark. Dies gilt auch für den Kapitalwert einer als Entschädigung festgesetzten Rente.

(2) Die Haftung des Luftfrachtführers für Gegenstände, die der Fluggast an sich trägt oder mit sich führt oder die als Reisegepäck aufgegeben sind, ist auf einen Höchstbetrag von 3.200 Deutsche Mark gegenüber jedem Fluggast beschränkt.

LuftVG § 47 - Anzuwendende Vorschriften

Auf die Haftung des Luftfrachtführers für Schäden an beförderten Personen oder Sachen finden im übrigen die §§ 34 bis 36, 38 bis 40 Anwendung.

LuftVG § 48 - Haftung auf Grund sonstigen Rechts

(1) Der Anspruch auf Schadensersatz, auf welchem Rechtsgrund er auch beruht, kann gegen den Luftfrachtführer nur unter den Voraussetzungen und Beschränkungen geltend gemacht

werden, die in diesem Unterabschnitt vorgesehen sind. Ist jedoch der Schaden von dem Luftfrachtführer oder einem seiner Leute in Ausführung ihrer Verrichtungen vorsätzlich oder grobfahrlässig herbeigeführt worden, so bleibt die Haftung nach den allgemeinen gesetzlichen Vorschriften unberührt; die Haftungsbeschränkungen dieses Unterabschnitts gelten in diesem Falle nicht.

(2) Die gesetzlichen Vorschriften, nach denen andere Personen für den Schaden haften, bleiben unberührt. Die Leute des Luftfrachtführers, die in Ausführung ihrer Verrichtungen gehandelt haben, haften jedoch nur bis zu den Beträgen des § 46, es sei denn, daß ihnen Vorsatz oder grobe Fahrlässigkeit zur Last fällt.

(3) Der Gesamtbetrag, der von dem Luftfrachtführer und seinen Leuten als Schadensersatz zu leisten ist, darf vorbehaltlich einer weitergehenden Haftung bei Vorsatz oder grober Fahrlässigkeit die Beträge des § 46 nicht übersteigen.

3.3 Haftpflichtversicherung

LuftVG § 2 Abs. 1 Nr. 3 in Verbindung mit LuftVZO §§ 102 bis 104:

LuftVG § 2 - Verkehrszulassung

(1) Deutsche Luftfahrzeuge dürfen nur verkehren, wenn sie zum Luftverkehr zugelassen (Verkehrszulassung) und - soweit es durch Rechtsverordnung vorgeschrieben ist - in das Verzeichnis der deutschen Luftfahrzeuge (Luftfahrzeugrolle) eingetragen sind. Ein Luftfahrzeug wird zum Verkehr nur zugelassen, wenn

3. der Halter des Luftfahrzeugs nach den Vorschriften dieses Gesetzes versichert ist oder durch Hinterlegung von Geld oder Wertpapieren Sicherheit geleistet hat und ...

LuftVZO § 102 - Versicherer

(1) Der Haftpflichtversicherungsvertrag des Luftfahrzeughalters ist mit einem Versicherer mit Sitz in der Europäischen Wirtschaftsgemeinschaft oder Niederlassung in der Bundesrepublik Deutschland zu schließen.

(2) Dies gilt nicht für Haftpflichtversicherungsverträge der Halter ausländischer Luftfahrzeuge nach § 99 Abs. 2. Jedoch kann die Anerkennung einer Haftpflichtversicherung, welche mit einem Versicherer abgeschlossen wurde, der weder seinen Sitz in der Europäischen Wirtschaftsgemeinschaft noch eine Niederlassung in der Bundesrepublik Deutschland hat, verweigert werden, wenn in dem Staat, in dem das Luftfahrzeug eingetragen ist, eine mit einem Versicherer mit Sitz im Geltungsbereich dieser Verordnung abgeschlossene Versicherung eines deutschen Luftfahrzeugs nicht anerkannt wird.

LuftVZO § 103 - Vertragsinhalt

(1) Der Haftpflichtversicherungsvertrag muß die sich aus dem Betrieb eines Luftfahrzeugs für den Halter und die berechtigten Besatzungsmitglieder ergebende Haftung decken.

(2) Die Mindesthöhe der Versicherungssumme bestimmt sich bei Luftfahrzeugen, mit Ausnahme der in Absatz 3 bezeichneten, nach § 37 des Luftverkehrsgesetzes.

(3) Bei Segelflugzeugen, Frei- und Fesselballonen, Drachen, Flugmodellen und nichtmotorgetriebenen Luftsportgeräten, die zu Übungs- und Vorführungszwecken sowie zum Abwerfen von Sachen verwendet werden, muß mindestens für folgende Haftungssummen Deckung nachgewiesen werden:

1. für den Fall, daß eine Person getötet oder verletzt wird, bis zu fünfunddreißigtausend Deutsche Mark Kapital; dies gilt auch für

den Kapitalwert einer als Entschädigung festgesetzten Rente;
2. für den Fall, daß mehrere Personen durch dasselbe Ereignis getötet oder verletzt werden, unbeschadet der Grenze in Nummer 1 bis zu insgesamt fünfundsiebzigtausend Deutsche Mark Kapital; dies gilt auch für den Kapitalwert der als Entschädigung festgesetzten Renten;
3. für den Fall, daß Sachen beschädigt werden, bis zu insgesamt fünftausend Deutsche Mark.

Für Drachen, Flugmodelle und nichtmotorgetriebene Luftsportgeräte ist Gruppenversicherung zulässig. Flugmodelle mit weniger als 5 kg Höchstgewicht, die nicht durch Verbrennungsmotore angetrieben werden, sowie nichtmotorgetriebene Luftsportgeräte, die nicht zu Übungs- oder Vorführungszwecken oder zum Abwerfen von Sachen verwendet werden, sind von der Versicherungspflicht befreit.

(4) Der Versicherer ist verpflichtet, dem Versicherungsnehmer bei Beginn des Versicherungsschutzes eine Versicherungsbestätigung kostenlos zu erteilen. In der Versicherungsbestätigung ist zu bescheinigen, daß ein Haftpflichtversicherungsvertrag besteht, der den Erfordernissen der Absätze 1 bis 3 entspricht.

(5) Die zuständige Stelle kann jederzeit die Vorlage des Versicherungsscheins und den Nachweis über die Zahlung des letzten Beitrags verlangen. Bei dem Betrieb von Luftfahrzeugen, die nicht der Verkehrszulassung nach § 6 bedürfen, ist als Versicherungsnachweis eine Bescheinigung des Versicherers mitzuführen, aus der Umfang und Dauer des Versicherungsschutzes ersichtlich sind. Liegt Gruppenversicherung vor, kann die Bescheinigung mit Ermächtigung des Versicherers vom Versicherungsnehmer ausgestellt werden, wobei der Name und die Anschrift des Versicherers anzugeben sind. Die Bescheinigung ist den zuständigen Stellen auf Verlangen vorzuzeigen.

LuftVZO § 104 - Anzeigepflicht

Der Versicherer und der versicherte Halter haben der zuständigen Stelle (§ 7) jede Unterbrechung des Versicherungsschutzes sowie jede Beendigung des Versicherungsverhältnisses unverzüglich anzuzeigen.

3.4 Verpflichtung zum Mitführen des Haftpflichtversicherungsnachweises

LuftVZO § 103, Absatz 5 - Vertragsinhalt

(5) Die zuständige Stelle kann jederzeit die Vorlage des Versicherungsscheins und den Nachweis über die Zahlung des letzten Beitrags verlangen. Bei dem Betrieb von Luftfahrzeugen, die nicht der Verkehrszulassung nach § 6 bedürfen, ist als Versicherungsnachweis eine Bescheinigung des Versicherers mitzuführen, aus der Umfang und Dauer des Versicherungsschutzes ersichtlich sind. Liegt Gruppenversicherung vor, kann die Bescheinigung mit Ermächtigung des Versicherers vom Versicherungsnehmer ausgestellt werden, wobei der Name und die Anschrift des Versicherers anzugeben sind. Die Bescheinigung ist den zuständigen Stellen auf Verlangen vorzuzeigen.

Kapitel 4
Flugzeugbesitz - NfLs, LTAs und Service Bulletins

NfL, LTAs und Service Bulletins

Als Eigentümer, Halter oder Pilot eines Luftfahrzeuges ist man für den technisch einwandfreien Zustand des Flugzeuges verantwortlich. Neben den normalen Wartungen und Nachprüfungen fallen zusätzliche Wartungen und i.d.R. auch Reparaturen bzw. Instandsetzungen an, die sich aus dem laufenden Betrieb des Flugzeuges ergeben. Häufig sind herstellerbedingte Mängel oder z.B. ein nicht erwarteter Verschleiß eines Bauteils des Flugzeuges die Ursache dafür.

In sogenannten *Service Bulletins* teilen z.B. die Flugzeughersteller dem Eigentümer bzw. Halter des Flugzeuges die Art und den Umfang dieser zusätzlichen Wartungs- und Instandsetzungsarbeiten mit. Veranlaßt werden die Flugzeughersteller dazu durch eigene Feststellungen der Mängel oder durch Informationen der Servicewerkstätten. Beeinträchtigen diese Mängel jedoch die Lufttüchtigkeit des Flugzeuges, werden vom Luftfahrt-Bundesamt in den *Nachrichten für Luftfahrer (NfL)* oder in *Lufttüchtigkeitsanweisungen (LTA)* die Mängel beschrieben und weitere Anweisungen zur Beseitigung festgelegt. Geregelt ist dies in der Betriebsordnung für Luftfahrtgerät (LuftBO), u.a. in LuftBO § 14 - Lufttüchtigkeitsanweisung.

Um dem künftigen Flugzeugbesitzer den Umfang solcher amtlicher Veröffentlichungen aufzuzeigen, sind auf den folgenden Seiten einige beispielhafte NfLs, LTAs und Service Bulletins in folgender Reihenfolge abgedruckt:

- NfL II - 124/99: Bekanntmachung über die Instandhaltung und Prüfung älterer Luftfahrzeuge.

- NFL II - 50/98: Bekanntmachung über die zulässigen Kraftstoffe für den Betrieb von Luftfahrzeugen mit Kolbenflugmotoren.

- NfL II - 84/99: Zulässige Zeitüberschreitung bei der Instandhaltung von Luftfahrtgerät.

- Lufttüchtigkeitsanweisung Nr. 2001-247: Tragflügelbefestigung am Rumpf bei verschiedenen Baureihen des Flugzeugherstellers Robin.

- Lufttüchtigkeitsanweisung Nr. 2001-189: Mögliche Risse in der unteren Seitenruderaufhängung bei verschiedenen Baureihen des Flugzeugherstellers Socata.

- Lufttüchtigkeitsanweisung Nr. 2001-224: Fehlerhafte Beschläge der Verstärkungen für die Höhenflossenbefestigungen bei verschiedenen Baureihen des Flugzeugherstellers Cessna.

- Service Bulletins des Motorenherstellers Rotax an das Luftsport-Gerätebüro des Deutschen Aero Club, der für die Zulassung von Ultraleicht-Flugzeugen zuständig ist. Der DAeC veröffentlicht die Service Bulletins u.a. als kostenlose EMail an Abonnenten.

- Auszüge aus den Gerätekennblättern der für die Luftfahrt zugelassenen Geräte
  a) Flugzeuge bis 2.000 kg Höchstmasse,
  b) Motorsegler,
  c) Flugüberwachungs- und Navigationsgeräte sowie
  d) Funkgeräte.

(Quellen: *NfL, LTA und Gerätekennblätter: Luftfahrt-Bundesamt, Braunschweig, Service Bulletins: Deutscher Aero Club, Braunschweig)*

Bekanntmachung über die Instandhaltung und Prüfung älterer Luftfahrzeuge

NfL II - 124/99
Letztes Update: 07. Dezember 2000

1. Vorbemerkungen

Die Erfahrung bei der Instandhaltung älterer Luftfahrzeuge zeigt, daß der Erhalt ihrer Lufttüchtigkeit einen wesentlich höheren und sorgfältigeren Instandhaltungs- und Prüfaufwand erfordert.

In Abhängigkeit von den Umwelteinflüssen, den Betriebsbedingungen sowie dem allgemeinen Wartungszustand unterliegen insbesondere ältere Luftfahrzeuge, unabhängig ihrer Bauweise, erhöhten Alterungserscheinungen insbesondere Korrosion / Verrottung / Versprödung, Ermüdung und Verschleiß.

2. Prüfprogramm des Herstellers

Hat der Hersteller der Luftfahrzeuge in seinen Unterlagen für die Instandhaltung und Prüfung oder sonstigen Betriebsanweisungen, Technischen Mitteilungen oder Lufttüchtigkeitsangaben besondere Kontrollen und/oder Prüfprogramme für die Alterungsüberwachung, wie z.B.:

- Aging Aircraft - Programme
- CPCP (Corrosion Prevention and Control Programs)
- Sonderprogramme
- Strukturüberprüfungen o.ä.

festgelegt, so gelten diese Maßnahmen als verbindliche Anweisungen zur Aufrechterhaltung der Lufttüchtigkeit, die vom Halter und den Stellen zu beachten sind, welche die Instandhaltung und Prüfung durchführen.

3. Instandhaltung und Prüfung

3.1 Fehlen diese Festlegungen des Herstellers über zulässige Betriebs- und Lebensdauerzeiten oder anderer Maßnahmen gemäß Ziffer 2, so ist dieser Tatsache anläßlich der Instandhaltungen/Prüfung insbesondere bei der Festlegung der Lufttüchtigkeit bei der Jahresnachprüfung solcher Luftfahrzeuge besonders Rechnung zu tragen.

3.2 Diese Prüfungen sind erstmalig nach 12 Jahren seit Herstellung des Luftfahrzeugs und dann jeweils bei den darauf folgenden Jahresnachprüfungen durchzuführen. Diese Regelung gilt für Luftfahrzeuge in Holz- oder Gemischtbauweise. Bei Luftfahrzeugen in Metall- und FVK-Bauweise greift diese Regelung erstmalig nach 25 Jahren nach Herstellung.

3.3 Bauteile, Werkstoffe und Systeme, die aufgrund ihrer Funktion und ihrer Materialeigenschaften mit zunehmender Betriebs- und Lebenszeit erhöhten Alterungs- oder Verschleißerscheinungen unterliegen, sind besonders sorgfältigen Zustands- und Funktionsprüfungen zu unterziehen.

3.4 Eine solche Regelung ist besonders auf Luftfahrzeuge älterer Baujahre anzuwenden, bei denen der Hersteller des Luftfahrzeuges, der Baugruppen oder des Ausrüstungs- oder Zubehörteiles für eine Betreuung nicht mehr zur Verfügung steht.

3.5 Ist die Lufttüchtigkeit solcher Luftfahrzeuge aufgrund des Prüfbefundes in Frage gestellt, so ist das betroffene Luftfahrzeug einer entsprechenden Instandhaltungsmaßnahme durch einen dafür genehmigten Betrieb zu unterziehen. Ist diese Instandhaltungsmaßnahme in begründeten Einzelfällen nicht unmittelbar durchführbar, kann der Termin für die Durchführung der nächsten Jahresnachprüfung gemäß § 15

Abs. 2 der Verordnung zur Prüfung von Luftfahrtgerät (LuftGerPV) auf unter 12 Monate befristet werden. Die Zustimmung zu einem solchen Verfahren ist bei den LBA-Außenstellen bzw. dem Luftfahrt Bundesamt, Fachbereich B 3, zu beantragen.

4. Voraussetzungen

4.1 Die Luftfahrttechnischen Betriebe und Instandhaltungsbetriebe nach JAR-145 müssen in ihrem Instandhaltungsbetriebshandbuch (TBH, QSH, QMH, MOE) ein Prüfprogramm für diese Luftfahrzeuge beschreiben und bei der Instandhaltung und Prüfung als durchgeführt dokumentieren. Dieses Prüfprogramm versteht sich als Ergänzung zum normalen Jahresnachprüfprogramm und hat in bestimmten Zeitabständen durchgeführt zu werden.

4.2 Diese Prüfungen sind grundsätzlich in einem für die gesamte Instandhaltung des betreffenden Luftfahrzeugs genehmigten Betriebes durchzuführen und mit einem Vermerk im Prüfschein LBA-Muster Nr. 5/98 (Pkt. 5. Hinweise und Anmerkungen) zu bescheinigen.

5. Prüfprogramm

Mit Veröffentlichung dieser NfL wird den Betrieben ein Rundschreiben zur Verfügung gestellt, in dem das LBA ein Mindestrahmenprüfprogramm vorstellt. Dieses Prüfprogramm ist um musterspezifische Belange zu ergänzen.

6. Die NfL II-66/71 wird hiermit aufgehoben.

Braunschweig, den 08.10.99 (B3131899.K)

Der Direktor des Luftfahrt-Bundesamtes
Horst

Bekanntmachung über die zulässigen Kraftstoffe für den Betrieb von Luftfahrzeugen mit Kolbenflugmotoren

NFL II - 50/98
Letztes Update: 07. Dezember 2000

1. Die für den Betrieb eines Kolbenflugmotors geeigneten Kraftstoffe werden im Rahmen der Musterzulassung des Kolbenflugmotors festgestellt und sind damit die für den betreffenden Kolbenflugmotor zulässigen Kraftstoffe. Üblicherweise sind die für einen Kolbenflugmotor zulässigen Kraftstoffe in der für den Kolbenflugmotor verbindlichen Betriebsanweisung angegeben.

2. Die Eignung und zulässigen Betriebsbereiche eines Kolbenflugmotors für ein bestimmtes Luftfahrzeug sowie die Eignung der für den Betrieb dieses Kolbenflugmotors erforderlichen, im Luftfahrzeug eingebauten Kraftstoffanlage werden im Rahmen der Musterzulassung des Luftfahrzeuges festgestellt.

3. Der Betrieb eines Kolbenflugmotors in einem musterzugelassenen Luftfahrzeug mit einem für diesen Kolbenflugmotor oder dieses Luftfahrzeug nicht zugelassenen Kraftstoff bedeutet eine Änderung des zugelassenen Musters und erfordert nach § 5 LuftGerPO eine ergänzende Musterprüfung, für deren Durchführung die § 13 Luft-BO und § 13 LuftGerPO zu beachten sind.

4. Die ergänzende Musterprüfung ist auf der Basis der für die LBA-Musterzulassung des Kolbenflugmotors bzw. Luftfahrzeuges verbindlichen Lufttüchtigkeitsforderungen und nach einem vom LBA genehmigten Musterprüfprogramm durchzuführen. Bei der Nachweisführung sind die Vorgaben der nachfolgend aufgeführten Unterlagen zu beachten:

Bei Kolbenflugmotoren:
- FAA-AC No. 20-24B vom 20.12.1985, Qualification of Fuels, Lubricants, and Additives for Aircraft Engines

Bei Motorseglern:
- LBA-Richtlinie 1-421-MogasE-97 vom 10.12.97 für eigenstartfähige Motorsegler
- LBA-Richtlinie 1-421-MogasNE-97 vom 10.12.97 für nichteigenstartfähige Motorsegler

Bei Flugzeugen mit Musterzulassung nach FAR-Part 23, JAR-23 oder deren Vorläufer:
- FAA-AC No. 23.1521-IB vom 02.03.1995, Type Certification of Automobile Gasoline in Part 23 Airplanes with Reciprocating Engines
- FAA-AC No. 23.1521-2 Change 1 vom 24.04.1996, Type Certification of Oxygenates and Oxygenated Gasoline Fuels in Part 23 Airplanes with Reciprocating Engines

5. Die Änderung der Musterzulassung eines Luftfahrtgerätes aufgrund einer nicht vom Hersteller durchgeführten ergänzenden Musterprüfung erfolgt durch die Herausgabe einer Ergänzung zur Musterzulassung (EMZ).

6. Die Bekanntmachung (NfL I-198/83 und NfL I-51/84) über die Verwendung des Kraftstoffes DIN 51600-S (Ottokraftstoff Super verbleit) bleiben von den vorstehenden Regelungen unberührt.

Diese Bekanntmachung tritt mit ihrer Veröffentlichung in den NfL in Kraft.

Braunschweig, den 02.04.98

Der Direktor des Luftfahrt-Bundesamtes
Horst

Zulässige Zeitüberschreitung bei der Instandhaltung von Luftfahrtgerät

NfL II - 84/99
Letztes Update: 07. Dezember 2000

1. Vorbemerkung

Bei der Instandhaltung des Luftfahrtgeräts sind gemäß § 9 Abs. 3 der Betriebsordnung für Luftfahrtgerät (LuftBO) die vom Hersteller des Luftfahrtgerätes erstellten Betriebsanweisungen und Technischen Mitteilungen zu berücksichtigen. Der Halter eines Luftfahrtgeräts ist verpflichtet u.a. dafür zu sorgen, daß die vom Hersteller vorgesehenen Instandhaltungsmaßnahmen fristgerecht durchgeführt werden.

Es dürfen auch im Einzelfall keine Anhaltswerte dafür vorliegen, daß die Lufttüchtigkeit beeinträchtigt wird. Zusätzlich sind die Verfahren zur verspäteten bzw. vorzeitigen Durchführung einer terminierten Instandhaltungsmaßnahme zu beachten (siehe auch Abschnitt 3 und 4).

Die Regelungen des § 15 Abs. 2 (Zeitüberschreitung bei der Jahresnachprüfung) der Verordnung zur Prüfung von Luftfahrtgerät (LuftGerPV) bleiben hiervon unberührt.

Ebenso unberührt bleiben die im Rahmen eines genehmigten Instandhaltungsprogrammes nach JAR-OPS festgelegten Zeitabstände. Toleranzen als Bestandteil eines solchen Verfahrens bedürfen der Genehmigung durch das Luftfahrt-Bundesamt.

2. Zulässige Zeitüberschreitung bei der Instandhaltung von Luftfahrtgerät

Der Hersteller des Luftfahrtgeräts hat entweder Abweichungen von planmäßigen Zeitabständen bei Instandhaltungsmaßnahmen von sich aus für zulässig erklärt und festgelegt oder er hat diese ausdrücklich untersagt. Wenn der Hersteller des Luftfahrtgeräts keine entsprechenden Festlegungen getroffen hat, gelten folgende Zeitüberschreitungen als zulässig:

2.1 Bei betriebsstundenabhängigen Grundintervallen:

- Planmäßige Instandhaltungsmaßnahmen mit Grundintervallen bis einschließlich 100 Betriebsstunden .... **10 v.H.**
- Planmäßige Instandhaltungsmaßnahmen mit Grundintervallen von über 100 bis einschl. 1.000 Betriebsstunden .... **5 v.H.**
- Planmäßige Instandhaltungsmaßnahmen mit Grundintervallen von über 1.000 Betriebsstunden .... **50 Stunden**

2.2 Bei kalendarischen Grundintervallen:

- Planmäßige Instandhaltungsmaßnahmen mit Grundintervallen bis zu 2 Monaten .... **5 Tage**
- Planmäßige Instandhaltungsmaßnahmen mit Grundintervallen von mehr als 2 Monaten bis zu einem Jahr .... **15 Tage**
- Planmäßige Instandhaltungsmaßnahmen mit Grundintervallen von mehr als einem Jahr .... **30 Tage**

2.3 Sind in einer Instandhaltungsmaßnahme Arbeiten mit verschiedenen Grundintervallen enthalten, dann ist jede der Arbeiten nur innerhalb der für sie geltenden Zeittoleranz verschiebbar.

3. Ausgleich von Zeitüberschreitungen (Kumulationsverbot)

Ist eine Zeitüberschreitung angewandt worden, dann ist der Zeitabstand bis zum nächsten planmäßigen Fälligkeitstermin um diesen Betrag zu verringern.

Beispiel

Eine 100-Stunden-Kontrolle, die planmäßig bei 800 Betriebsstunden durchgeführt werden sollte, wurde erst nach 803 Betriebsstunden durchgeführt. Da der Zeitabstand zum nächsten Fälligkeitstermin um 3 Stunden verringert werden muß, ist die nächste 100-Stunden-Kontrolle planmäßig nach weiteren 97 Stunden also bei 900 Betriebsstunden, bei Inanspruchnahme der höchstmöglichen Zeittoleranz von 10 Stunden spätestens bei 907 Betriebsstunden durchzuführen.

4. Vorzeitige Durchführung

Wird eine Instandhaltungsmaßnahme vorzeitig durchgeführt, so ist bei der Berechnung des nächsten Fälligkeitstermins von dem vorgezogenen Zeitpunkt auszugehen.

Beispiel

Eine 100-Stunden-Kontrolle sei planmäßig bei 300 Betriebsstunden fällig. Sie wurde jedoch vorzeitig bei 275 Betriebsstunden durchgeführt. Die nächste 100-Stunden-Kontrolle ist dann planmäßig bei 375 Betriebsstunden, bei Inanspruchnahme der höchstmöglichen Zeittoleranz von 10 Stunden spätestens bei 385 Stunden durchzuführen.

5. Die NfL II-26/81 und II-34/82 werden hiermit aufgehoben.

Braunschweig, den 15.07.99 (B3130899.K)

Der Direktor des Luftfahrt-Bundesamtes
Horst

Luftfahrt-Bundesamt

Lufttüchtigkeitsanweisung
LTA-Nr.: 2001-247

Datum der Bekanntgabe: 23.08.2001

Muster: Avions Pierre Robin R3000/140	**AD der ausländischen Behörde:** DGAC CN 2001-127(A) vom 04.04.2001
Geräte-Nr.: 1075	**Technische Mitteilungen des Herstellers:** Robin Aviation Service Bulletin 176 vom 06.02.2001

Betroffenes Luftfahrtgerät:

Avions Pierre Robin
R3000/140

- **Baureihen:** R3000/100, R3000/120, R3000/120D, R3000/140, R3000/160, R3000/160S und R3000/180.

- **Werk-Nrn.:** Alle Flugzeuge der genannten Baureihen.

Betrifft:
Tragflügelbefestigung am Rumpf.

Maßnahmen:
Ausführung der Massnahmen des Service Bulletins 176.

Fristen:
Die geforderte Massnahme ist an Flugzeugen mit einer Betriebszeit
- von weniger als 2000 Flugstunden innerhalb der folgenden 2000 Flugstunden oder bei der 6 (sechs) Jahreskontrolle auszuführen. Massgebend ist die erst erreichte Frist.
- von mehr als 2000 Flugstunden innerhalb der folgenden 50 Flugstunden oder bei der folgenden Jahresnachprüfung auszuführen. Massgebend ist die erst erreichte Frist.

Diese Lufttüchtigkeitsanweisung entspricht hinsichtlich der durchzuführenden Maßnahmen und Fristen der DGAC CN 2001-127(A) vom 04.04.2001

Durch die vorgenannten Mängel ist die Lufttüchtigkeit des Luftfahrtgerätes derart beeinträchtigt, daß es nach Ablauf der genannten Fristen nur in Betrieb genommen werden darf, wenn die angeordneten Maßnahmen ordnungsgemäß durchgeführt worden sind. Im Interesse der Sicherheit des Luftverkehrs, das in diesem Fall das Interesse des Adressaten am Aufschub der angeordneten Maßnahmen überwiegt, ist es erforderlich, die sofortige Vollziehung dieser LTA anzuordnen.

Rechtsbehelfsbelehrung:
Gegen diese Verfügung kann innerhalb eines Monats nach Bekanntgabe Widerspruch eingelegt werden. Der Widerspruch ist schriftlich oder zur Niederschrift beim Luftfahrt-Bundesamt, Hermann-Blenk-Str. 26, 38108 Braunschweig einzulegen.

LTAs werden auch im Internet unter http://www.lba.de publiziert

* * *

Luftfahrt-Bundesamt

Lufttüchtigkeitsanweisung
LTA-Nr.: 2001-189

Datum der Bekanntgabe: 28.06.2001

Muster: Socata TB10	**AD der ausländischen Behörde:** DGAC CN 2001-002(A) vom 10.01.2001
Geräte-Nr.: 1063	**Technische Mitteilungen des Herstellers:** Socata Repair 20-018 vom 01.12.2000 Socata Service Bulletin 10-114-55 vom September 2000

Betroffenes Luftfahrtgerät:

Socata
TB10

- **Baureihen:** TB9, TB10, TB200, TB20 und TB21.

- **Werk-Nrn.:** Alle Flugzeuge der genannten Baureihen, die zum Inkraftsetzungsdatum dieser Lufttüchtigkeitsanweisung älter als 4 Jahre sind oder eine Gesamtbetriebszeit von mehr als 2000 Flugstunden haben.

Betrifft:
Mögl. Risse in der unteren Seitenruderaufhängung.

Maßnahmen:
Sichtprüfung der unteren Seitenruderaufhängung nach Service Bulletin 10-114-55.

Reparatur bei Notwendigkeit nach Reparaturdokumentation 20-018.

Der Flugzeughersteller ist über die Inspektionsergebnisse zu informieren.

Fristen:
Die Inspektion ist spätestens bei der folgenden planmässigen Instandhaltungsmassnahme auszuführen.

Reparaturen sind vor dem folgenden Flug auszuführen.

Durch die vorgenannten Mängel ist die Lufttüchtigkeit des Luftfahrtgerätes derart beeinträchtigt, daß es nach Ablauf der genannten Fristen nur in Betrieb genommen werden darf, wenn die angeordneten Maßnahmen ordnungsgemäß durchgeführt worden sind. Im Interesse der Sicherheit des Luftverkehrs, das in diesem Fall das Interesse des Adressaten am Aufschub der angeordneten Maßnahmen überwiegt, ist es erforderlich, die sofortige Vollziehung dieser LTA anzuordnen.

Rechtsbehelfsbelehrung:
Gegen diese Verfügung kann innerhalb eines Monats nach Bekanntgabe Widerspruch eingelegt werden. Der Widerspruch ist schriftlich oder zur Niederschrift beim Luftfahrt-Bundesamt, Hermann-Blenk-Str. 26, 38108 Braunschweig einzulegen.

LTAs werden auch im Internet unter http://www.lba.de publiziert
* * *

Lufttüchtigkeitsanweisung
LTA-Nr.: 2001-224

Datum der Bekanntgabe: 26.07.2001

Muster: Cessna Cessna T206H	**AD der ausländischen Behörde:** FAA AD 2001-09-06 Amdt. 39-12211
Geräte-Nr.: 673b	**Technische Mitteilungen des Herstellers:** Cessna Service Bulletin SB00-55-03 vom 28.08.2000

Betroffenes Luftfahrtgerät:

Cessna
Cessna T206H

- **Baureihen:** Cessna 206H, Cessna T206H.

- **Werk-Nrn.:** 20608001 bis 20608053, 20608055 bis 20608086, 20608088 und 20608089.

  T20608001 bis T20608093, T20608095 bis T20608145, T20608147, T20608149, T20608150, T20608152, T20608156, T20608157 und T20608160.

Betrifft:
Fehlerhafte Beschläge der Verstärkungen für die Höhenflossenbefestigungen.

Maßnahmen:
Sichtprüfung der Höhenflossenbefestigungen mit der Teilenr.: 1232624-1 auf das Vorhandensein von Schweissnähten nach Service Bulletin 00-55-03.

Austausch der Verstärkungsbeschläge gegen neue oder einbaufähige der gleichen Teilenr., wenn keine Schweissnähte gefunden werden, nach Service Bulletin 00-55-03.

Es dürfen keine Bauteile der genannten Teilenr. mehr in Flugzeuge eingebaut werden, wenn nicht die Forderungen dieser Lufttüchtigkeitsanweisung an diesen Bauteilen erfüllt werden.

Fristen:
Die Sichtprüfung ist innerhalb der folgenden 20 Flugstunden auszuführen.

Bauteile, die nicht den Forderungen dieser Lufttüchtigkeitsanweisung entsprechen, sind vor dem folgenden Flug nach der Sichtprüfung auszuwechseln.

Diese Lufttüchtigkeitsanweisung entspricht hinsichtlich der durchzuführenden Maßnahmen und Fristen der FAA AD 2001-09-06 Amdt. 39-12211

Durch die vorgenannten Mängel ist die Lufttüchtigkeit des Luftfahrtgerätes derart beeinträchtigt, daß es nach Ablauf der genannten Fristen nur in Betrieb genommen werden darf, wenn die angeordneten Maßnahmen ordnungsgemäß durchgeführt worden sind. Im Interesse der Sicherheit des Luftverkehrs, das in diesem Fall das Interesse des Adressaten am Aufschub der angeordneten Maßnahmen überwiegt, ist es erforderlich, die sofortige Vollziehung dieser LTA anzuordnen.

Rechtsbehelfsbelehrung:
Gegen diese Verfügung kann innerhalb eines Monats nach Bekanntgabe Widerspruch eingelegt werden. Der Widerspruch ist schriftlich oder zur Niederschrift beim Luftfahrt-Bundesamt, Hermann-Blenk-Str. 26, 38108 Braunschweig einzulegen.

LTAs werden auch im Internet unter http://www.lba.de publiziert

* * *

LSG-B Newsletter des DAeC

Auszug aus dem Newsletter: *Folgende Rotax-Service-Mitteilungen sind bei uns eingegangen und können mit einem mit 3 Mark frankierten A 5 Rückumschlag bei uns unter Angabe der jeweiligen Nummer abgefordert werden. Die Service-Mitteilung finden Sie auch im Internet unter http://www.rotax-aircraft-engines.com*

- **SB-914-011 UL**
  912 UL, 912 ULS, 912 ULSFR, 914 UL 0 1 13.03.2001. Austausch der Ventilfederteller bei Einzelventilfeder-Ausführung bei ROTAX Motor Type 912 und 914 (Serie)

- **SB-914-016 UL**
  912 UL, 912 ULS, 912 ULSFR, 914 UL 0 0 01.05.2001. Kontrolle bzw. Austausch des Motorträgers T.Nr. 886 567 bei ROTAX Motor Type 912 und 914 (Serie)

- **SB-912-028 UL**
  912 UL, 912 ULS, 912 ULSFR, 914 UL 0 0 01.05.2001. Kontrolle bzw. Austausch des Motorträgers T.Nr. 886 567 bei ROTAX Motor Type 912 und 914 (Serie)

- **SB-914-017 UL**
  914 UL 0 0 01.05.2001. Kontrolle bzw. Austausch der Einströmrohre bei ROTAX Motor Type 914 (Serie)

- **SB-914-018 UL**
  912 UL, 914 UL 0 0 01.05.2001. Kontrolle des Kurbelgehäuses bei ROTAX Motor Type 912 und 914 (Serie)

- **SB-912-029 UL**
  912 UL, 914 UL 0 0 01.05.2001. Kontrolle des Kurbelgehäuses bei ROTAX Motor Type 912 und 914 (Serie)

- **SI-18-1997**
  912 A, 912 F, 912 S, 912 UL, 912 ULS, 914 F, 914 UL 0 3 01.07.2001 n.a. Auswahl von Motoröl und allgemeine Betriebshinweise für Rotax Motor Type 912 und 914 (Serie)

- **SI-06-1998**
  447 UL, 503 UL, 532 UL, 582 UL, 618 UL 0 1 01.07.2001 n.a. Modifikation beim Untersetzungsgetriebe Type "C" und Type "E" für ROTAX 2-Takt UL Flugmotoren

- **SL-2ST-005**
  447 UL, 503 UL, 582 UL, 618 UL 0 0 01.07.2001 n.a. Laufende Modifikationen an den Vergasern für ROTAX 2-Takt UL Flugmotoren

Listen der in Deutschland zugelassenen Luftfahrtgeräte

Das Luftfahrt-Bundesamt veröffentlicht u.a. im Internet unter *http://www.lba.de* umfassende Gerätekennblätter aller für die Luftfahrt zugelassenen Geräte. Zum Schluß dieses Kapitels ist aus den Listen *Flugzeuge bis 2.000 kg Höchstmasse*, *Motorsegler*, *Flugüberwachungs- und Navigationsgeräte* sowie *Funkgeräte* auszugsweise je eine Seite veröffentlicht, um den Umfang der Kennblätter und ihren Inhalt zu veranschaulichen.

Da täglich neue Zulassungen erteilt werden, bietet das Luftfahrt-Bundesamt den Service, die aktuelle Ausgabe-Nummer des gewünschten Kennblatts über das Internet abzufragen. Diese Liste wird monatlich aktualisiert.

Luftfahrt-Bundesamt

Geräteart: Flugzeuge
Subject: Aeroplanes

Kennblatt- u. Geräte-Nr. TS-Nr. JTSO-Nr. TCDS-No. and Approval-No. TS-No. JTSO-No.	Gerät (Kurzbezeichnung) Type of Product or Article	Hersteller (Kurzbezeichnung) Manufacturer's Name (abbreviation)	Zugelassene Baureihe Type or Models approved	Gültige Ausgabe/Datum (Kennblatt,EBL) Valid revision/date (TCDS,TS,DDP)	Bemerkungen Remarks
1	2	3	4	5	6
		Commander Aircraft	Commander 114 TC	1 (7/96)	
1041	HR 200/100	Avions Pierre Robin	HR 200/100, HR 200/120 B, R 2100, R 2100 A, R 2160 D	10 (11/99)	
1042	Great Lakes 2T-1A-1	Great Lakes Aircraft	2T-1A-1, 2T-1A-2	5 (12/84)	
1043	Pitts S-1S	a) Aerotek b) Christen	Pitts S-1S	4 (5/2001)	
		Christen	Pitts S-2B	1 (1/92)	
		a) Aerotek b) Christen c) Aviat	Pitts S-2A	4 (9/96)	
1044	CAP 10B	a) C.A.A.R.P. (Frankreich) b) Avions Mudry (Frankreich)	CAP 10B	1 (10/81)	
1046	Zlin 43	Moravan (CSFR)	Zlin 43	3 (11/91)	
1048	VoWi 10	AIRCONCEPT	VoWi 10	2 (3/95)	
1049	P.68 "Victor"	PARTENAVIA (Italien)	P.68 "Victor", P.68 B "Victor", P.68 C, P.68 C-TC, P.68 "Observer", AP 68 TP Serie 300 "SPARTACUS"	10 (1/88)	
1050	Lake LA-4-200	Lake Aircraft	LA-4-200	2 (3/82)	
1056	GA-7	Grumman	GA-7	1 (6/79)	
1057	FT-600	Rhein-Flugzeugbau	FT-600, FT-400	2 (12/85)	
1058	Piper PA-38-112	Piper	PA-38-112	2 (8/81)	
1059	Piper PA-44-180	Piper	PA-44-180, PA-44-180T	6 (12/95)	
1060	Beech 76	Beech	Beech 76	1 (6/79)	
1062	Zlin Z 50 LS	Moravan (CSFR)	Zlin Z 50 LS Zlin Z 50 L Zlin Z 50 LA	3 (1/92) 1 (1/92) 1 (1/92)	
1063	TB10	Socata	TB10, TB9, TB20, TB21 TB 200	14 (4/98) 4 (6/97)	
1065	Beech 77	Beech	Beech 77	1 (9/80)	
1066	SC01	FFT	SC01, SCO1B, SCO1B-160	5 (6/91)	
1070	Zlin 142	Moravan (CSFR)	Zlin 142	2 (7/91)	
1075	R3000/140	Avions Pierre Robin	R3000/140, R3000/120D, R3000/160	3 (11/89)	
1076	Piper PA-46	Piper	Piper PA-46-310P Piper PA-46-350P	4 (3/96) 5 (7/99)	
1078	Grob G 115	Grob	Grob G 115	4 (4/93)	

Ausgabe / Issue:2001-06-20

Luftfahrt-Bundesamt

5.3
Geräteart: Motorsegler
Subject: Powered Gliders

Kennblatt- u. Geräte-Nr. TS-Nr. JTSO-Nr. TCDS-No. and Approval-No. TS-No. JTSO-No.	Gerät Type of Product or Article	Hersteller (Kurzbezeichnung) Manufacturer's Name (abbreviation)	Zugelassene Baureihe Type or Models approved	Gültige Ausgabe/Datum (Kennblatt,EBL) Valid revision/date (TCDS,TS,DDP)	Bemerkungen Remarks
1	2	3	4	5	6
847	Nimbus-3DM	Schempp-Hirth	Nimbus-3DM Nimbus-3DT	1 (4/91) 4 (10/92)	
850	KIWI	a) Valentin b) FFT, Mengen	KIWI	4 (4/92)	
851	ASW 20 TOP	Schleicher	ASW 20 TOP ASW 20L TOP ASW 20B TOP ASW 20BL TOP ASW 20C TOP ASW 20CL TOP	2 (4/90) 2 (4/90) 2 (4/90) 2 (4/90) 2 (4/90) 2 (4/90)	
852	HB-23/2400-SP	HB-Aircraft (Österreich)	HB-23/2400-SP	1 (2/89)	
856	ASTIR CS TOP	Grob	ASTIR CS TOP ASTIR CS 77 TOP	1 (2/92) 1 (10/90)	
		Fischer + Entw.	ASTIR CS Jeans TOP	1 (10/90)	
858	ASH 25E	Schleicher	ASH 25E ASH 25EB ASH 25M	4 (3/2001) 1 (12/97) 3 (3/2001)	
859	ASW 24 E	Schleicher	ASW 24 E	2 (10/92)	
863	Discus bT	Schempp-Hirth	Discus bT Discus bM	2 (8/94) 2 (4/96)	
864	ASW 24 TOP	Schleicher	ASW 24 TOP	1 (2/92)	
865	Standard Cirrus TOP	a) Grob b) Schempp-Hirth	Standard Cirrus TOP	1 (7/92)	
		Schempp-Hirth	Standard Cirrus B TOP	1 (7/92)	
866	DG-600 M	Glaser-Dirks	DG-600 M DG-600/18M	2 (2/95) 3 (3/96)	
868	Nimbus-4M	Schempp-Hirth	Nimbus-4M Nimbus-4DT Nimbus-4T Nimbus-4DM	1 (11/93) 2 (9/95) 1 (6/93) 2 (7/98)	
869	G103C TWIN III SL	Burkh. Grob	G103C TWIN III SL	3 (9/92)	
873	DG-800 A	a) Glaser-Dirks b) DG Flugzeugbau	DG-800 A DG-800 B DG-800 LA	3 (3/98) 4 (12/99) 3 (3/98)	
874	L 13 SL Vivat	Aerotechnik, Uherske	L 13 SL Vivat L 13 SEH Vivat L 13 SDM Vivat L 13 SDL Vivat	2 (9/93) 2 (6/97) 2 (5/97) 1 (2/95)	
880	CARAT	Technoflug Leichtflugzeugbau GmbH	CARAT	1 (4/2001)	

Ausgabe / Issue:2001-05-10

Luftfahrt-Bundesamt

12.1.4

Geräteart: Flugüberwachung- und Navigationsgeräte
Subject: Flight and Navigation Instruments

Kennblatt- u. Geräte-Nr. TS-Nr. JTSO-Nr. / TCDS-No. and Approval-No. TS-No. JTSO-No.	Gerät (Kurzbezeichnung) / Type of Product or Article	Hersteller (Kurzbezeichnung) / Manufacturer's Name (abbreviation)	Zugelassene Baureihe / Type or Models approved	Gültige Ausgabe/Datum (Kennblatt,EBL) / Valid revision/date (TCDS,TS,DDP)	Bemerkungen / Remarks
1	2	3	4	5	6
Kreiselhorizonte / Gyroscopic Horizon					
10.242/13	Horizont 903 BD	Bodenseewerk	903 BD ()	2 (11/73)	
Kurskreiselanlagen / Magnetic Stabilized Gyro Systems					
10.420/6	Kurskreisanlage C-2G	Gauting	C-2G	1 (2/77)	
Trägheitsnavigationssysteme / Inertial Navigation Systems					
10.480/1	Trägheitsnavigationssystem LTN 51	Litton (Canada)	LTN 51	1 (4/73)	
10.480/2	Trägheitsnavigationssystem LTN 72	Litton (Canada)	LTN 72, LTN 72-r	2 (10/76)	
10.480/4	Kurs- und Lagereferenzsystem LCR-88	LITEF	LCR-88	6 (3/95)	TS
10.480/7	Kurs- und Lagereferenzsystem LCR-92	LITEF	LCR-92S LCR-92H	5 (6/98)	TS
10.480/8	Kurs- und Lagereferenzsystem LCR-93	LITEF	LCR-93	2 (4/98)	JTSO
10.480/8	Kurs- und Lagerreferenzsystem LCR-93	LITEF	LCR-93	03.05.1999	JTSO
10.480/9	LTR-97 LTR-98	LITEF	LTR-97 LTR-98	06.05.1999	JTSO
Navigationsdisplay / Moving Map Display					
10.981/1	Navigationsmanagement-system GNS-X (NMU)	AlliedSignal	GNS-X	1 (1/98)	
10.981/2	Flight-Management-System GNS-XL	AlliedSignal, USA	GNS-XL	1 (4/98)	
10.982/1	Navigationsdisplay mit Rechner Argus	Eventide Avionics	Argus 3000, Argus 5000, Argus 7000, Argus 5000 CE, Argus 7000 CE	2 (1/98)	
10.982/2	Navigations Management System UNS-1M	Universal Avionics	UNS-1M	1 (12/97)	
10.982/3	Navigations Management System UNS-1Msp	Universal Avionics	UNS-1Msp	1 (3/98)	

Ausgabe / Issue: 2001-06-21

10.15.1

Luftfahrt-Bundesamt

Geräteart: Funkgeräte
Subject: Radio Equipment

Kennblatt- u. Geräte-Nr. TS-Nr. JTSO-Nr. / TCDS-No. and Approval-No. TS-No. JTSO-No.	Gerät / Type of Product or Article	Hersteller (Kurzbezeichnung) / Manufacturer's Name (abbreviation)	Zugelassene Baureihe / Type or Models approved	Gültige Ausgabe/Datum (Kennblatt,EBL) / Valid revision/date (TCDS,TS,DDP)	Bemerkungen / Remarks
1	2	3	4	5	6

Satelliten-Navigationssysteme
Satellite-Navigation Systems

10.971/1	GPS-Navigationsempfänger GPS 100	Garmin (USA)	GPS 100	1 (1/93)	
10.916/1	KLN 90A	AlliedSignal, USA	KLN 90A	1 (5/95)	
10.916/2	GPS-Navigationssystem GPS-1000	Universal Avionics	GPS-1000	1 (1/98)	
10.916/3	GPS-Navigationssystem AeroNav	Aerodata Aerodata Aerodata	AeroNav Aeronav II AeroNav III	3 (7/98) 1 (7/98) 1 (7/98)	
10.916/4	GPS-Navigationssystem KLN 89B	AlliedSignal	KLN 89B	2 (11/98)	
10.916/6	GPS-Navigationssystem GLNU	Daimler-Benz Aerospace	GLNU	1 (3/96)	
10.916/7	GPS-Navigationssystem KLN 90B	AlliedSignal	KLN 90B, KLN 900	5 (2/99)	
10.916/8	GPS-Navigationssystem GPS 155	Garmin	GPS 155, GPS 165	2 (4/98)	
10.916/9	GPS-Navigationssystem Trimble 2000 Approach	Trimble	2000 Approach, 2101 Approach 2101 Approach I/O	3 (3/98)	
10.916/10	GPS 155XL	Garmin	GPS 155XL	1 (9/98)	
10.916/11	GNC 300XL	Garmin Inc.	GNC 300XL	17.05.2000	JTSO
10.916/12	Stand-Alone GPS-Navigationssystem Trimble 2000 Approach Plus	Trimble	Trimble 2000 Approach Plus Trimble 2101 Approach Plus Trimble 2101 I/O Approach Plus	1 (10/97)	
10.916/13	GPS-Navigationssystem 2001 GPS	II Morrow	2001 GPS, 2001 NMC	1 (12/97)	
10.916/14	Rockwell-Collins GPS-4000	Rockwell-Collins	GPS-4000-001, GPS-4000-002 GPS-4000-003	2 (12/98)	
10.916/15	GPS-Navigationssystem HAT 9100	Trimble	HAT 9100, HAT 1000	1 (12/97)	
10.916/16	GNSSU/HG2021 ()	Honeywell (USA)	GNSSU/HG2021 ()	1 (8/98)	
10.916/17	AD-GMU-100, AD-GMU-110	Aerodata Flugmesstechnik	AD-GMU-100, AD-GMU-110	02.11.1999	TS
10.916/20	GPS 400	Garmin Inc.	GPS 400	31.03.2000	NTSO
10.916/23	KLN94	Honeywell	KLN94	24.11.2000	JTSO

Satelliten-Kommunikation
Satellite-Communication

10.917/2	SATCOM-System MCS-3000/6000	Honeywell (USA)	MCS-3000, MCS-6000	1 (9/98)	TS

Allgemeine Datenübertragungsanlagen
General Data Module

10.918/1	Jetcall 2000	a) Rhode & Schwarz, b) Mors	Jetcall 2000	2 (5/96)	TS

Ausgabe / Issue:2001-06-21

Kapitel 5
Luftfahrtunternehmen und Luftfahrtbehörden im Internet (WWW)

Einführung

In diesem Kapitel werden ausgewählte Webpages (Webpage = Einzelne Webseite; Website = Gesamte Präsenz im Internet; Homepage = Einstiegsseite zur Website) aus dem gesamten Bereich der Luftfahrt vorgestellt, die in unmittelbarer Beziehung zum Thema dieses Handbuchs stehen. Dazu zählen Flugzeug- und Avionic-Hersteller, nationale Luftfahrt-Behörden und -Organisationen, Unternehmen der Finanz- und Versicherungswirtschaft sowie Unternehmen, die sich mit dem Handel von Flugzeugen im Internet (WWW) oder in Luftfahrt-Magazinen und -Zeitschriften befassen. Zur letzten Kategorie gehören in dieser Webpage-Vorstellung Luftfahrtzeitschriften mit zum Teil umfangreichen Flugzeug-Angeboten in ihren Anzeigenbereichen.

Der Schwerpunkt der Vorstellung liegt auf den Webpages, deren Inhalt sich unmittelbar auf Flugzeuge bezieht. Waren in einer Website zum Zeitpunkt der Arbeiten an diesem Handbuch solche produktspezifischen Webpages nicht vorhanden, wurden die Homepages abgebildet.

Die Abbildungen aus den Websites wurden als Screenshots der entsprechenden Abbildungen im Microsoft Internet Explorer Version 5.5 mit der Software Jasc Capture Professional erstellt. Die zu den Webpages gehörige Web-Adresse (URL, Uniform Resource Locator) ist jeweils oberhalb der Abbildung im Adreßfenster ablesbar.

Die Webpage-Darstellungen sind alphabetisch nach Namen der Unternehmen bzw. Behörden oder Organisationen sortiert. Um die Webpages möglichst groß abzubilden, wurden die Bildunterschriften auf die laufende Abbildungsnummer und den Namen reduziert.

Kurze Erläuterungen zu den einzelnen Websites wie auch die Verweise zu den Abbildungsnummern und den Namen sind in den folgenden Texten ebenfalls in alphabetischer Reihenfolge enthalten.

Die Webpage-Auswahl in diesem Handbuch ist keine Wertung, sondern ein repräsentativer Querschnitt über im World Wide Web (WWW) vertretene Unternehmen, Behörden oder Organisationen der Allgemeinen Luftfahrt, sofern sie in einem Zusammenhang mit dem Inhalt dieses Handbuchs stehen.

Anhand dieser Web-Adressen kann sich ein potentieller Flugzeugkäufer auch virtuell durch die ihn interessierende Thematik klicken, um spezielle Informationen zu recherchieren.

Kurzbeschreibung der Webpages und Websites

Aero Finanz, Abbildung 5.1

Eine der führenden Finanzierungs- und Leasinggesellschaften im Luftfahrtbereich ist die Aero Finanz in Düsseldorf. Die Website ist als Image-Repräsentanz im WWW mit Basisinformationen gestaltet. Sie eignet sich für eine grobe Übersicht und zur Kontaktaufnahme.

Aerokurier, Abbildung 5.2

Deutschlands führendes Luftfahrtmagazin ist im WWW mit einer detaillierten Website vertreten. Interessant sind die übersichtlich gestalteten Anzeigenbereiche des Magazins, darunter viele Flugzeugangebote. Der Umfang und Inhalt dieser Angebote spiegelt recht zuverlässig die aktuelle Situation am Flugzeug-Gesamtmarkt wider.

Aeromarkt, Abbildung 5.3

Einen sehr guten Überblick über Flugzeugangebote erhält man auch auf der Website des Aeromarkt. Die Website ist gut strukturiert, die Links führen schnell und ohne Schnörkel auf die gewünschten Webpages.

AOPA Aircraft Owners and Pilots Association Germany, Abbildung 5.4

Die deutsche Repräsentanz der weltweit agierenden IAOPA bietet auf ihrer Website eine Menge an Informationen rund um Pilot und Flugzeug. Spezielle Bereiche der Website sind leider nur für Mitglieder mit Zugangscode möglich.

Atlas Air Service, Abbildung 5.5

Atlas Air Service zählt seit vielen Jahren zu den führenden Flugzeughändlern und Werftbetrieben in Deutschland. Spezialisiert ist das Unternehmen u.a. auf Flugzeuge des US-Herstellers Cessna, darunter vorwiegend auf die Cessna Caravan und den Business-Jet Cessna Citation.

Das Layout der Website entspricht leider nicht dem Standard, die Recherchen nach Flugzeug-Details sind aber befriedigend.

Beech Aircraft, Abbildung 5.6

Unterkühlt ist der Web-Auftritt von Beechcraft. Die Suche nach den Flugzeugtypen der Allgemeinen Luftfahrt über die Raytheon-Einstiegsseite ist etwas umständlich und geht nur langsam vonstatten. Mit knapp gehaltenen Informationen auf wenig Raum stehen dennoch einige Detail-Informationen über alle Flugzeugmodelle zur Verfügung, die Abbildungen aber sind zu klein.

Bendix-King Avionic, Abbildung 5.7

Der führende Avionic-Hersteller Bendix-King hat zwar den üblichen Tech-Website-Standard aller Luftfahrtunternehmen, die alphabetisch geordnete Produktübersicht aber ist perfekt und bietet vom ADF bis zum Transponder alle technischen Informationen und Abbildungen sowie die Verkaufspreise in US-Dollar. Hier kann der potentielle Flugzeugkäufer aus dem sehr übersichtlichen Angebot seine Avionic-Wunsch-Konfiguration zusammenstellen und sich auch gleich ein klares Bild über die Kosten machen.

Cessna Aircraft, Abbildung 5.8

Die Website ist sehr sauber aufgebaut, das Flugzeug-Angebot - getrennt nach Citation, Caravan und der Palette der Einmotorigen - bietet umfangreiche technische Daten und Produktfotos in allen erdenklichen Größen. Dazu gehören ebenso detailreiche Abbildungen der Panels mit der Standard-Avionic.

Comco Ikarus UL, Abbildung 5.9

Die Website ist ordentlich gegliedert, der Zugang zu den Informationen über die Ultraleicht-Flugzeuge dieses Unternehmens sehr schnell möglich. Die Flugzeug- und Innenraum-Abbildungen sind vergrößerbar und bieten eine gute Übersicht. Die technischen Daten sowie die Preise für Flugzeug und Zubehör können unmittelbar je Modell in einer Fußleiste abgerufen werden.

Commander Aircraft / COM AIR, Abbildung 5.10

Die auf einer einzigen Webpage zusammengefaßten Beschreibungen, Informationen und Abbildungen der Commander 115 ersparen das mühsame Klicken durch Links auf andere Websites. Das entspricht zwar nicht dem Standard, ist aber komfortabel: Alle Informationen, technische Daten und Abbildungen sind mit der Scroll-Leiste erreichbar.

DAeC Deutscher Aero Club, Abbildung 5.11

Das für Vereine typische Webdesign ist auch beim DAeC zu finden. Dieses nicht sehr einfallsreiche Konzept läßt wenig Spielraum für strukturierte Informationen für Motorflieger. An Besonderheiten über Flugzeugkauf oder -betrieb wird wenig geboten. Trotzdem ist die Website wegen der allgemeinen fliegerischen Informationen (Termine, Fachthemen, Veranstaltungen usw.) interessant.

DFS Deutsche Flugsicherung GmbH, Abbildung 5.12

Das Konzept der Website der DFS ist seit Jahren unverändert. Im Vordergrund stehen allgemeine Informationen, vorwiegend in Form von Selbstdarstellungen. Für Piloten und Flugzeugbesitzer interessant sind aber nach wie vor die Produktübersicht aus dem *Büro NfL* sowie einige Serviceangebote. Unverständlich sind zum Teil die auf der Homepage gesetzten Links zu den einzelnen Website-Bereichen: Über den Knopf *Customer Relations* erreicht man z.B. das Büro NfL. Weniger mißverständliche und unklare Anglizismen würden die Verständlichkeit erhöhen.

Diamond Aircraft, Abbildung 5.13

Auf der anspruchsvoll gestalteten Website wird der Motorsegler Katana mit allen technischen Daten, Beschreibungen und Abbildungen detailliert vorgestellt. Diese Informationen stehen als Acrobat-PDF-Datei zum Download zur Verfügung.

Fliegermagazin, Abbildung 5.14

Die Website dieses Luftfahrtmagazins beschränkt sich auf kürzeste Darstellungen der Inhalte des gedruckten Magazins. Im Anzeigenteil der Website sind leider nur ein paar Flugzeugangebote exemplarisch veröffentlicht. Ansonsten wird auf den Anzeigenteil des gedruckten Magazins verwiesen.

Garmin Avionic, Abbildung 5.15

Die Garmin-Website ist zum Teil nur sehr schwer erreichbar (je nach Tageszeit). Das Angebot umfaßt fast ausschließlich GPS-Empfänger. Die für die Luftfahrt geeigneten GPS-Geräte sind von dem Gros der Empfänger deutlich abgesetzt. Die Präsentation dieser Geräte ist umfangreich, die Abbildungen und die technischen Daten liefern detaillierte Informationen.

General Aviation, Abbildung 5.16

Interessant bei dieser Website sind verschiedene Informationen, die unmittelbar mit dem Betrieb von Flugzeugen zusammenhängen, so z.B. die Auflistung der Treibstoffpreise auf verschiedenen Verkehrslandeplätzen. Betrieben wird die Website von Riedel Computer Systeme, dem Softwarehaus, aus dem die Flugplanungssoftware *Pilot´s Workshop VFR* kommt.

Grümmer Luftfahrt-Versicherungen, Abbildung 5.17

Der Spezialist für Luftfahrtversicherungen bietet auf seiner auf das Wesentlichste beschränkten Website allgemeine Informationen über den umfangreichen Tätigkeitsbereich des Unternehmens mit der Möglichkeit, Online Angebote anzufordern.

Landings, Abbildung 5.18

Wenn eine Website zu den weltweit erfolgreichsten Websites gezählt werden muß, dann ist es die Luftfahrt-URL von *Landings* mit mehr als 31 Millionen Besuchern seit Bestehen (Stand September 2001). Diese US-Website bietet eine derartige Menge an Informationen und Datenbankinhalten aus dem gesamten Luftfahrtbereich, daß es schwerfällt, die Übersicht und den Durchblick zu behalten. Die für die Thematik dieses Handbuches wichtigen Website-Bereiche sind die Datenbanken über Flugzeuge sowie die Flugzeugverkaufsangebote. Neben der gedruckten Ausgabe des Flugzeughandel-Magazins *Trade-A-Plane* liefert *Landings* die zweitgrößte komplette Übersicht über den riesigen Luftfahrzeugmarkt der USA.

LBA Luftfahrt-Bundesamt, Abbildung 5.19

Erfreulich hat sich der Website-Inhalt des Luftfahrt-Bundesamtes in den vergangenen Jahren entwickelt. Neben der offensichtlich unvermeidlichen Selbstdarstellung einer Behörde samt Organigrammen stehen nun auf der Website fast lückenlos umfangreiche Schriften, Dokumente und Informationen aus dem Tätigkeitsbereich des LBA für die gesamte Luftfahrt zur Verfügung. Dieses Informationsangebot ist für zukünftige Flugzeugbesitzer, aber auch für Halter und Piloten in vielen Teilen unverzichtbar.

Mooney Aircraft, Abbildung 5.20

Gestaltung und Aufbau der Mooney-Website entsprechen weitgehend denen der anderen US-Flugzeughersteller. Informationen, technische Daten und Abbildungen über das Mooney-Einmot-Angebot sind übersichtlich positioniert und gut erreichbar.

Pezetel Mewa, Abbildung 5.21

Die zweimotorige Pezetel Mewa (Nachbau der Piper Seneca) wird in Deutschland von der Firma Hummelbrunner vertrieben, die neben diesem Flugzeug auch noch den Visionair Jet sowie Schlepper, Stapler und sonstige Lagertechnik in ihrem Werksvertretungssortiment hat. Die Struktur und das Layout der Website sind etwas unorthodox. Man findet aber alle Informationen zu den Flugzeugen ohne größere Probleme.

Pilatus Aircraft, Abbildung 5.22

Pilatus präsentiert sich auf der Homepage mit einem tiefschwarzen Hintergrund, der auch bei den weiterführenden Links unverändert die Übersichtlichkeit und Lesbarkeit der Webseiten erschwert. Die für die Allgemeine Luftfahrt interessante PC 12 wird in einer Foto-Galerie und mit allen technischen Daten sowie im Vergleich mit Konkurrenzmustern detailliert vorgestellt.

Piper Aircraft (USA und Deutschland), Abbildungen 5.23 und 5.24

Auch Piper USA schließt sich mit seiner Internet-Präsenz dem Erscheinungsbild der übrigen US-Flugzeughersteller an. Abweichend gestaltet ist die Einstiegsseite mit kleinen Abbildungen der gesamten Flugzeugpalette. Die Angabe der technischen Daten sowie die weiterführenden Produktinformationen entsprechen auch bei Piper dem Standard und sind für den Flugzeuginteressenten ausreichend.

Piper Deutschland hat das US-Piper-Website-Layout für seine deutsche Website übernommen und liefert neben der Flugzeugpräsentation zusätzlich Informationen über den Werftbetrieb in Kassel-Calden.

Robin Aviation, Abbildung 5.25

Intelisano, die deutsche Generalvertretung von Robin, hat das Layout der Website seit Jahren nicht verändert. Informationen über Neuflugzeuge sind nur per Anfrage erhältlich. Verfügbar ist eine Mini-Datenbank, in der vorwiegend Gebrauchtflugzeuge angeboten werden. Für eine Generalvertretung eines Flugzeugherstellers ist die Website entschieden zu dürftig.

Röder Cessna Flugzeughandel und Service, Abbildung 5.26

Röder ist seit Jahrzehnten der Begriff für Flugzeugwartung nicht nur im Rhein-Main-Gebiet. Das in Egelsbach (EDFE) ansässige Unternehmen präsentiert sich auf seiner Website jedoch nicht nur als Werftbetrieb, sondern auch als Flugzeughändler mit Schwerpunkt auf Einmotorigen des US-Flugzeugherstellers Cessna. Die Betreuungs- und Fachkompetenz des Hauses Röder bei Flugzeuganschaffungen ist sehr gut.

Rotax Flugmotoren, Abbildung 5.27

Rotax Flugmotoren findet man in Motorseglern und vorrangig in Ultraleicht-Flugzeugen. Die Website ist gut strukturiert und bietet eine umfassende Einführung in die Entwicklung der universell einsetzbaren Flugzeugmotoren.

Auf der Website *http:// www.rotax-aircraft-engines.com*, deren deutsche Fassung sich noch einige Zeit im Aufbau befinden wird, können jedoch schon jetzt umfangreiche Dokumentationen zu den Flugmotoren samt Service Bulletins eingesehen und heruntergeladen werden.

Socata Aviation, Abbildung 5.28

Eine recht übersichtliche Website präsentiert EADS Socata mit Sitz auf dem Flughafen Siegerland. Die Flugzeugabbildungen sind leider durchweg zu klein, Detailabbildungen sind nicht vorhanden.

Umfassende allgemeine Informationen sind je Flugzeugtyp sofort abrufbar, die technischen Daten allerdings sind nur als minderwertige Scans von englischsprachigen Originalen in Form von Acrobat-PDF-Dateien vorhanden. Die PDF-Downloads waren zum Zeitpunkt der Arbeiten an diesem Handbuch teilweise mit erheblichen Störungen verbunden.

Trade-A-Plane, Abbildungen 5.29 und 5.30

Die weltweit führende Zeitschrift über den Handel mit Flugzeugen ist auch im Internet (WWW) vertreten. Uneingeschränkten Zugang zu den Datenbanken allerdings hat nur der Abonnent der gedruckten Zeitschrift oder der Online-Version, der sich beim Login mit Zugangscodes ausweisen muß.

Es steht aber eine frei zugängliche Datenbank für jeden Website-Besucher zur Verfügung, die man nach vorhergehender Eingabe der unterschiedlichsten Kriterien ohne Einschränkung durchsuchen kann.

Für den potentiellen Flugzeugbesitzer, der sein Flugzeug in den USA kaufen möchte, ist zumindest kurzfristig ein Online-Abonnement von Trade-A-Plane unerläßlich. Für 8,85 US-Dollar kann man die Datenbanken drei Monate lang beliebig für Recherchen nach seinem Wunschflugzeug nutzen.

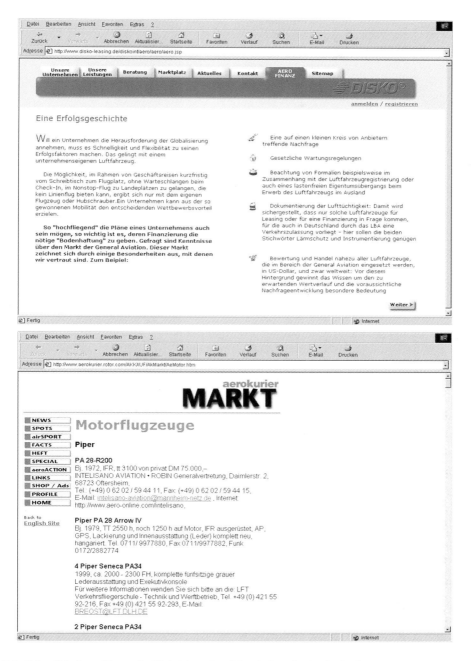

Abb. 5.1 + 5.2: Aero Finanz Luftfahrt-Leasing (oben), Aerokurier (unten).

Abb. 5.3 + 5.4: Aeromarkt (oben), AOPA Germany (unten).

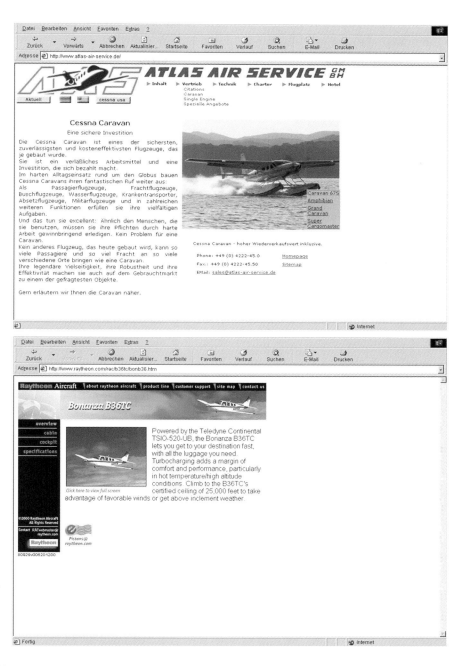

Abb. 5.5 + 5.6: Atlas Air Service (oben), Beech Aircraft (unten).

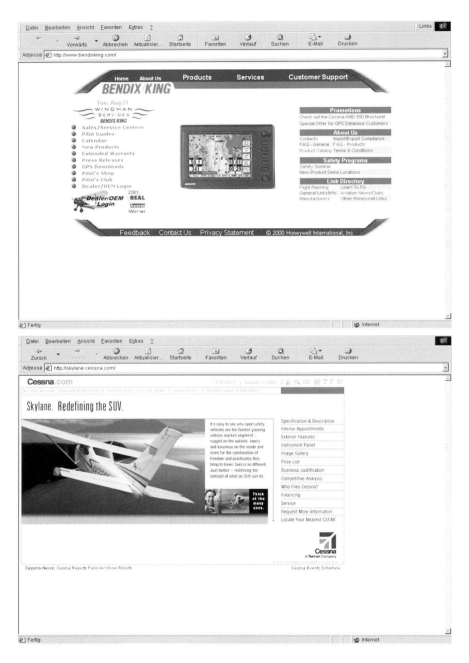

Abb. 5.7 + 5.8: Bendix/King Avionic (oben), Cessna Aircraft (unten).

Abb. 5.9 + 5.10: Comco Ikarus (oben), Commander/COM AIR (unten).

Abb. 5.11 + 5.12: Deutscher Aero Club (oben), DFS Deutsche Flugsicherung GmbH (unten).

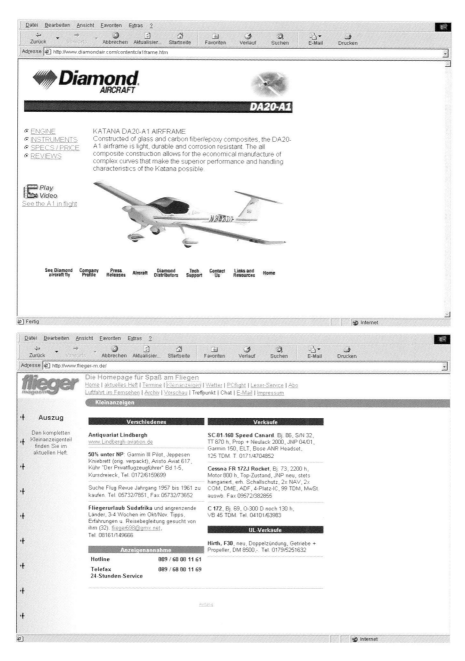

Abb. 5.13 + 5.14: Diamond Aircraft (oben), Fliegermagazin (unten).

Abb. 5.15 + 5.16: Garmin Avionic (oben), General Aviation (unten).

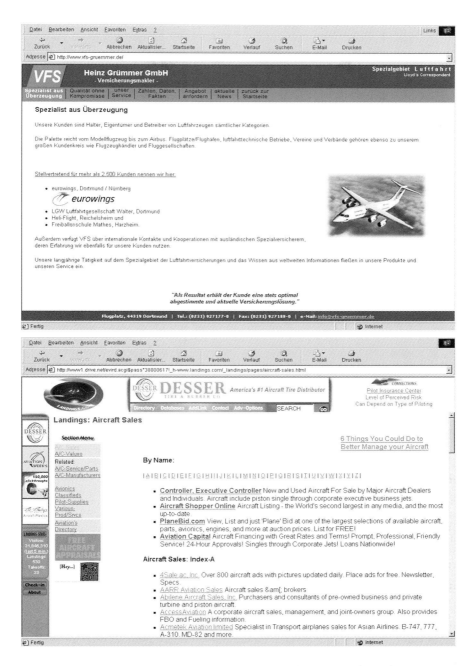

Abb. 5.17 + 5.18: Grümmer Luftfahrtversicherungen (oben), Landings (unten).

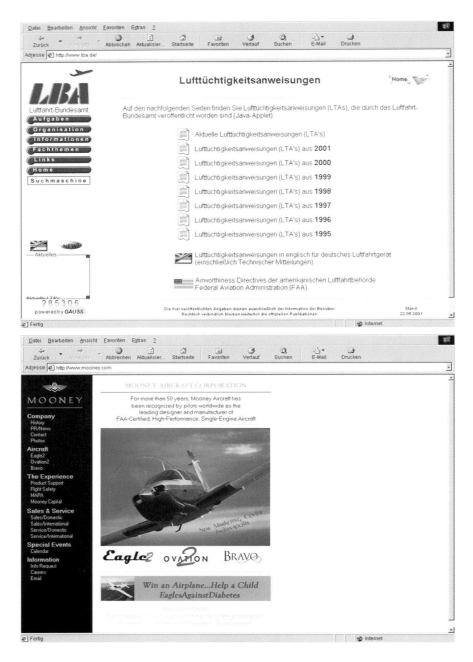

Abb. 5.19 + 5.20: Luftfahrt-Bundesamt (oben), Mooney Aircraft (unten).

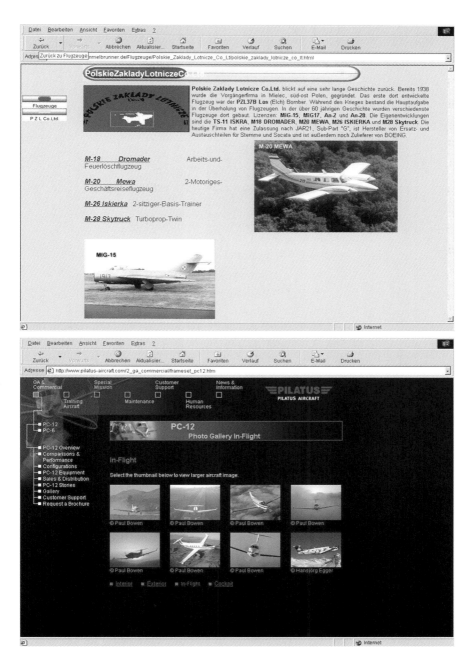

Abb. 5.21 + 5.22: Pezetel Mewa / Hummelbrunner (oben), Pilatus Aircraft (unten).

Abb. 5.23 + 5.24: Piper Aircraft USA (oben), Piper Germany (unten).

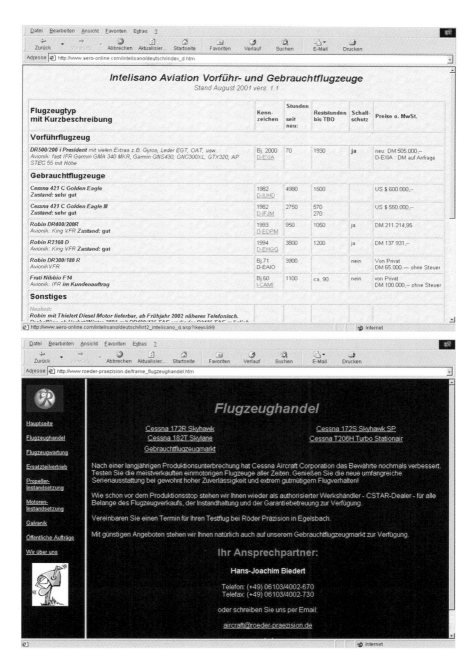

Abb. 5.25 + 5.26: Robin Aviation Intelisano (oben), Röder Cessna Flugzeughandel (unten).

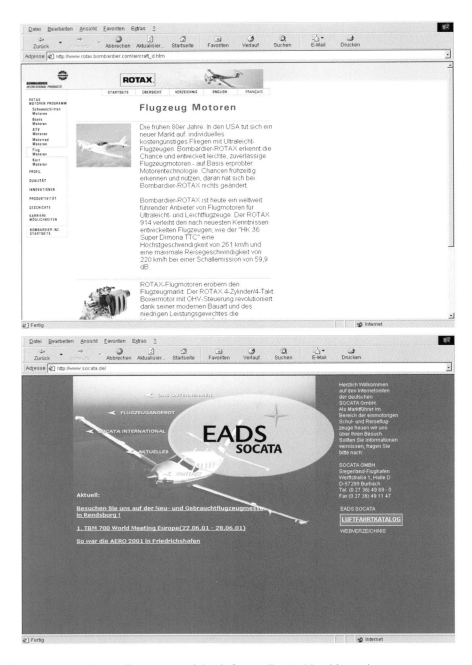

Abb. 5.27 + 5.28: Rotax Flugmotoren (oben), Socata Deutschland (unten).

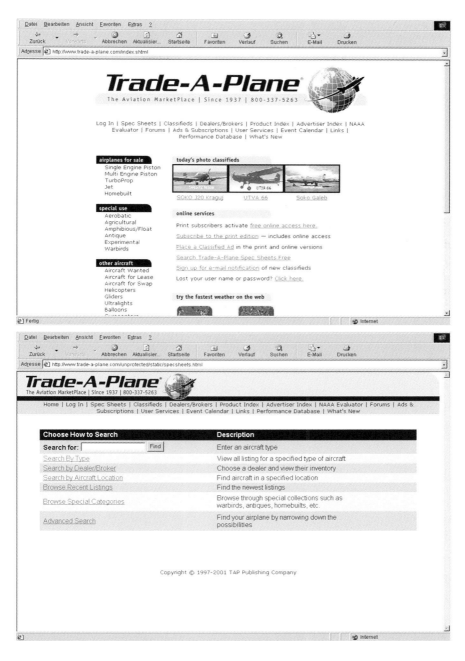

Abb. 5.29 + 5.30: Trade-A-Plane (oben und unten).

Kapitel 6
Flughäfen, Verkehrs- und Sonderlandeplätze in Deutschland

Starten und Landen in Deutschland

Die auf den nächsten Seiten folgenden Tabellen enthalten Daten über die Flughäfen sowie die Verkehrs- und Sonderlandeplätze in Deutschland.

Legende

Die Plätze sind alphabetisch nach Namen sortiert (**Spalte Flugplatz**). Daneben folgt die ICAO-Ortskennung (**Spalte ICAO**).

Die Koordinaten der Flugplätze (**Spalte Koord N** (Nord) und **Spalte Koord E** (Ost)) werden in **Grad, Minuten und Sekunden** angegeben (z.B. Aachen Merzbrück, 50 Grad 49 Minuten und 24 Sekunden Nord, 6 Grad 11 Minuten und 12 Sekunden Ost).

Diese Koordinaten sind nicht immer identisch mit denen der entsprechenden Flugplatzkarten der AIP VFR. Die Abweichung ist für VFR-Flüge aber ohne praktische Bedeutung.

Auch die Karten der AIP VFR liefern keine absolut korrekten Werte. Erst im Laufe der Zeit werden diese Karten im Rahmen der normalen AIP-Updates mit GPS-vermessenen Koordinaten (in Grad und dezimalen Minuten/Sekunden-Werten) neu herausgeben.

Die Platzhöhe in Fuß (**Spalte Elev ft**) sowie Angaben über die Start-/Landebahn (**Spalte S/L-Bahn**, Ausrichtung in Grad, Länge in Meter, Art des Belages (A = Asphalt, B = Beton, Bit = Bitumen, G = Gras)) ergänzen die Flugplatzdaten. <u>Anmerkung</u>: Bei mehreren Bahnen wird nur die Hauptbahn, bei mehreren Belagarten die Kombination (z.B. G/A) genannt.

Zweck der Tabellen

Bei Kauf, Leasing oder Charter von ein- und zweimotorigen Reiseflugzeugen ist es schon in der Planungsphase nützlich, die Verteilung der anfliegbaren Flugplätze in Deutschland zu kennen. Anhand der Tabelle kann sich der potentielle Flugzeug-Nutzer nicht nur über die Positionen der Plätze, sondern auch über die Höhe und die Eigenschaften der Hauptbahn mit Ausrichtung, Länge und Belagart informieren.

Mit den Koordinaten lassen sich die Plätze z.B. auf entsprechender Reise- und Routenplaner-Software blitzschnell lokalisieren. Das ist bei Überlegungen, ein Flugzeug anzuschaffen, für Unternehmen wichtig, wenn landesweite Geschäftsflüge durchgeführt und bestehende Geschäftskontakte logistisch abgeglichen werden sollen. Nicht zuletzt sind die Tabellen auch für den Standort eines zukünftigen Flugzeuges hilfreich, da beispielsweise beim geplanten Einsatz einer Zweimotorigen verschiedene Plätze alleine schon wegen der Länge oder des Belags der Start-/Landebahn nicht in Frage kommen und somit bereits im Vorfeld der Planungen ausgeschlossen werden können.

Detaillierte Informationen über die einzelnen Plätze können den Flugplatz-Lageplänen und Anflugkarten der AIP VFR entnommen werden. Daneben sind Betankungs- und Wartungsmöglichkeiten sowie sonstige Serviceinformationen erwähnt.

Als Beispiel dafür sind nach den Flugplatz-Tabellen die Sichtan- und Abflugkarte sowie die Flugplatzkarte des Verkehrslandeplatzes Aschaffenburg aus der AIP-VFR zu finden.

Flugplatz	ICAO	Koord N	Koord E	Elev ft	S/L-Bahn
Aachen Merzbrück	EDKA	50 49 24 N	06 11 12 E	623	08/26 - 520 - A
Aalen-Heidenheim	EDPA	48 46 40 N	10 15 53 E	1.916	09/27 - 950 - A
Achmer	EDXA	52 22 36 N	07 54 48 E	177	07/25 - 940 - G
Ahrenlohe	EDHO	53 42 00 N	09 44 24 E	33	05/23 - 500 - A
Ailertchen	EDGA	50 35 35 N	07 56 42 E	1.542	04/22 - 550 - G
Albstadt-Degerfeld	EDSA	48 14 59 N	09 03 37 E	2.881	09/27 - 580 - G
Alkersleben-Wülfershausen	EDBA	50 50 28 N	11 04 13 E	1.145	09/27 - 870 - A
Allendorf/Eder	EDFQ	51 02 07 N	08 40 44 E	1.158	11/29 - 1.097 - A
Allstedt	EDBT	51 23 00 N	11 26 30 E	930	07/25 - 1.200 - B
Altdorf-Wallburg	EDSW	48 16 11 N	07 50 32 E	625	07/25 - 495 - G
Altena-Hegenscheid	EDKD	51 18 48 N	07 42 36 E	1.552	06/24 - 600 - G
Altenburg-Nobitz	EDAC	50 58 55 N	12 30 23 E	641	04/22 - 1.795 - B
Ampfing-Waldkraiburg	EDNA	48 15 48 N	12 24 42 E	1.360	09/27 - 735 - G
Anklam	EDCA	53 50 00 N	13 40 30 E	18	09/27 - 900 - A
Ansbach-Petersdorf	EDQF	49 21 36 N	10 40 16 E	1.370	09/27 - 780 - G
Anspach-Taunus	EDFA	50 17 23 N	08 32 13 E	1.102	06/24 - 580 - G
Arnbruck	EDNB	49 07 31 N	12 59 06 E	1.716	17/35 - 425 - A
Arnsberg	EDLA	51 29 00 N	07 53 58 E	794	05/23 - 920 - A
Aschaffenburg	EDFC	49 56 20 N	09 03 45 E	410	08/26 - 653 - A
Aschersleben	EDCQ	51 45 54 N	11 29 54 E	525	11/29 - 900 - G
Attendorn-Finnentrop	EDKU	51 08 42 N	07 56 06 E	1.040	03/21 - 450 - G
Auerbach	EDOA	50 29 49 N	12 22 44 E	1.880	18/36 - 580 - G
Augsburg	EDMA	48 25 30 N	10 55 54 E	1.515	07/25 - 1.280 - A
Backnang-Heiningen	EDSH	48 55 11 N	09 27 19 E	963	11/29 - 500 - G
Bad Berka	EDOB	50 54 18 N	11 15 24 E	1.000	07/25 - 850 - G
Bad Ditzenbach	EDPB	48 33 46 N	09 43 45 E	2.362	16/34 - 400 - G
Bad Dürkheim	EDRF	49 28 24 N	08 11 48 E	351	08/26 - 480 - A
Bad Frankenhausen-	EDOF	51 22 24 N	11 08 30 E	760	08/26 - 650 - G
Bad Gandersheim	EDVA	51 51 10 N	10 01 35 E	792	18/36 - 675 - G
Bad Kissingen	EDFK	50 12 38 N	10 04 08 E	653	17/35 - 620 - G
Bad Langensalza	EDEB	51 07 46 N	10 37 16 E	649	09/27 - 700 - G
Bad Neuenahr-Ahrweiler	EDRA	50 33 31 N	07 08 12 E	672	11/29 - 477 - A
Bad Neustadt/Saale-Grasberg	EDFD	50 18 20 N	10 13 36 E	997	14/32 - 600 - A
Bad Pyrmont	EDVW	51 58 03 N	09 17 35 E	1.177	04/22 - 600 - A

Flugplatz	ICAO	Koord N	Koord E	Elev ft	S/L-Bahn
Bad Sobernheim-Domberg	EDRS	49 47 27 N	07 39 57 E	810	04/21 - 600 - G
Bad Windsheim	EDQB	49 30 36 N	10 21 59 E	1.220	08/26 - 690 - G
Bad Wörishofen-Nord	EDNH	48 00 59 N	10 36 58 E	2.034	08/26 - 568 - G
Baden-Baden/Oos	EDTB	48 47 31 N	08 11 12 E	405	04/22 - 600 - G
Ballenstedt	EDCB	51 44 46 N	11 13 45 E	533	09/27 - 560 - A
Baltrum	EDWZ	53 43 30 N	07 22 18 E	6	10/28 - 425 - G
Barßel	EDXL	53 09 53 N	07 47 37 E	9	12/30 - 600 - G
Barth	EDBH	54 20 17 N	12 42 36 E	22	09/27 - 1.150 - A
Bautzen	EDAB	51 11 36 N	14 31 12 E	550	07/25 - 2.200 - B
Bayreuth	EDQD	49 59 04 N	11 38 19 E	1.601	06/24 - 829 - A
Beilngries	EDNC	49 01 18 N	11 29 06 E	1.210	10/28 - 600 - G
Bergneustadt/A.d.Dümpel	EDKF	51 03 06 N	07 42 24 E	1.604	04/22 - 600 - G
Berlin-Schönefeld	EDDB	52 22 43 N	13 31 14 E	154	07/25 - 3.000 - A
Berlin-Tegel	EDDT	52 33 35 N	13 17 16 E	121	08/26 - 3.023 - A
Berlin-Tempelhof	EDDI	52 28 25 N	13 24 06 E	163	09/27 - 2.116 - A
Betzdorf-Kirchen	EDKI	50 49 06 N	07 49 57 E	1.126	08/26 - 500 - G
Biberach a.d. Riß	EDMB	48 06 43 N	09 45 50 E	1.903	04/22 - 780 - A
Bielefeld-Windelsbleiche	EDLI	51 57 57 N	08 32 47 E	453	11/29 - 700 - A
Bienenfarm-Nauen	EDOI	52 39 37 N	12 44 52 E	102	12/30 - 850 - G
Binningen	EDSI	47 47 57 N	08 43 14 E	1.594	07/25 - 777 - G
Blaubeuren	EDMC	48 25 12 N	09 47 56 E	2.217	10/28 - 556 - G
Blomberg-Borkhausen	EDVF	51 55 05 N	09 06 48 E	535	06/24 - 480 - G
Blumberg	EDSL	47 50 45 N	08 34 00 E	2.291	07/25 - 605 - G
Böhlen	EDOE	51 12 55 N	12 22 04 E	430	06/24 - 700 - G
Bohmte-Bad Essen	EDXD	52 21 03 N	08 19 50 E	148	11/29 - 580 - G
Bonn/Hangelar	EDKB	50 46 08 N	07 09 50 E	197	11/29 - 800 - A
Bopfingen	EDNQ	48 50 54 N	10 20 02 E	2.028	07/25 - 465 - G/A
Bordelum	EDWA	54 37 37 N	08 55 49 E	3	04/22 - 550 - G
Borkenberge	EDLB	51 46 43 N	07 17 07 E	158	08/26 - 468 - A
Borken-Hoxfeld	EDLY	51 51 12 N	06 48 53 E	159	12/30 - 740 - G
Borkum	EDWR	53 35 44 N	06 42 34 E	3	13/31 - 1.000 - A
Bottenhorn	EDGT	50 47 41 N	08 27 49 E	1.657	11/29 - 525 - G
Braunschweig	EDVE	52 19 09 N	10 33 22 E	291	08/26 - 1.380 - A
Breitscheid	EDGB	50 40 46 N	08 10 22 E	1.833	07/25 - 785 - A

Flugplatz	ICAO	Koord N	Koord E	Elev ft	S/L-Bahn
Bremen	EDDW	53 02 50 N	08 47 12 E	13	09/27 - 2.034 - A
Bremerhaven/Am Luneort	EDWB	53 30 19 N	08 34 29 E	10	16/34 - 800 - A
Bremgarten	EDTG	47 54 11 N	07 37 04 E	695	05/23 - 1.650 - A
Brilon/Hochsauerland	EDKO	51 24 09 N	08 38 31 E	1.510	07/25 - 600 - A
Bronkow Krs.Calau	EDBQ	51 40 12 N	13 57 36 E	443	08/26 - 644 - G
Bruchsal	EDTC	49 08 06 N	08 33 49 E	364	12/30 - 500 - G
Burg bei Magdeburg	EDBG	52 14 30 N	11 51 22 E	173	09/27 - 850 - G
Burg Feuerstein	EDQE	49 47 42 N	11 08 04 E	1.674	09/27 - 863 - A
Celle-Arloh	EDVC	52 41 27 N	10 06 33 E	207	05/23 - 800 - G
Chemnitz-Jahnsdorf	EDCJ	50 44 56 N	12 50 09 E	1.198	07/25 - 600 - G
Coburg-Brandensteinsebene	EDQC	50 15 48 N	10 59 42 E	1.485	12/30 - 860 - A
Coburg-Steinrücken	EDQY	50 13 49 N	10 59 45 E	1.184	07/25 - 700 - G
Cochstedt-Schneidlingen	EDBC	51 51 18 N	11 25 08 E	594	08/26 - 2.500 - B
Cottbus-Drewitz	EDCD	51 53 22 N	14 31 54 E	271	07/25 - 2.500 - B
Dachau-Gröbenried	EDMD	48 13 43 N	11 25 23 E	1.608	10/28 - 420 - G
Dahlemer Binz	EDKV	50 24 20 N	06 31 44 E	1.896	06/24 - 800 - A
Damme	EDWC	52 29 15 N	08 11 10 E	151	11/29 - 700 - A
Dedelow	EDBD	53 21 22 N	13 47 01 E	164	10/28 - 900 - G/B
Deggendorf	EDMW	48 49 52 N	12 52 53 E	1.030	09/27 - 550 - A
Dessau	EDAD	51 49 55 N	12 11 25 E	187	09/27 - 1.000 - A
Dierdorf-Wienau	EDRW	50 34 03 N	07 39 17 E	951	07/25 - 520 - A
Dingolfing	EDPD	48 39 34 N	12 29 54 E	1.165	08/26 - 500 - G
Dinkelsbühl-Sinbronn	EDND	49 03 58 N	10 24 08 E	1.598	09/27 - 700 - G
Dinslaken-Schwarze Heide	EDLD	51 36 59 N	06 51 56 E	217	09/27 - 690 - A
Donaueschingen-Villingen	EDTD	47 58 25 N	08 31 20 E	2.227	18/36 - 1.200 - A
Donauwörth-Genderkingen	EDMQ	48 42 14 N	10 51 08 E	1.312	09/27 - 530 - A
Donzdorf-Messelberg	EDPM	48 40 45 N	09 50 41 E	2.272	09/27 - 600 - G
Dortmund-Wickede	EDLW	51 31 06 N	07 36 44 E	417	06/24 - 1.700 - A
Dresden	EDDC	51 08 00 N	13 46 08 E	755	04/22 - 2.508 - B
Düsseldorf	EDDL	51 16 52 N	06 45 26 E	147	05/23 - 3.000 - B
Ebern-Sendelbach	EDQR	50 02 23 N	10 49 22 E	828	14/32 - 522 - G
Egelsbach	EDFE	49 57 39 N	08 38 37 E	384	09/27 - 990 - A
Eggenfelden	EDME	48 23 46 N	12 43 25 E	1.342	09/27 - 1.120 - A
Eggersdorf	EDCE	52 28 45 N	14 05 00 E	220	06/24 - 2.380 - G/A

Flugplatz	ICAO	Koord N	Koord E	Elev ft	S/L-Bahn
Eichstätt	EDPE	48 52 39 N	11 11 00 E	1.685	11/29 - 526 - G
Eisenach-Kindel	EDGE	50 59 25 N	10 28 50 E	1.112	10/28 - 1.500 - B
Eisenhüttenstadt	EDAE	52 11 40 N	14 35 17 E	148	11/29 - 900 - A
Elz	EDFY	50 25 41 N	08 00 43 E	699	08/26 - 750 - G/A
Emden	EDWE	53 23 28 N	07 13 32 E	0	07/25 - 1.100 - A
Erbach	EDNE	48 20 34 N	09 55 04 E	1.558	03/21 - 650 - G
Erfurt	EDDE	50 58 48 N	10 57 29 E	1.036	10/28 - 2.390 - A
Essen-Mülheim	EDLE	51 24 08 N	06 56 14 E	424	07/25 - 1.200 - A
Fehmarn-Neujellingsdorf	EDNE	54 27 24 N	11 06 36 E	33	11/29 - 590 - G
Fehrbellin	EDBF	52 47 36 N	12 45 24 E	138	11/29 - 735 - G/B
Finow	EDAV	52 49 38 N	13 41 37 E	121	10/28 - 2.520 - B
Finsterwalde	EDAS	51 38 06 N	13 40 30 E	384	09/27 - 850 - G
Flensburg-Schäferhaus	EDXF	54 46 24 N	09 22 44 E	130	11/29 - 1.040 - B
Frankfurt	EDDF	50 02 00 N	08 34 13 E	364	07/25 - 4.000 - B
Freiburg im Breisgau	EDTF	48 01 12 N	07 50 00 E	799	16/34 - 980 - A
Friedersdorf	EDCF	52 17 01 N	13 48 12 E	115	12/30 - 920 - G
Friedrichshafen	EDNY	47 40 13 N	09 30 42 E	1.366	06/24 - 2.745 - A
Fulda-Jossa	EDGF	50 28 32 N	09 26 31 E	1.558	08/26 - 588 - G
Fuldatal (Heli)	EDVZ	51 21 38 N	09 30 13 E	560	Nur Helikopter
Fürstenwalde	EDAL	52 23 20 N	14 05 50 E	184	08/26 - 1.095 A
Fürstenzell	EDMF	48 30 50 N	13 20 52 E	1.345	16/34 - 485 - A
Ganderkesee Atlas Airfield	EDWQ	53 02 15 N	08 30 22 E	96	08/26 - 799 - A
Gardelegen	EDOC	52 31 40 N	11 21 15 E	230	08/26 - 550 - G
Gelnhausen	EDFG	50 11 50 N	09 10 12 E	413	07/25 - 740 - G
Gera-Leumnitz	EDAJ	50 52 55 N	12 08 20 E	1.015	06/24 - 750 - A
Gerstetten	EDPT	48 37 20 N	10 03 44 E	1.975	08/26 - 530 - G
Giengen/Brenz	EDNG	48 38 10 N	10 13 00 E	1.695	17/35 - 480 - A
Gießen-Lützellinden	EDFL	50 32 42 N	08 35 28 E	756	07/25 - 716 - A
Gießen-Reiskirchen	EDGR	50 34 05 N	08 52 15 E	702	04/22 - 440 - G
Görlitz	EDBX	51 09 32 N	14 57 01 E	778	06/24 - 750 - G
Gotha-Ost	EDEG	50 58 20 N	10 43 50 E	990	08/26 - 470 - G
Gransee (Fallschirm)	EDOG	53 00 20 N	13 12 15 E	164	11/29 - 750 - G
Grefrath-Niershorst	EDLF	51 20 02 N	06 21 34 E	105	07/25 - 575 - G
Greiz	EDOT	50 38 45 N	12 10 25 E	1.246	05/23 - 480 - G

Flugplatz	ICAO	Koord N	Koord E	Elev ft	S/L-Bahn
Griesau	EDPG	48 57 17 N	12 25 22 E	1.060	15/33 - 445 - G
Großenhain	EDAK	51 18 30 N	13 33 24 E	417	12/30 - 1.640 - B
Großrückerswalde	EDAG	50 38 38 N	13 07 35 E	2.198	11/29 - 1.000 - G
Grube	EDHB	54 14 43 N	11 01 29 E	6	09/27 - 500 - G
Günzburg-Donauried	EDMG	48 29 17 N	10 17 05 E	1.457	06/24 - 580 - G
Gunzenhausen-Reutberg	EDMH	49 06 43 N	10 46 55 E	1.591	06/24 - 530 - A
Güstrow	EDCU	53 48 24 N	12 13 54 E	46	09/27 - 700 - G
Güttin	EDCG	54 23 02 N	13 19 32 E	69	08/26 - 900 - A
Hahn	EDFH	49 56 54 N	07 15 51 E	1.649	03/21 - 2.745 - B
Halle/Oppin	EDAQ	51 33 07 N	12 03 10 E	347	11/29 - 1.060 - A
Hamburg	EDDH	53 37 49 N	09 59 17 E	53	15/33 - 3.666 - A/Bit
Hamburg-Finkenwerder	EDHI	53 32 07 N	09 50 08 E	15	05/23 - 1.875 - B/A
Hamm-Lippewiesen	EDLH	51 41 24 N	07 49 00 E	190	06/24 - 730 - G
Hannover	EDDV	52 27 37 N	09 41 01 E	183	09/27 - 3.200 - B
Harle	EDXP	53 42 25 N	07 49 17 E	7	09/27 - 510 - A
Hartenholm	EDHM	53 54 54 N	10 02 26 E	108	05/23 - 506 - A
Haßfurt	EDQT	50 01 05 N	10 31 46 E	718	11/29 - 1.100 - A
Heide-Büsum	EDXB	54 09 18 N	08 54 10 E	7	11/29 - 720 - A
Helgoland-Düne	EDXH	54 11 07 N	07 54 57 E	8	15/33 - 400 - B
Heringsdorf	EDAH	53 52 43 N	14 09 08 E	92	10/28 - 2.305 - Bit
Herrenteich	EDEH	49 20 42 N	08 29 16 E	308	04/22 - 535 - G
Herten-Rheinfelden	EDTR	47 33 27 N	07 44 27 E	925	06/24 - 405 - G
Herzogenaurach	EDQH	49 35 01 N	10 52 25 E	1.070	08/26 - 690 - A
Hettstadt	EDGH	49 47 55 N	09 50 13 E	1.050	09/27 - 550 - G
Hetzleser Berg	EDQX	49 38 32 N	11 09 42 E	1.749	08/26 - 558 - G/A
Heubach	EDTH	48 48 12 N	09 55 43 E	1.423	07/25 - 750 - A
Hildesheim	EDVM	52 10 46 N	09 56 46 E	293	07/25 - 940 - A
Hirzenhain	EDFI	50 47 22 N	08 23 37 E	1.706	11/29 - 650 - G
Hockenheim	EDFX	49 19 31 N	08 31 43 E	315	14/32 - 820 - G
Hodenhagen	EDVH	52 45 45 N	09 36 30 E	79	03/21 - 650 - G
Hof	EDQM	50 17 24 N	11 51 23 E	1.958	09/27 - 1.240 - A
Hölleberg	EDVL	51 36 45 N	09 23 55 E	837	08/26 - 520 - G
Hoppstädten-Weiersbach	EDRH	49 36 41 N	07 11 06 E	1.093	06/24 - 500 - A
Höxter-Holzminden	EDVI	51 48 24 N	09 22 42 E	934	14/32 - 744 - A

Flugplatz	ICAO	Koord N	Koord E	Elev ft	S/L-Bahn
Hünsborn	EDKH	50 55 49 N	07 54 00 E	1.306	09/27 - 700 - G
Hüttenbusch	EDXU	53 17 11 N	08 56 50 E	10	09/27 - 450 - G
Idar-Oberstein/Göttschied	EDRG	49 43 58 N	07 20 17 E	1.575	07/25 - 650 - G
Illertissen	EDMI	48 14 10 N	10 08 20 E	1.680	08/26 - 540 - G
Ingelfingen-Bühlhof	EDGI	49 19 20 N	09 39 26 E	1.375	07/25 - 480 - A
Jena-Schöngleina	EDBJ	50 54 50 N	11 42 45 E	1.247	02/20 - 790 - A
Jesenwang	EDMJ	48 10 28 N	11 07 30 E	1.861	07/25 - 408 - A
Juist	EDWJ	53 40 56 N	07 03 31 E	8	08/26 - 700 - B
Kamenz	EDCM	51 17 46 N	14 07 40 E	495	03/21 - 1.100 - B
Kamp Lintfort	EDLC	51 31 44 N	06 32 10 E	89	07/25 - 600 - G
Karlshöfen	EDWK	53 20 03 N	09 01 44 E	20	12/30 - 700 - A
Karlsruhe/Baden-Baden	EDSB	48 46 43 N	08 04 47 E	407	03/21 - 2.730 - A/B
Karlsruhe-Forchheim	EDTK	48 58 47 N	08 19 52 E	380	03/21 - 800 - G
Kassel-Calden	EDVK	51 24 24 N	09 22 27 E	907	04/22 - 1.500 - A
Kehl-Sundheim	EDSK	48 33 31 N	07 51 01 E	452	03/21 - 475 - G
Kempten-Durach	EDMK	47 41 37 N	10 20 22 E	2.340	07/25 - 600 - G
Kiel-Holtenau	EDHK	54 22 46 N	10 08 43 E	101	08/26 - 1.100 - A
Kirchdorf/Inn	EDNK	48 14 22 N	12 58 42 E	1.138	04/22 - 670 - G
Klein Mühlingen	EDOM	51 56 45 N	11 46 52 E	171	09/27 - 420 - G
Klietz-Scharlibbe	EDCL	52 42 34 N	12 04 24 E	95	17/35 - 610 - G
Klix-Bautzen	EDCI	51 16 25 N	14 30 23 E	486	10/28 - 760 - G
Koblenz-Winningen	EDRK	50 19 28 N	07 31 39 E	640	06/24 - 995 - A
Köln/Bonn	EDDK	50 51 58 N	07 08 34 E	302	14/32 - 3.815 - A
Konstanz	EDTZ	47 40 58 N	09 08 18 E	1.302	12/30 - 615 - G
Korbach	EDGK	51 15 19 N	08 52 38 E	1.280	03/21 - 600 - G
Köthen	EDCK	51 43 21 N	11 56 50 E	304	07/25 - 800 - B
Krefeld-Egelsberg	EDLK	51 23 15 N	06 35 09 E	141	06/24 - 640 - G
Kührstedt-Bederkesa	EDXZ	53 34 04 N	08 47 26 E	26	12/30 - 396 - G
Kulmbach	EDQK	50 08 06 N	11 27 31 E	1.660	09/27 - 719 - A
Kyritz	EDBK	52 55 15 N	12 25 40 E	130	14/32 - 1.000 - A
Lachen-Speyerdorf	EDRL	49 19 51 N	08 12 19 E	394	12/30 - 1.000 - G
Lager Hammelburg	EDFJ	50 05 55 N	09 53 01 E	1.133	10/28 - 553 - G/A
Lahr	EDTL	48 22 09 N	07 49 40 E	508	03/21 - 3.000 - B/A
Laichingen	EDPJ	48 29 47 N	09 38 21 E	2.434	07/25 - 402 - A

Flugplatz	ICAO	Koord N	Koord E	Elev ft	S/L-Bahn
Landshut	EDML	48 30 46 N	12 02 06 E	1.312	07/25 - 900 - Bit
Langenlonsheim	EDEL	49 54 30 N	07 54 28 E	295	01/19 - 450 - G
Langeoog	EDWL	53 44 34 N	07 29 55 E	7	06/24 - 600 - B
Langhennersdorf	EDOH	50 56 50 N	13 15 42 E	1.266	05/23 - 900 - G
Laucha	EDBL	51 14 45 N	11 41 35 E	738	09/27 - 720 - G
Lauenbrück	EDHU	53 12 26 N	09 34 26 E	98	11/29 - 600 - G
Lauf-Lillinghof	EDQI	49 36 17 N	11 17 02 E	1.788	07/25 - 450 - G/A
Lauterbach	EDFT	50 40 59 N	09 24 37 E	1.210	07/25 - 680 - G
Leck	EDXK	54 47 14 N	08 57 53 E	24	12/30 - 820 - G
Leer-Papenburg	EDWF	53 16 25 N	07 26 38 E	3	08/26 - 800 - A
Leipzig/Halle	EDDP	51 24 59 N	12 13 43 E	463	08/26 - 3.600 - B
Lemwerder	EDWD	53 08 35 N	08 37 25 E	20	16/34 - 1.900 - A
Leutkirch-Unterzeil	EDNL	47 51 32 N	10 00 52 E	2.099	06/24 - 810 - A
Leverkusen	EDKL	51 01 00 N	07 00 25 E	157	15/33 - 700 - G
Lichtenfels	EDQL	50 08 54 N	11 02 50 E	853	04/22 - 700 - G
Linkenheim	EDRI	49 08 28 N	08 23 41 E	325	05/23 - 630 - G
Lübeck-Blankensee	EDHL	53 48 19 N	10 43 09 E	53	07/25 - 1.802 - A
Lüchow-Rehbeck	EDHC	53 00 55 N	11 08 39 E	50	16/34 - 650 - A/G
Lüneburg	EDHG	53 14 49 N	10 27 38 E	161	07/25 - 780 - G
Lüsse	EDOJ	52 08 35 N	12 39 50 E	215	07/25 - 1.020 - G
Magdeburg	EDBM	52 04 40 N	11 37 30 E	267	09/27 - 875 - A
Mainbullau	EDFU	49 41 46 N	09 10 59 E	1.501	05/23 - 703 - A
Mainz-Finthen	EDFZ	49 58 11 N	08 08 56 E	760	08/26 - 1.000 - B
Mannheim-Neuostheim	EDFM	49 28 21 N	08 30 56 E	309	09/27 - 1.013 - A
Marburg-Schönstadt	EDFN	50 52 30 N	08 48 53 E	833	04/22 - 750 - G
Marl-Loemühle	EDLM	51 38 55 N	07 09 52 E	241	07/25 - 702 - A
Meinerzhagen	EDKZ	51 06 04 N	07 35 59 E	1.548	07/25 - 820 - A
Melle-Grönegau	EDXG	52 12 03 N	08 22 40 E	236	09/27 - 609 - A
Mengen-Hohentengen	EDTM	48 03 14 N	09 22 22 E	1.819	08/26 - 1.301 - B
Mengeringhausen	EDVG	51 22 40 N	08 58 56 E	1.190	12/30 - 540 - G
Merseburg	EDAM	51 21 47 N	11 56 27 E	340	08/26 - 1.140 - B
Meschede-Schüren	EDKM	51 18 08 N	08 14 14 E	1.436	04/22 - 700 - A
Michelstadt/Odenwald	EDFO	49 40 41 N	08 58 26 E	1.140	08/26 - 475 - A
Mindelheim-Mattsies	EDMN	48 06 35 N	10 31 32 E	1.857	15/33 - 720 - A

Flugplatz	ICAO	Koord N	Koord E	Elev ft	S/L-Bahn
Mönchengladbach	EDLN	51 13 49 N	06 30 16 E	125	13/31 - 1.200 - A
Mosbach-Lohrbach	EDGM	49 24 00 N	09 07 30 E	1.083	15/33 - 540 - A
Mosenberg	EDEM	51 03 46 N	09 25 19 E	1.315	07/25 - 511 - G
Mühldorf/Inn	EDMY	48 16 44 N	12 30 17 E	1.325	08/26 - 773 - Bit
Mühlhausen (Bollstedter Höhe)	EDEQ	51 12 52 N	10 32 33 E	814	08/26 - 900 - G/B
München	EDDM	48 21 14 N	11 47 10 E	1.486	08/26 - 4.000 - B
Münster-Osnabrück	EDDG	52 08 05 N	07 41 05 E	159	07/25 - 2.170 - A
Münster-Telgte	EDLT	51 56 41 N	07 46 22 E	177	10/28 - 650 - A
Nabern/Teck	EDTN	48 36 46 N	09 28 38 E	1.215	14/32 - 570 - G
Nannhausen	EDRN	49 58 12 N	07 28 45 E	1.223	06/24 - 560 - G
Nardt	EDAT	51 27 01 N	14 11 58 E	384	08/26 - 480 - G
Nauen	EDCN	52 37 35 N	12 54 44 E	110	11/29 - 850 - G
Neubiberg (geschlossen)	EDPN	48 04 25 N	11 38 17 E	1.811	
Neuburg-Egweil	EDNJ	48 46 56 N	11 13 15 E	1.345	08/26 - 558 - G
Neuhausen	EDAP	51 41 05 N	14 25 23 E	279	09/27 - 800 - G
Neumagen-Dhron	EDRD	49 50 34 N	06 54 58 E	879	09/27 - 750 - G
Neumarkt/Opf.	EDPO	49 17 08 N	11 26 41 E	1.394	09/27 - 597 - G/A
Neumünster	EDHN	54 04 43 N	09 56 26 E	72	08/26 - 550 - A
Neustadt/Aisch	EDQN	49 35 16 N	10 34 40 E	1.198	09/27 - 600 - A
Neustadt-Glewe	EDAN	53 21 40 N	11 36 55 E	115	09/27 - 1.200 - G
Nienburg-Holzbalge	EDXI	52 42 35 N	09 09 45 E	82	09/27 - 580 - G
Nittenau-Bruck/Opf.	EDNM	49 13 21 N	12 17 47 E	1.161	01/19 - 553 - A
Nordenbeck	EDGN	51 14 07 N	08 49 08 E	1.453	08/26 - 600 - G
Norden-Norddeich	EDWS	53 38 05 N	07 11 25 E	3	16/34 - 660 - A
Norderney	EDWY	53 42 31 N	07 13 46 E	6	09/27 - 1.000 - A
Nordhausen	EDAO	51 29 40 N	10 50 05 E	689	10/28 - 895 - G
Nordholz-Spieka	EDXN	53 46 01 N	08 38 37 E	72	08/26 - 625 - G
Nordhorn-Lingen	EDWN	52 27 33 N	07 11 09 E	87	06/24 - 680 - A
Nördlingen	EDNO	48 52 22 N	10 30 19 E	1.384	04/22 - 500 - A
Northeim	EDVN	51 42 24 N	10 02 20 E	404	11/29 - 665 - G
Nürnberg	EDDN	49 29 59 N	11 04 45 E	1.045	10/28 - 2.700 - A/B
Obermehler-Schlotheim	EDCO	51 16 04 N	10 38 05 E	909	11/29 - 1.450 - A
Ober-Mörlen	EDFP	50 21 42 N	08 42 38 E	812	05/23 - 310 - G
Oberpfaffenhofen	EDMO	48 04 53 N	11 16 59 E	1.947	04/22 - 2.286 - B

Flugplatz	ICAO	Koord N	Koord E	Elev ft	S/L-Bahn
Oberschleißheim	EDNX	48 14 23 N	11 33 22 E	1.596	08/26 - 808 - A
Ochsenfurt	EDGJ	49 40 27 N	10 04 17 E	814	10/28 - 512 - G
Oehna	EDBO	51 53 56 N	13 03 21 E	287	08/26 - 850 - A
Oerlinghausen	EDLO	51 55 57 N	08 39 52 E	557	04/22 - 520 - A
Offenburg	EDTO	48 26 59 N	07 55 29 E	509	02/20 - 910 - A
Oldenburg-Hatten	EDWH	53 04 08 N	08 18 49 E	26	06/24 - 596 - G
Oppenheim	EDGP	49 50 26 N	08 22 37 E	279	02/20 - 800 - G
Oschatz	EDOQ	51 17 46 N	13 04 42 E	502	08/26 - 755 - G
Oschersleben	EDOL	52 02 25 N	11 12 10 E	315	11/29 - 600 - G
Osnabrück-Atterheide	EDWO	52 17 11 N	07 58 24 E	287	09/27 - 800 - A
Ottengrüner Heide	EDQO	50 13 33 N	11 43 57 E	1.880	11/29 - 500 - G/A
Paderborn-Haxterberg	EDLR	51 41 23 N	08 46 33 E	800	06/24 - 750 - G
Paderborn-Lippstadt	EDLP	51 36 50 N	08 36 58 E	699	06/24 - 2.180- A
Pasewalk-Franzfelde	EDCV	53 30 15 N	13 56 54 E	72	09/27 - 900 - G
Peenemünde	EDCP	54 09 28 N	13 46 22 E	7	14/32 - 2.400 - B
Pegnitz-Zipser Berg	EDQZ	49 45 44 N	11 34 29 E	1.792	09/27 - 884 - G
Peine-Eddesse	EDVP	52 24 09 N	10 13 44 E	250	07/25 - 900 - A
Pennewitz	EDOS	50 40 12 N	11 02 48 E	1.429	06/24 - 450 - G
Pfarrkirchen	EDNP	48 25 13 N	12 51 53 E	1.266	07/25 - 700 - G
Pfullendorf	EDTP	47 54 31 N	09 15 06 E	2.301	02/20 - 609 - G
Pinnow/Schwerin	EDBP	53 36 55 N	11 33 40 E	144	01/19 - 800 - G
Pirmasens	EDRP	49 15 56 N	07 29 27 E	1.247	05/23 - 750 - A
Pirna-Pratzschwitz	EDAR	50 58 41 N	13 54 53 E	400	12/30 - 800 - G
Plettenberg-Hüinghausen	EDKP	51 11 31 N	07 47 29 E	980	11/29 - 430 - G
Porta-Westfalica	EDVY	52 13 20 N	08 51 46 E	148	05/23 - 710 - A
Pritzwalk-Sommersberg	EDBU	53 11 15 N	12 11 30 E	289	08/26 - 670 - G
Purkshof	EDCX	54 09 39 N	12 14 55 E	66	04/22 - 1.100 - G
Rechlin-Lärz	EDAX	53 18 19 N	12 45 08 E	220	08/26 - 2.080 - B
Regensburg-Oberhub	EDNR	49 08 31 N	12 04 55 E	1.298	10/28 - 680 - A
Reichelsheim	EDFB	50 20 09 N	08 52 41 E	397	18/36 - 730 - A
Reinsdorf	EDOD	51 54 05 N	13 11 46 E	335	10/28 - 1.280 - G
Rendsburg-Schachtholm	EDXR	54 13 05 N	09 36 12 E	23	03/21 - 960 - A
Renneritz	EDOX	51 35 35 N	12 14 14 E	308	07/25 - 900 - G
Rerik-Zweedorf	EDCR	54 04 51 N	11 39 20 E	30	08/26 - 720 - G

Flugplatz	ICAO	Koord N	Koord E	Elev ft	S/L-Bahn
Rheine-Eschendorf	EDXE	52 16 33 N	07 29 29 E	131	11/29 - 638 - G
Riesa-Göhlis	EDAU	51 17 37 N	13 21 22 E	322	12/30 - 1.000 - G/A
Rinteln	EDVR	52 10 25 N	09 03 26 E	180	11/29 - 600 - A/G
Roitzschjora	EDAW	51 34 40 N	12 29 14 E	289	10/28 - 1.200 - G
Rosenthal-Field-Plössen	EDQP	49 51 47 N	11 47 16 E	1.496	09/27 - 650 - A
Rotenburg-Wümme	EDXQ	53 07 40 N	09 20 55 E	97	08/26 - 806 - A
Rothenburg o.d.Tauber	EDFR	49 23 26 N	10 13 08 E	1.309	03/21 - 800 - A
Rothenburg/Oberlausitz	EDBR	51 21 47 N	14 57 00 E	517	18/36 - 2.500 - A
Rottweil-Zepfenhahn	EDSZ	48 11 11 N	08 43 16 E	2.444	08/26 - 803 - A
Rudolfstadt-Groschwitz	EDOK	50 44 00 N	11 14 30 E	1.535	07/25 - 800 - G
Saarbrücken	EDDR	49 12 52 N	07 06 34 E	1.058	09/27 - 2.000 - A
Saarlouis-Düren	EDRJ	49 18 45 N	06 40 26 E	1.120	08/26 - 800 - A
Saarmund	EDCS	52 18 32 N	13 06 02 E	164	10/28 - 520 - G
Salzgitter-Drütte	EDVS	52 09 20 N	10 25 40 E	328	07/25 - 555 - A
Saulgau	EDTU	48 01 46 N	09 30 26 E	1.907	13/31 - 450 - A
Schameder	EDGQ	51 00 01 N	08 18 25 E	1.788	10/28 - 750 - G
Schleswig-Kropp	EDXC	54 25 38 N	09 32 30 E	54	09/27 - 800 - G
Schmallenberg-Rennefeld	EDKR	51 09 41 N	08 15 38 E	1.530	10/28 - 620 - G
Schmidgaden/Opf.	EDPQ	49 25 47 N	12 05 48 E	1.247	12/30 - 520 - A/G
Schmoldow	EDBY	53 58 14 N	13 20 38 E	105	15/33 - 900 - G
Schönebeck-Zackmünde	EDOZ	51 59 47 N	11 47 32 E	167	07/25 - 840 - G
Schönhagen	EDAZ	52 12 25 N	13 09 24 E	131	07/25 - 840 - A
Schwabach-Heidenberg	EDPH	49 16 07 N	11 00 34 E	1.181	11/29 - 482 - A
Schwäbisch Hall-Hessental	EDTY	49 07 05 N	09 46 39 E	1.309	08/26 - 920 - A
Schwäbisch Hall-Weckrieden	EDTX	49 07 26 N	09 46 53 E	1.295	08/26 - 550 - G
Schwabmünchen	EDNS	48 10 46 N	10 42 10 E	1.805	09/27 - 850 - G
Schwandorf	EDPF	49 20 30 N	12 11 10 E	1.270	12/30 - 630 - G
Schwarzheide-Schipkau	EDBZ	51 29 23 N	13 52 46 E	330	08/26 - 850 - G
Schweighofen	EDRO	49 01 58 N	07 59 27 E	492	08/26 - 560 - G
Schweinfurt-Süd	EDFS	50 00 44 N	10 15 05 E	685	10/28 - 780 - G
Schwenningen am Neckar	EDTS	48 03 56 N	08 34 17 E	2.169	05/23 - 631 - A
Schwerin-Parchim	EDOP	53 25 37 N	11 47 01 E	166	06/24 - 3.000 - B
Seedorf	EDXS	53 20 08 N	09 15 34 E	72	07/25 - 450 - G
Segeletz (Brandenburg)	EDAI	52 49 30 N	12 33 06 E	142	11/29 - 925 - G

Flugplatz	ICAO	Koord N	Koord E	Elev ft	S/L-Bahn
Siegerland	EDGS	50 42 28 N	08 04 59 E	1.966	13/31 - 1.620 - A
Sierksdorf/Hof Altona	EDXT	54 04 10 N	10 44 40 E	80	03/21 - 500 - G
Soest-Bad Sassendorf	EDLZ	51 34 41 N	08 12 53 E	394	08/26 - 820 - G
Sömmerda-Dermsdorf	EDBS	51 11 56 N	11 11 33 E	451	07/25 - 780 - G
Sonnen	EDPS	48 40 56 N	13 41 41 E	2.674	02/20 - 420 - A
Speyer	EDRY	49 18 17 N	08 27 05 E	312	17/35 - 889 - A
Sprossen	EDCH	51 02 40 N	12 13 30 E	673	09/27 - 660 - G
St. Michaelisdonn	EDXM	53 58 42 N	09 08 36 E	124	08/26 - 700 - A
St. Peter-Ording	EDXO	54 18 32 N	08 41 13 E	5	07/25 - 670 - A
Stade	EDHS	53 33 34 N	09 29 53 E	62	11/29 - 650 - B
Stadtlohn-Wenningfeld	EDLS	51 59 50 N	06 50 29 E	157	11/29 - 893 - A
Stendal-Borstel	EDOV	52 37 44 N	11 49 12 E	184	08/26 - 1.980 - B
Stralsund	EDBV	54 20 19 N	13 02 49 E	49	05/23 - 900 - G
Straubing-Wallmühle	EDMS	48 54 04 N	12 31 05 E	1.046	09/27 - 940 - A
Strausberg	EDAY	52 34 49 N	13 54 54 E	263	05/23 - 1.200 - B/A
Stuttgart	EDDS	48 41 23 N	09 13 19 E	1.267	07/25 - 3.345 - B
Suhl-Goldlauter	EDQS	50 37 58 N	10 43 38 E	1.923	10/28 - 570 - G
Tannheim	EDMT	48 00 42 N	10 06 07 E	1.902	09/27 - 710 - G
Taucha	EDCT	51 23 41 N	12 32 13 E	492	07/25 - 600 - G
Thalmässing-Waizenhofen	EDPW	49 03 52 N	11 12 34 E	1.892	17/35 - 412 - G
Thannhausen	EDNU	48 17 14 N	10 26 39 E	1.611	08/26 - 500 - G
Traben-Trabach	EDRM	49 57 55 N	07 06 55 E	919	18/36 - 750 - G
Treuchtlingen-Bubenheim	EDNT	48 59 46 N	10 53 05 E	1.345	15/33 - 1.130 - G
Trier-Föhren	EDRT	49 51 48 N	06 47 17 E	665	05/23 - 1.130 - B
Uelzen	EDVU	52 58 59 N	10 27 55 E	246	09/27 - 600 - A
Uetersen	EDHE	53 38 49 N	09 42 15 E	22	09/27 - 900 - G
Unterschüpf	EDGU	49 31 00 N	09 40 10 E	1.154	09/27 - 670 - G
Varrelbusch	EDWU	52 54 25 N	08 02 27 E	128	09/27 - 930 - G
Verden-Scharnhorst	EDWV	52 57 55 N	09 17 03 E	144	13/31 - 510 - G
Vilsbiburg	EDMP	48 25 35 N	12 20 44 E	1.450	03/21 - 450 - G
Vilshofen	EDMV	48 38 07 N	13 11 44 E	991	12/30 - 750 - A
Vogtareuth	EDNV	47 56 46 N	12 12 17 E	1.535	06/24 - 400 - A
Wahlstedt	EDHW	53 58 07 N	10 13 25 E	128	11/29 - 600 - G
Walldorf	EDGX	49 18 18 N	08 39 36 E	346	18/36 - 425 - G

Flugplatz	ICAO	Koord N	Koord E	Elev ft	S/L-Bahn
Walldürn	EDEW	49 34 58 N	09 24 12 E	1.312	06/24 - 730 - A
Wangerooge	EDWG	53 47 14 N	07 54 57 E	6	10/28 - 850 - A
Waren-Vielist	EDOW	53 33 55 N	12 39 24 E	282	04/22 - 800 - G
Weiden/Opf.	EDQW	49 40 44 N	12 06 59 E	1.330	14/32 - 570 - B
Weimar-Umpferstedt	EDOU	50 57 53 N	11 24 01 E	971	10/28 - 670 - G/B
Weinheim	EDGZ	49 34 03 N	08 36 40 E	317	17/35 - 775 - G
Weißenhorn	EDNW	48 17 25 N	10 08 29 E	1.642	08/26 - 650 - G
Welzow	EDCY	51 34 37 N	14 08 13 E	375	04/22 - 2.000 - B
Werdohl-Küntrop	EDKW	51 17 54 N	07 49 04 E	1.037	07/25 - 600 - G
Werneuchen	EDBW	52 38 00 N	13 46 00 E	263	08/26 - 1.499 - B
Wershofen/Eifel	EDRV	50 27 07 N	06 47 10 E	1.582	07/25 - 630 - G
Wesel-Römerwardt	EDLX	51 39 46 N	06 35 44 E	72	09/27 - 400 - G
Weser-Wümme	EDWM	53 03 20 N	09 12 35 E	59	18/36 - 700 - G
Westerland-Sylt	EDXW	54 54 48 N	08 20 36 E	51	15/33 - 2.113 - B
Westerstede-Felde	EDWX	53 17 20 N	07 55 48 E	30	07/25 - 580 - A
Wilhelmshafen-Mariensiel	EDWI	53 30 17 N	08 03 12 E	16	02/20 - 981 - A
Winzeln-Schramberg	EDTW	48 16 50 N	08 25 48 E	2.202	15/33 - 704 - A
Wipperfürth-Neye	EDKN	51 07 25 N	07 22 27 E	863	11/29 - 600 - G
Wismar-Müggenburg	EDCW	53 54 47 N	11 30 00 E	27	08/26 - 640 - G
Wolfhagen-Granerberg	EDGW	51 18 30 N	09 10 35 E	1.027	15/33 - 500 - G
Worms	EDFV	49 36 23 N	08 22 01 E	295	06/24 - 800 - A
Wriezen-Neuhardenberg	EDON	52 36 47 N	14 14 33 E	33	08/26 - 2.400 - B
Würzburg-Schenkenturm	EDFW	49 49 05 N	09 53 50 E	991	11/29 - 640 - A
Wyk auf Föhr	EDXY	54 41 13 N	08 31 58 E	25	03/21 - 530 - G
Zweibrücken	EDRZ	49 12 34 N	07 24 04 E	1.132	03/21 - 2.675 - A
Zwickau	EDBI	50 42 15 N	12 27 40 E	1.050	06/24 - 800 - G

Abb. 6.1 (nächste Seite): Sichtan- und Abflugkarte des Verkehrslandeplatzes Aschaffenburg (Quelle: AIP VFR, DFS Deutsche Flugsicherung GmbH).

Abb. 6.2 (übernächste Seite): Flugplatzkarte des Verkehrslandeplatzes Aschaffenburg (Quelle: AIP VFR, DFS Deutsche Flugsicherung GmbH).

Sichtan-/abflugkarte Visual Approach/Departure Chart	Höhe ü. NN ELEV 410	**ASCHAFFENBURG EDFC**
FIS FRANKFURT RADAR 119.150	VDF 122.675	ASCHAFFENBURG INFO 122.675 En/Ge (15 NM 3000 ft GND)

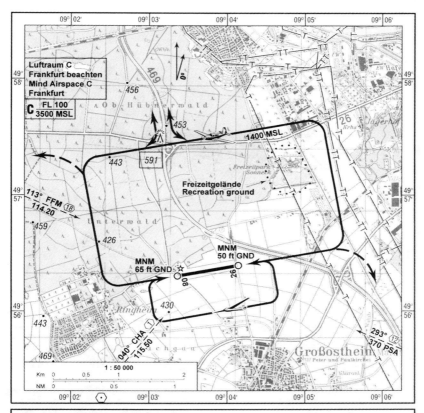

Berichtigung: Hindernis.
Correction: Obstacle.

Überflüge von Flugplatz Babenhausen 4 NM WNW (Segelflug-Windenstarts) unter 2500 MSL vermeiden. Umliegende Ortschaften sowie markiertes Freizeitgelände nicht überfliegen.

Avoid overflights of Babenhausen AD 4 NM WNW (glider winch launching) below 2500 MSL. Surrounding villages and the marked recreation ground shall not be overflown.

8 APR 1999   DFS DEUTSCHE FLUGSICHERUNG GMBH   1

ASCHAFFENBURG N 49° 56,33' Flugplatzkarte
EDFC E 09° 03,75' Aerodrome Chart

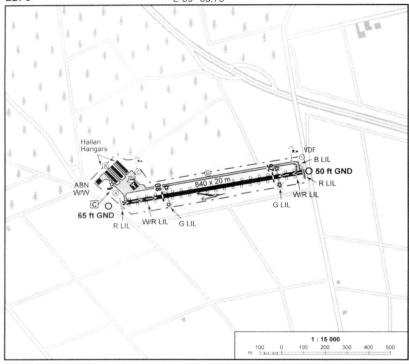

Berichtigung:	WGS 84-Koordinaten.				
Correction:	WGS 84 coordinates.				

RWY MAG	Abmessungen Dimensions	Belag Surface	Tragfähigkeit Strength	TKOF	LDG
080 260	840 x 20 m	ASPH	3500 kg MPW	780 m	653 m
			PPR 5700 kg MPW	780 m	704 m

Im Anschluß an die befestigte Bahn steht in beiden Richtungen ein benutzbarer Streifen nicht zur Verfügung. Achten auf Segelflugbetrieb im südlichen Sicherheitsstreifen. Motorgetriebene Luftfahrzeuge dürfen weder starten noch landen, wenn die gelbe Warnblinkleuchte auf der Segelflug-Startwinde in Betrieb ist.

Usable strip adjacent to concrete RWY in both directions not available. Pay attention of glider operations at the safety strip in S. Powered aircraft are not allowed to take off or land when the yellow flashing warning light on the glider winch is turned on.

DFS DEUTSCHE FLUGSICHERUNG GMBH 8 APR 1999

Abb. 6.3 (oben) und 6.4 (unten): Der Verkehrslandeplatz Aschaffenburg (ICAO-Kennung EDFC). Durch die günstige Lage mit topografisch hindernisfreien An- und Abflugsektoren ist der im Rhein-Main-Gebiet westlich von Aschaffenburg gelegene Verkehrslandeplatz für die Privat- und Geschäftsfliegerei besonders geeignet (Quelle: Air Report).

Kapitel 7
Anhang

Akronyme und Abkürzungen Englisch - Deutsch

Das folgende Verzeichnis enthält vorwiegend Akronyme aus dem Bereich der Luftfahrzeugtechnik, die mit der Beschreibung und Bewertung von ein- und zweimotorigen Flugzeugen bei Kauf, Leasing und Charter in enger Beziehung stehen.

Es muß darauf hingewiesen werden, daß dieses Verzeichnis nicht vollständig sein kann. Nur spezielle Luftfahrt-Lexika und grundlegende Wörterbücher der englischen Sprache liefern eine umfassendere Übersicht.

Verzeichnis Akronyme und Abkürzungen

Akronyme sind Kunstwörter, die aus den Anfangsbuchstaben mehrerer Wörter gebildet werden (z.B. **A**uxiliary **P**ower **U**nit = Hilfstriebwerk, APU). Akronyme werden immer in Versalien geschrieben. Die englischen Fachwörter werden immer groß geschrieben, um die Bildung der zugehörigen Akronyme zu verdeutlichen. Nach dem Akronym folgt der zugehörige englische Begriff und die deutsche Übersetzung.

Doppelt erscheinende Fachwörter und Akronyme sind keine Satzfehler, sondern haben (meist im Englischen) verschiedene Bedeutungen und Bezeichnungen.

Für Anregungen und Ergänzungsvorschläge zu diesem Akronym- und Fachwörterverzeichnis, die in späteren Auflagen berücksichtigt werden, sind Autor und Verlag dankbar.

A

°C > Degrees Celsius > Celsiusgrade
°F > Degrees Fahrenheit > Fahrenheit-Grade
AC > Alternate Current > Wechselstrom
ACFT > Aircraft > Luftfahrzeug
AD > Aerodrome > Flughafen
ADC > Air Data Computer > Luftdatenrechner
ADDN > Additional > Zusätzlich
ADF > Automatic Direction Finder > Automatisches Peilgerät, Radiokompaß
ADI > Attitude Direction Indicator > Fluglageanzeiger
AFC > Automatic Frequency Control > Automatische Frequenzregelung
AFCS > Automatic Flight Control System > Automatisches Flugreglersystem
AGC > Automatic Gain Control > Automatische Verstärkungsregelung
AI > Attitude Indicator > Fluglageanzeiger
AIC > Aeronautical Information Circular > Luftfahrtinformationsblatt
AIP > Aeronautical Information Publication > Luftfahrthandbuch
AIP VFR > Aeronautical Information Publication VFR > Luftfahrthandbuch für die Durchführung von VFR-Flügen
AIR > Airworthiness > Lufttüchtigkeit
AIS > Aeronautical Information Service > Flugberatungsdienst
ALT > Altitude > Höhe über Meeresspiegel
AMP > Amplifier > Verstärker
ANL > Automatic Noise Limiter > Automatischer Rauschbegrenzer (Störbegrenzer)
ANT > Antenna > Antenne
AP > Automatic Pilot > Autopilot (Flugregler)
APU > Auxiliary Power Unit > Hilfstriebwerk
ATC > Air Traffic Control > Flugverkehrskontrolle
ATHPL > Air Transport Helicopter Pilot Licence > Verkehrshubschrauberführerlizenz
ATIS > Automatic Terminal Information Service > Automatische Ausstrahlung von Start- und Landeinformationen
ATPL > Air Transport Pilot Licence > Verkehrsflugzeugführerlizenz

ATS > Air Traffic Services > Flugverkehrsdienste
AUTO > Automatic > Automatisch
AUW > All Up Weight > Gesamtgewicht, Fluggewicht
AVGAS > Aviation Gasoline (100 LL) > Flugbenzin (100 LL)

B

BA > Braking Action > Bremswirkung
BAT > Battery > Batterie
BFO > Beat Frequency Oscillator > Überlagerungsoszillator (Schalterstellung beim ADF)
BITE > Build-In-Test-Equipment > System-Prüfeinrichtung
BL > Backlit > Hintergrundbeleuchtung bei LCD-Bildschirmen
BMV > Bundesminister für Verkehr > Bundesminister für Verkehr
BRKG > Braking > Bremsen
B-RNAV > Basic Area Navigation > Basis-Flächennavigation für IFR-Streckenflüge
BRT > Bright > Hell

C

CAS > Calibrated Airspeed > Berichtigte Fluggeschwindigkeit
CAT > Category > Kategorie
CAT I, II, III a, b, c > Category I, II, III a, b, c > Automatische Landeanflüge CAT I, II, III a, b, c
CDI > Course Deviation Indicator > Kursablageanzeiger
CDU > Control and Display Unit > Kontroll- und Anzeigeeinheit
CEST > Central European Summer Time > Mitteleuropäische Sommerzeit
CET > Central European Time > Mitteleuropäische Zeit
CG > Center of Gravity > Schwerpunktlage
CH > Channel > Frequenzkanal
CHAN > Channel > Kanal

CHPL > Commercial Helicopter Pilot Licence > Berufshubschrauberführerlizenz
CLK > Clock > Uhr
cm > Centimetre > Zentimeter
COM > Communication > Fernmeldeverkehr
COMM > Communication > Sprechfunk
COND > Condition > Zustand
CPL > Commercial Pilot Licence > Berufsflugzeugführerlizenz
CRT > Cathode Ray Tube > Kathodenstrahl-Röhre (Bildröhre)
CS > Call Sign > Rufzeichen
CTRL > Control > Kontrolle, Regelung
CUST > Customs > Zoll
CVFR > Controlled VFR Flight > Kontrollierter Sichtflug
CVR > Cockpit Voice Recorder > Tonaufnahmeanlage für Cockpit-Gespräche
CW > Carrier Wave > Trägerwelle

D

D/A > Digital/Analog > siehe: A/D
DC > Direct Current > Gleichstrom
DF > Direction Finder > Funkpeiler
DFS > Deutsche Flugsicherung GmbH > Deutsche Flugsicherung GmbH
DG > Directional Gyro > Kreiselkompaß
DGPS > Differential Global Positioning System > Differentielles GPS
DISP > Display > Anzeige, Instrumententafel, Bildschirm
DMC > Display Management Computer > Computer zur Steuerung des Displays
DME > Distance Measuring Equipment > Entfernungsmeßgerät
DOC > Document > Dokument
DOPP > Doppler Radar > Doppler Radar
DU > Display Unit > Anzeige-Einheit
DVOR > Doppler VOR > Doppler VOR
DVORTAC > Doppler-VOR and TACAN > Doppler VOR und TACAN
DW > Dual Wheels > Doppelsteuer
DWD > German Meteorological Service > Deutscher Wetterdienst

E

EADI > Electronic Attitude Direction Indicator > Elektronischer Fluglageanzeiger
EAS > Equivalent Airspeed > Äquivalente Fluggeschwindigkeit
ECAM > Electronic Centralised Aircraft Monitoring > Zentrale elektronische Flugzeugüberwachung
EFAS > Electronic Flash Approach Light > Elektronische Blitzanflugfeuerkette
EFIS > Electronic Flight Instrument System > Elektronisches Fluginformationssystem
EGT > Exhaust Gas Temperature Indicator > Abgastemperaturanzeiger
EHF > Extreme High Frequency > Millimeterwellen
EHSI > Electronic Horizontal Situation Indicator > Elektronischer Kurslageanzeiger
ELBA > Emergency Location Beacon Aircraft > Notsender
ELEV > Elevation > Ortshöhe über Meer
ELT > Emergency Locator Transmitter > Notsender
EMIS > Engine Monitoring Instrument System > Instrumentensystem zur Triebwerküberwachung
ENG > Engine > Triebwerk, Motor
ENRT > Enroute > Auf Strecke, unterwegs
EPR > Engine Pressure Ratio > Druckverhältnis beim Turbinentriebwerk
EQPT > Equipment > Ausrüstung, Gerät
EXCH > Exchange > Austausch
EXT > External > Extern

F

FAA > Federal Aviation Administration > US-Luftfahrtbehörde
FAC > Facilities > Einrichtungen, Anlagen
FAR > Federal Airworthiness Requirements > Lufttüchtigkeitsforderungen der USA
FC > Flight Computer > Flugrechner
FCI > Flight Command Indicator > Flugkommandoanzeiger
FCS > Flight Control System > Steuerwerksystem
FD > Flight Director > Flugkommandoanlage
FDI > Flight Director Indicator > Flugkommandoanzeiger
FDR > Flight Data Recorder > Flugdatenschreiber
FDS > Flight Director System > Flugkommandosystem
FIR > Flight Information Region > Fluginformationsgebiet
FIS > Flight Information Service > Fluginformationsdienst
FL > Flight Level > Flugfläche
FLP, FLPL > Flight Plan > Flugplan
FM > Frequency Modulation > Frequenz-Modulation
FMS > Flight Management System > Flugmanagement-System
FPL > Filed Flight Plan Message > Aufgegebene Flugplanmeldung
FPM > Feet Per Minute > Fuß pro Minute
FREQ, FRQ > Frequency > Frequenz
ft > Feet, foot > Fuß, 1 ft = 0,305 m

G

GA > General Aviation > Allgemeine Luftfahrt
GAIN > Gain > Verstärkung (Antennen und Verstärker)
GAL > Gallon > Gallone, 1 GAL (US) = 3,785 Liter
GHz > Giga-Hertz > Giga-Hertz
GLD > Glider > Segelflugzeug
GMT > Greenwich Mean Time > Mittlere Greenwich-Zeit
GND > Ground > Grund, Boden, Rollkontrolle
GP > Glidepath, Glideslope > Gleitweg
GPS > Global Positioning System > Satellitengestütztes Navigationssystem
GPWS > Ground Proximity Warning System > Bodenannäherungs-Warnsystem
GS > Glideslope, Glidepath > Gleitweg
GS > Ground Speed > Geschwindigkeit über Grund

H

h > Hour > Stunde
HF > High Frequency > Kurzwelle
HI > High > Hoch
HP > Horsepower > Pferdestärke
hPa > Hectopascal > Hectopascal
HSI > Horizontal Situation Indicator > Kurslageanzeiger
HUD > Head Up Display > Blickfelddarstellungsgerät
Hz > Hertz > Hertz

I, J

IAS > Indicated Air Speed > Angezeigte Fluggeschwindigkeit
IATA > International Air Transport Association > Internationaler Luftverkehrsverband
ICAO > International Civil Aviation Organisation > Internationale Zivilluftfahrt Organisation
ID, IDENT > Identification, Identifier > Identifizierung, Kennung
IFGS > Integrated Flight Guidance System > Integriertes Flugführungssystem
IFR > Instrument Flight Rules > Instrumentenflugregeln
IIS > Integrated Instrument System > Integriertes Instrumentensystem
ILS > Instrument Landing System > Instrumenten-Landesystem
IM > Inner Marker > Platzeinflugzeichen
IMC > Instrument Meteorological Conditions > Instrumentenflug-Wetterbedingungen
Ins > Inches > Zoll, 1 Zoll = 0,025 m
INS > Inertial Navigation System > Trägheitsnavigationssystem
INTL > International > International
IRS > Inertial Reference Sensor > Trägheitssensor
ISA > International Standard Atmosphere > Internationale Standardatmosphäre
IVSI > Instantaneous Vertical Speed Indicator > Verzögerungsfreies Variometer

JAA > Joint Aviation Authorities > Zusammenschluß europäischer Luftfahrtbehörden
JAR > Joint Aviation Requirements > Europäische Luftfahrtvorschriften

K

kg > Kilogram > Kilogramm
kHz > Kilohertz > Kilohertz
KIAS > Indicated Airspeed in Knots > Angezeigte Fluggeschwindigkeit in Knoten
km > Kilometre > Kilometer
km/h > Kilometres Per Hour > Kilometer je Stunde
kt, kts > Knot, Knots > Knoten, 1 kt = 1,52 km/h
kW > Kilowatts > Kilowatt

L

l > Litres > Liter
L > Locator > Anflugfunkfeuer
lb > Pound > Pfund, 1 lb = 0,454 kg
LBA > Luftfahrt-Bundesamt
LCD > Liquid Crystal Display > Flüssigkristallanzeige
LED > Light Emitting Diode > Leuchtdioden
LF > Low Frequency > Langwelle
LL > Low Lead > Unverbleit
LLZ > Localizer > Landekurssender
LM > Locator Middle > Anflugfunkfeuer am Haupteinflugzeichen
LO > Locator Outer Marker > Anflugfunkfeuer am Voreinflugzeichen
LO > Low > Niedrig
LORAN > Long Range Aid to Air Navigation > VLF-Navigationsverfahren
LRG > Long Range > Große Reichweite

M

M > Mach-Number > Mach-Zahl
m > Metre > Meter
MAINT > Maintenance > Wartung

MAP > Manifold Air Pressure > Ladedruck
MAX > Maximum > Maximum, maximale
MDE > Mode > Betriebsart, Modus
MED > Medium > Mittlere Empfindlichkeit, Lautstärke, Intensität usw.
MF > Medium Frequency > Mittelwelle
MF > Multifunction > Multifunktion
mHz > Megahertz > Megahertz
min > Minute > Minute
MKR > Marker Beacon > Markierungsfunkfeuer
MLS > Miles > Meilen (Seemeilen)
MM > Middle Marker > Haupteinflugzeichen
mm > Millimetre > Millimeter
MMD > Moving Map Display > Bildschirmeinheit zur grafischen Darstellung, z.B. von Flugrouten
MOGAS > Super Petrol > Autobenzin (Super)
MPH > Miles Per Hour > Land-Meilen pro Stunde, 1 Landmeile = 1,609 km
MPS > Metres Per Second > Meter pro Sekunde
MPW > Maximum Permissible Weight > Höchstzulässiges Gewicht
MSA > Minimum Safe Altitude > Sicherheitsmindesthöhe MSL
MSL > Mean Sea Level > Mittlere Meereshöhe
MTBF > Mean Time Between Failure > Durchschnittliches Maß für die Zeitspanne zwischen 2 Fehlern eines Systems
MTOW > Maximum Take-Off Weight > Starthöchstgewicht

N

NAV > Navigation > Navigation
NCU > Navigation and Communication Unit > Navigations- und Kommunikationseinheit
NDB > Nondirectional Beacon > Ungerichtetes Funkfeuer
NfL > Nachrichten für Luftfahrer
NM > Nautical Mile > Nautische Meile, 1 NM = 1,52 km
NMC > Navigation Management Computer > Navigationsrechner
NMS > Navigation Management System > Navigationssystem

NOTAM > Notice to Airmen > Nachrichten für Luftfahrer

O

OAT > Outside Air Temperature > Außenluft-Temperatur
OBS > Omni Bearing Selector > Kurswähler
OM > Outer Marker > Voreinflugzeichen
OPS > Operations > Verfahren

P

Pa > Pascal (pressure unit) > Pascal (Druckeinheit)
PDI > Pictorial Deviation Indicator > Kurslageanzeiger
PERF > Performance > Leistungsfähigkeit
PHPL > Privat Helicopter Pilot Licence > Privathubschrauberführerlizenz
PIC > Pilot-In-Command > Verantwortlicher Luftfahrzeugführer
PNI > Pictorial Navigation Indicator > Kurslageanzeiger
PNL > Panel > Instrumentenbrett
POB > Persons On Board > Personen an Bord
PPL > Privat Pilot Licence > Privatflugzeugführerlizenz
PRKG > Parking > Parken
PROC > Procedure > Verfahren
PSI > Pounds Per Square Inch > Pfund pro Quadrat-Inch
PWI > Proximity Warning Indicator > Annäherungswarnanzeiger
PWR > Power > Leistung, Kraft

R

RAC > Rules of the Air and Air Traffic Control > Luftverkehrsregeln
RADAR > Radio Detecting And Ranging > Funkortung (Funkmessung)
RADOM > Radar Dome > Radarkuppel

RBI > Relative Bearing Indicator > ADF mit starrer Kompaßrose
RDO > Radio > Funk
RG > Range > Reichweite (Funkfeuer)
RMI > Radio Magnetic Indicator > ADF/VOR-Kombinationsanzeiger
RMK > Remark > Bemerkung
RNAV > Area Navigation > Flächennavigation
RNG > Range > Reichweite (oft in NM)
RPM > Revolutions Per Minute > Umdrehungen pro Minute
RPS > Revolutions Per Second > Umdrehungen pro Sekunde
RTF > Radio Telephony > Sprechfunk
RWY > Runway > Start- und Landebahn

S

s > Second > Sekunde
SAT > Static Air Temperature > Lufttemperatur (ungestaute Luft)
SEC > Seconds > Sekunden
SEL > Select, Selector > Wählen, Drehknopf
SENS > Sensitivity > Empfindlichkeit
SHF > Super High Frequency > Zentimeterwelle (3.000-30.0000 MHz)
SI > International System of Units > Internationales Einheitensystem
Sm > Sea Mile > Seemeile, entspricht NM
SPD > Speed > Geschwindigkeit
SRG > Short Range > Kleine Reichweite
SSR > Secondary Surveillance Radar > Sekundärradar
STBY > Stand-By > Bereitschaft
STOL > Short Take-Off and Landing > Kurzstart und Kurzlandung
SVFR > Special VFR > Sonder VFR
SYNC > Synchronization > Synchronisation

T

T > Temperature > Temperatur
t > Ton(s) > Tonne(n)

TACAN > Tactical Air Navigation System > Taktische Flugnavigationshilfe
TAS > True Airspeed > Wahre Fluggeschwindigkeit (Eigengeschwindigkeit des Flugzeuges)
TAT > Total Air Temperature > Lufttemperatur (gestaute Luft)
TBO > Time Between Overhaul > Zulässige Betriebszeit zwischen den Überholungen
TCAS > Traffic Alert and Collision Avoidance System > Zusammenstoßwarnsystem
TRANS > Transmitter > Sender
TSO > Technical Standard Order > Technische Spezifikation der FAA für die Luftfahrt
TVOR > Terminal VOR > Flugplatz-VOR
TWR > Control Tower > Kontrollturm
TYP > Type of Aircraft > Luftfahrzeugmuster

U

UDF > UHF Direction Finding Station > Dezimeterwellen-Peilstelle
UHF > Ultra High Frequency > Dezimeterwelle
UTC > Universal Time Coordinated > Koordinierte Weltzeit

V

VA > Maneuvring Speed > Manövergeschwindigkeit
VDC > Volts Direct Current > Voltangabe bei Gleichstrom
VFE > Maximum flap extended speed > Höchstzulässige Geschwindigkeit mit ausgefahrenen Flügelklappen
VFR > Visual Flight Rules > Sichtflugregeln
VHF > Very High Frequency > Ultrakurzwelle
VLE > Maximum Landing Gear Extended Speed > Höchstzulässige Geschwindigkeit mit ausgefahrenem Fahrwerk
VLF > Very Low Frequency > Längstwelle
VLO > Maximum Landing Gear Operating Speed > Höchstzulässige Geschwindigkeit zum Ein- und Ausfahren des Fahrwerks

VLR > Very Long Range > Sehr große Reichweite
VMC > Visual Meteorological Conditions > Sichtflugwetterbedingungen
Vmin > Minimum Speed > Mindestgeschwindigkeit
VNAV > Vertical Navigation > Höhennavigation
VNE > Never Exceed Speed > Höchstzulässige Geschwindigkeit
VNO > Maximum Structural Cruising Speed, Maximal Normal Operating Speed > Höchstzulässige Reisegeschwindigkeit
VOL > Volume > Lautstärke
VOR > Very High Frequency Omnidirectional Radio Range > UKW-Drehfunkfeuer
VORTAC > VOR and TACAN Combination > VOR- und TACAN-Kombination
VS > Stall Speed > Überziehgeschwindigkeit
VS > Vertical Speed > Steig- oder Sinkfluggeschwindigkeit
Vs0 > Stall speed, flaps extended > Überziehgeschwindigkeit, Klappen ausgefahren
Vs1 > Stall speed, no flaps > Überziehgeschwindigkeit, Landeklappen eingefahren
VSI > Vertical Speed Indicator > Variometer
VSP > Vertical Speed > Vertikalgeschwindigkeit
VTOL > Vertical Take-Off and Landing > Senkrechtstart und -landung
VX > Speed for best climb angle > Geschwindigkeit für besten Steigwinkel
VY > Speed for best climb > Geschwindigkeit für bestes Steigen

W, X, Y, Z

WARN > Warning > Warnung
XPDR > Transponder > Kunstwort aus Transmitter und Responder
YD > Yaw Damper > Gierdämpfer
Z > Zulu-Time > Zulu-Zeit (UTC, GMT)

Akronyme bei Anzeigen in internationalen Luftfahrtzeitschriften

Die auf der nächsten Seite folgende Liste mit Akronymen soll die Interpretation von Anzeigen in internationalen Luftfahrtzeitschriften erleichtern, in denen Flugzeuge angeboten oder gesucht werden.

Nicht enthalten sind allgemein bekannte Akronyme aus der Flugzeugtechnik (Avionic wie z.B. ADF, VOR usw.). Die nachfolgende Liste erhebt keinen Anspruch auf Vollständigkeit.

Anzeigenbeispiel

2001 Cessna 172 R Skyhawk SP, FI, 220 TTSN, NDH, all ADs, AP W/L, ELT, GPS Bendix/King KLN 94, 190.000 $

Angeboten wird in dieser Anzeige:

- Cessna 172 R Skyhawk SP, Baujahr 2001

- Einspritzmotor (*FI*)

- Gesamtbetriebszeit 220 Stunden seit neu (*TTSN*)

- Keine Vorschäden (*NDH*)

- Alle Lufttüchtigkeitsanweisungen durchgeführt (*all ADs*)

- Autopilot (Wing Leveler), (*AP W/L*)

- Notsender (*ELT*)

- GPS-Empfänger Typ KLN 94 von Bendix/King (*GPS Bendix/King KLN 94*)

- Verkaufspreis 190.000 US-Dollar

AD > Airworthiness Directive > Lufttüchtigkeitsanweisung (USA)

AH > Artificial Horizon > Horizont, künstlicher

AP > AutoPilot > Autopilot

CAT > Carburetor Air Temperature Gauge > Vergasertemperaturanzeiger

CHT > Cylinder Head Temperature Gauge > Zylinderkopftemperaturanzeiger

CMOH > Chrome Major OverHaul > Motorüberholung, Zylinder verchromt

CLEAN > Aircraft is Clean > Flugzeug ist technisch einwandfrei

Cont > Continental Engine > Continental-Motor

C/W > Complied With > Durchgeführt (z.B. i. S. von LTAs)

ET > Electric Trim > Trimmung, elektrische

FGP > Full Gyro Panel > Kreiselausrüstung, komplette

FI > Fuel Injected > Einspritzmotor

Freman > Factory remanufactured (Rebuilt) engine > Motor werksüberholt

FRMF > Factory ReManuFactured (Rebuilt) Engine > Motor werksüberholt

FTO > Ferry Time Only > Flugzeiten bisher nur Überführungsflug

GPH > Gallons Per Hour > Gallonen pro Stunde

GSP > Ground Service Plug > Stromversorgungsanschluß, externer

INT > Interior > Innenausstattung

IRAN > Inspected and Repaired As Needed > Inspektion und Reparatur nach Bedarf

LE > Left Engine > Motor, linker

LRT > Long Range Tanks > Langstreckentanks

Lyc > Lycoming Engine > Lycoming-Motor

MO > Major Overhaul > Hauptüberholung

NDH > No Damage History > Unfallfrei

O, OH > OverHaul > Überholung

OAT > Outside Air Temperature Gauge > Außentemperaturanzeiger

RC > Rate of Climb > Steigleistung

RDR > Radar > Wetterradar

RE > Right Engine > Motor, rechter

Reman > ReMANufactured (Rebuilt) > Werksüberholt

RG > Retractable Gear > Einziehfahrwerk

RH > Right Hand (Copilot's Side) > Co-Piloten-Sitz

RMF > Remanufactured (Rebuilt) > Werksüberholt

S > Since > Seit

S > Single > Einmotorige

SCMOH > Since Chrome Major OverHaul > Betriebsstundenangabe: Std. seit Motorhauptüberholung mit Zylinderchromierung

SFreman > Since Factory remanufacture (Rebuilt) > Betriebsstundenangabe: Std. seit Werksüberholung

SFRMF > Since Factory RemanuFacture (Rebuilt) > Betriebsstundenangabe: Std. seit Werksüberholung

SMOH > Since Major OverHaul > Betriebsstundenangabe: Std. seit Hauptüberholung

SOH > Since OverHaul > Betriebsstundenangabe: Std. seit Überholung

SPOH > Since Propeller OverHaul > Betriebsstundenangabe: Std. seit Propeller-Überholung

TBO > Time Between Overhauls > Betriebsstundenangabe: Std. zwischen Überholungen

TSO > Technical Standard Order > Technische Spezifikation der FAA (USA-Behörde, Federal Aviation Administration) für Luftfahrzeuge

TT > Total Time > Gesamtzeit

TTAE > Total Time (Airframe and Engine) > Betriebsstundenangabe: Gesamtstunden für Zelle und Motor

TTAF > Total Time AirFrame > Betriebsstundenangabe: Gesamtstunden für Zelle

TTSN > Total Time Since New > Betriebsstundenangabe: Gesamtstunden seit neu

W/L > Wing Leveler > Autopilot, zweiachsiger

Glossar der technischen Daten und Kostenbegriffe von A - Z

Die folgenden Seiten enthalten in alphabetischer Reihenfolge Kurztexte über die technischen Daten und Kostenwerte der in diesem Handbuch behandelten ein- und zweimotorigen Flugzeuge bei Kauf, Leasing und Charter. Das Glossar ist als schnelle Orientierungshilfe zum besseren Verständnis der Werte und Begriffe gedacht.

Abmessungen > Länge, Höhe und Spannweite der Flugzeuge werden in Metern (m), die Fläche der Tragflächen in Quadratmetern (qm) angegeben. Detailmaße sind aus Gründen der Übersichtlichkeit nicht genannt.

Abreißgeschwindigkeit > Die Abreißgeschwindigkeit (km/h) ist die Geschwindigkeit, bei der die Luftströmung an den Tragflächen abreißt und zum Auftriebsverlust führt. In diesem Handbuch wurde die Abreißgeschwindigkeit bei eingefahrenen Klappen gewählt, um auch das Gefahrenmoment des Strömungsabrisses während des Fluges zu berücksichtigen. Diese Abreißgeschwindigkeit liegt ca. 5-10% höher als die Abreißgeschwindigkeit mit voll gesetzten Klappen.

Abschreibung > Abschreibung ist ein Begriff aus der Kostenberechnung von Investitionsgütern und in der Regel nur für Unternehmen interessant, die eine genaue steuerliche und betriebswirtschaftliche Kalkulation erstellen müssen (kaufmännische Kostenkalkulation). Unter Abschreibung im Sinne dieses Handbuches ist die jährlich gleichbleibende Wertminderung eines Flugzeuges über einen festen Zeitraum (Abschreibungsdauer) zu verstehen. Bei allen Berechnungen (kaufmännisch) der Neuflugzeuge in diesem Handbuch liegt die Abschreibungsdauer bei 21 Jahren und einem Restwert in Höhe von 30% des Neu- bzw. Anschaffungspreises. Bei den Gebrauchtflugzeugen sind diese 21 Jahre um das Alter des Flugzeuges verringert, mindestens jedoch werden 5 Jahre abgeschrieben.

Abstellgebühren/Hangarierung >
Abstellgebühren und Hangarierungskosten werden meistens nach Gewicht des Flugzeuges und der Dauer der Stationierung vom Flugplatzhalter bzw. Hallenbesitzer in Jahresverträgen berechnet. Kostenbeispiele sind in Kapitel 2 und in diesem Kapitel enthalten.

Anschaffungspreis > In den Musterberechnungen werden die Anschaffungspreise mit und ohne Mehrwertsteuer sowohl in DM als auch in Euro (Euro = DM : 1,95583) auf der Basis eines Kurses von 2,20 DM / 1,12 € je US-Dollar genannt. Der Anschaffungspreis wurde bei allen Flugzeugen einheitlich nach folgenden Kriterien berechnet:

Grundpreis für das Flugzeug
+ Zusatzausrüstung
+ Avionic-Package
+ Zulassung (betriebsbereit auf deutschem Flugplatz)

Die Zusatzausrüstung wurde (je nach Flugzeughersteller und Flugzeugtyp) mit 5-7,5% des Grundpreises berechnet. Für Einmotorige wurde ein VFR-Avionic-Package mit je 1 NAV, COM, ADF, GPS, Wing Leveler und Transponder (50.000 DM / 25.565 € ohne MWSt) zugrunde gelegt.

Die Zweimotorigen erhielten als Grundausstattung ein IFR-Avionic-Paket mit Flugregelsystem (150.000 DM / 76.694 € ohne MWSt), sofern nicht die Avionic bereits in der Grundausstattung enthalten war. Der Anschaffungspreis enthält außerdem die Zulassung und die betriebsbereite Übergabe frei deutschem Verkehrslandeplatz.

Avionic > Unter Avionic ist im weitesten Sinne die Ausrüstung eines Flugzeuges mit Funkgeräten/Navigationsgeräten sowie Flugregelsystemen zu verstehen. Folgende Instrumentierung ist bei den Flugzeugen in diesem Handbuch angenommen worden ((Avionic-Kosten s.a. Pauschalberechnung unter *Anschaffungspreis*):

Einmotoriges Flugzeug (VFR-Avionic)
NAV (VOR-Gerät)	1 x
COM (Sprechfunkgerät)	1 x
ADF (Mittelwellen-NAV-Anlage)	1 x
GPS-Empfänger	1 x
Transponder	1 x
Wing-Leveler (2-Achs-Autopilot)	1 x

Zweimotoriges Flugzeug (IFR-Avionic)
NAV (VOR-Gerät)	2 x
COM (Sprechfunkgerät)	2 x
ADF (Mittelwellen-NAV-Anlage)	2 x
1 x GPS-Empfänger	1 x
2 x Transponder	2 x
1 x Wetterradar	1 x
1 x 3-Achs-Autopilot	1 x

Betriebserschwernisse > Beim Betrieb eines Flugzeuges können sich neben dem Alter eines Flugzeuges und einer speziellen Ausrüstung auch besondere Betriebserschwernisse negativ auf die Betriebsstunden-Kosten auswirken. Um dies zu berücksichtigen, sind bei allen Flugzeugen zur Standardisierung der Kostenwerte folgende Aufschläge in die Kosten je Betriebsstunde eingerechnet:

Aufschlag für Alter des Flugzeuges
Je Jahr 1% der variablen Betriebsstunden-Kosten.

Aufschlag für Ausrüstung
Je Kriterium (z.B. Verstellpropeller, Einziehfahrwerk usw.) 1% der variablen Betriebsstunden-Kosten.

Allgemeine Liste der Zuschläge für Betriebserschwernisse
Alter des Flugzeugs, pro Jahr	1%
Abstellplatz im Freien	1%
Einspritzer, Turbolader	1%
Einziehfahrwerk	1%
IFR-Avionik	1%
Propellerturbine	1%
Stationierung an einem Flughafen	1%
Vereinsbetrieb	1%
Verstellpropeller	1%
Vorwiegend Betrieb auf Grasbahn	1%
Vorwiegend Betrieb bis 2 Stunden	1%
Vorwiegend Betrieb bis 5.000 ft	1%
Vorwiegend Betrieb max. Startgewicht	1%
Vorwiegend Betrieb mit > 3 Piloten	1%
Wartung an fremdem Platz	1%

Aufschlag für Betriebserschwernisse > Folgende Kriterien sind bei Flugzeugen unter 2.000 kg maximalem Startgewicht mit je 1% der variablen Betriebsstundenkosten eingerechnet (insgesamt 5%):

1. Regelmäßig max. Zuladung
2. Regelmäßig bis 5.000 ft Flughöhe
3. Regelmäßig bis 2 h Flugdauer
4. Regelmäßig fliegen mehr als 3 Piloten
5. Wartung ist nicht am Platz möglich

Bei Flugzeugen über 2.000 kg max. Startgewicht entfallen einsatzbedingt oft die Kriterien 2., 3. und 4., so daß nur 2% der variablen Betriebsstundenkosten eingerechnet wurden.

Beispiel: Ein Flugzeug unter 2.000 kg hat ein Alter von 12 Jahren, ein Triebwerk mit Turbolader, einen Verstellpropeller, ein Einziehfahrwerk, IFR-Avionic und ist an einem Flugplatz mit Grasbahn stationiert. Die Wartung muß an einem anderen Flugplatz durchgeführt werden. Die Betriebserschwernisse entsprechend der folgenden Tabelle erhöhen die variablen Betriebsstundenkosten bei diesem Flugzeug um 18%:

Erhöhung der Variablen Kosten je Betriebsstunde für Betriebserschwernisse

Zuschlag für 12 Jahre Alter 12%
Zuschlag für Turbolader-Triebwerk 1%
Zuschlag für Verstellpropeller 1%
Zuschlag für IFR-Avionic 1%
Zuschlag für Grasbahn 1%
Zuschlag für Wartung an Fremdplatz 1%
Zuschlag für IFR-Avionic 1%
Summe der Zuschläge 18%

Betriebsstundenkostenprofil > Bei den beispielhaften Flugzeugportraits sind die Betriebsstundenkosten p.a. (gestaffelt in 25-Stunden-Einheiten von 50 Stunden p.a. bis 500 Stunden p.a.) nach kaufmännischen und privaten Kalkulationskriterien ausgewiesen.

Daten, technische > Die technischen Daten der Flugzeuge sind in diesem Kapitel in Kurztexten einzeln erläutert. Bei den beispielhaften Flugzeugportraits entsprechen sie der folgenden Tabelle (Beispiel: Mooney Eagle*):

1. Sitze, Fahrwerk, Zelle
Sitzplätze inkl. Crew 4
Fahrwerk .... Einziehbar
Länge / Höhe .... 8,15 m / 2,54 m
Spannweite .... 11,00 m
Flügelfläche .... 16,24 qm

2. Propeller, Triebwerk, Verbrauch
Propeller .... Verstellbar
Triebwerk .... 1 x Continental IO-550-G
Triebwerkleistung .... 1 x 244 PS (180 kW)
Treibstoffverbrauch[1] .... 53,7 l/h Avgas

3. Gewichte
Leergewicht .... 993 kg
+ Nutzladung[2] .... 251 kg
+ Treibstoff[3] .... 284 l = 204 kg
= Gesamtgewicht .... 1.448 kg

4. Belastungsdaten
Leistungsbelastung .... 5,9 kg/PS
Flächenbelastung .... 89,2 kg/qm

5. Leistungsdaten
Höchstgeschwindigkeit .... 366 km/h
Reisegeschwindigkeit[1] .... 324 km/h
Abreißgeschwindigkeit[4] .... 122 km/h
Steigleistung (1-/2-mot).......... 351 / 0 m/min
Dienstgipfelhöhe (1-/2-mot) ...... 5.639 / 0 m
Start-[5] / Landerollstrecke[6] ..... 395 m / 300 m

6. Transport-Kennzahlen
Gesamtzuladung[7] .... 455 kg = 31 %
  davon Nutzladung[2] .... 251 kg = 17 %
  davon Treibstoff .... 204 kg = 14 %
Reichweite[8] .... 1.472 km
Treibstoffverbrauchsindex 1,02

*__Anmerkungen:__ Nachfolgemodell der 200-PS-Mooney MSE (M20J) mit deutlich besseren Leistungsdaten.

Legende: [1] Bei 65% Leistung [2] Crew, Passagiere, Gepäck [3] kg-Berechnung nach spezifischem Gewicht [4] Klappen 0° [5] Start- bis Abhebepunkt [6] Aufsetz- bis Stillstandpunkt [7] Anteil am Gesamtgewicht [8] Inkl. 45 Min. Reserve

Dienstgipfelhöhe > Dienstgipfelhöhe ist die maximal erreichbare Höhe (in m), in der ein Flugzeug mit maximalem Startgewicht (Gesamtgewicht abzüglich der seit dem Start verbrauchten Treibstoffmenge) noch mit 0,5 m/sec steigen kann.

Fahrwerk > Unter dieser Bezeichnung steht bei den technischen Daten der beispielhaften Flugzeugportraits entweder „Fest" oder „Einziehbar". Feste Fahrwerke haben meistens strömungsgünstige Radverkleidungen, um während des Fluges den Luftwiderstand der Räder zu mindern. Einziehfahrwerke haben durch den strömungsgünstigeren Rumpf bei eingezogenem Fahrwerk eine um etwa 10 bis 15 Knoten höhere Reisegeschwindigkeit.

Flächenbelastung > Die Flächenbelastung eines Flugzeuges errechnet sich aus dem Gesamtgewicht (kg) dividiert durch die Flügelfäche (qm). Die Flächenbelastung wird in kg/qm angegeben. In Verbindung mit der Leistungsbelastung (kg/PS) kann sie zur Beurteilung des Flugverhaltens verwendet werden. **Faustregel:** Schnelle Flugzeuge haben hohe, langsame Flugzeuge niedrige Flächenbelastungen.

Flugkilometerkosten > Die Flugkilometerkosten gehören zu den Kosten, die eine unmittelbare Aussagekraft über die Wirtschaftlichkeit eines Flugzeuges haben.

Beispiel: Flugzeug A hat bei einer Betriebsstundenzahl von 300 h p.a. 330 DM / 169 € Kosten je Betriebsstunde und eine Reisegeschwindigkeit von 250 km/h bei 65% Leistung. Es entstehen folgende Flugkilometerkosten (Fkm):

Fkm = 330 DM/h : 250 km/h = 1,32 DM (Fkm = 169 €/h : 250 km/h = 0,67 €)

Gebrauchtflugzeuge > Bei den Kostenwerten der beispielhaften Flugzeugportraits ist bei jedem Flugzeug vermerkt, ob es sich um ein Neu- oder um ein Gebrauchtflugzeug handelt. Außerdem ist bei den Gebrauchtflugzeugen das Baujahr angegeben. Die Preise der berechneten Gebrauchtflugzeuge sind weitgehend marktüblich und gelten für Modelle mit einer Gesamt-Betriebsstundenzahl von ca. 1.200 bis 1.400.

Gesamtgewicht > Das Gesamtgewicht (maximales Startgewicht, Maximum Take-Off Weight) ist bei den technischen Daten in kg angegeben. Es ist das maximale Gewicht eines Flugzeuges, mit dem es starten darf. Das Gesamtgewicht setzt sich aus dem Leergewicht und der Zuladung einschließlich vollen Treibstofftanks zusammen.

Gesamtzuladung > Die Gesamtzuladung bei den technischen Daten ist in kg angegeben. Gesamtzuladung ist definiert als das Gewicht, das zusätzlich zum Leergewicht bis zum maximalen Startgewicht (Gesamtgewicht) zugeladen werden darf. Darin ist das Gewicht des Treibstoffs, der Crew, der Passagiere und des Gepäcks enthalten. Zusätzlich sind die Einzelzuladungsgewichte für Treibstoff und Passagiere/Gepäck angegeben. Bei einer individuellen Berechnung ist außerdem noch ein Sicherheitsabzug sowie eine exakte Weight-and-Balance-Berechnung in jedem Fall dringend zu empfehlen.

Höchstgeschwindigkeit > Die Höchstgeschwindigkeit eines Flugzeuges wird als die Geschwindigkeit (km/h) definiert, die es mit maximaler Motorenleistung und maximalen Startgewicht in Meereshöhe unter den Bedingungen der Standardatmosphäre erreicht.

Kalkulation, kaufmännische > Die Fixen Kosten bei dieser Kalkulationsmethode enthalten zusätzlich zu den auch bei der privaten Kalkulation berechneten Kosten für Hangarierung und Versicherung noch Abschreibung und Zinsen für das Eigen- und Fremdkapital. Ein Gewinnaufschlag (Unternehmerlohn) wurde nicht angesetzt. Die Mehrwertsteuer ist bei den kaufmännischen Werten nicht enthalten.

Kalkulation, private > Bei der privaten Kalkulation sind als Fixe Kosten Hangarierung und Versicherung erfaßt. Abschreibungskosten sowie Kapitalzinsen werden erfahrungsgemäß bei privaten (Vereine, Haltergemeinschaften u.ä.) Berechnungen der Betriebsstundenkosten nicht in Kalkulationen einbezogen. Weiterhin unterscheidet sich in diesem Handbuch die private Kalkulation von der kaufmännischen dadurch, daß die Mehrwertsteuer in allen privaten Werten enthalten ist.

Kosten, Fixe > Die Fixen Kosten werden jährlich errechnet (p.a.). Sie fallen grundsätzlich an, ganz gleich, ob ein Flugzeug fliegt oder in der Halle steht. Die Fixen Kosten setzen sich aus den Kosten für Hangarierung (oder Abstellung), Versicherung, Abschreibung und Kapitalzinsen zusammen. Bei der privaten Kalkulation entfallen Abschreibung und Zinsen.

Kosten, Variable > Die Variablen Kosten sind die Kosten, die mit dem Betrieb eines Flugzeuges unmittelbar verbunden sind (Variable Kosten je Betriebsstunde):

1. Treibstoff, Öl, Reifenverschleiß
2. Umlage für Wartungskosten
3. Umlage für Reparaturkosten
4. Umlage für Rücklagen
5. Umlage für Betriebserschwernisse

Landegebühren, sonstige Flughafenkosten, Streckengebühren (IFR) u.ä. sind bei den Variablen Kosten nicht berücksichtigt.

Die unter 1. genannten Kosten errechnen sich aus dem Verbrauch an Treibstoff in Litern je Betriebsstunde multipliziert mit dem Literpreis in DM. Abschließend wird dieser Wert mit dem Faktor 1,05 multipliziert (Verbrauch in Litern x DM/Liter x 1,05), um den Ölverbrauch und den Reifenverschleiß pauschal zu bewerten.

Die unter 2. bis 3. genannten Kosten sind mit je 0,01% des Flugzeug-Anschaffungspreises, die unter 4. mit 0,02% in die Variablen Kosten eingerechnet. Diese Pauschalberechnung berücksichtigt, daß teure Flugzeuge entsprechend hohe Wartungs- und Reparaturkosten sowie Rücklagen haben. Außerdem ermöglicht diese Berechnungsart eine einheitliche Bewertung bei allen Flugzeugen und verhindert, daß z.B. stetig steigende Wartungskosten nur als „Momentaufnahme" in eine Betriebsstundenkostenberechnung eingehen.

Rücklagen (4.) sind für außerordentliche Kosten wie Jahresnachprüfungen, Neuinbauten, Austauschaggregate usw. vorgesehen. Position 5. erfaßt die unterschiedlichen Betriebserschwernisse.

Landerollstrecke > Die Landerollstrecke ist in diesem Handbuch in Metern (m) angegeben und ist als die Strecke definiert, die ein Flugzeug vom Aufsetzen bis zum Stillstand unter folgenden Bedingungen benötigt:

- Maximales Startgewicht
- Volle Landeklappen entsprechend Flugzeug-Betriebshandbuch
- Standardatmosphäre

Leasing > Abnahmeerklärung > Durch die Abnahmeerklärung bestätigt der Leasingnehmer dem Leasinggeber die vollständige Lieferung des bestellten Objekts und die Installation am vereinbarten Standort. Darüber hinaus wird der ordnungsgemäße und mangelfreie Zustand sowie die Betriebsfähigkeit des Leasingobjekts bestätigt. Grundsätzlich beginnt die Leasingdauer mit dem in der Abnahmeerklärung des Leasingnehmers angegebenen Tag der Abnahme des Leasingobjekts. Außerdem löst die Abnahmeerklärung die Bezahlung der Lieferantenrechnung durch den Leasinggeber aus.

Leasing > Abschlußzahlung > Bei Beendigung von Leasingverträgen auf unbestimmte Zeit (kündbar) ist vor erfolgter Vollamortisation beim Leasinggeber meist eine Abschlußzahlung durch den Leasingnehmer zu leisten, welche im allgemeinen der Summe der abgezinsten restlichen Leasingraten der kalkulatorischen Leasingdauer entspricht. Auf die Abschlußzahlung werden 90 % des Verwertungserlöses bis zur Höhe der jeweiligen Abschlußzahlung angerechnet.

Leasing > AfA-Satz > Der AfA-Satz ist der Prozentsatz pro Jahr, mit dem das Wirtschaftsgut im Anschaffungsjahr und in den Folgejahren gewinnmindernd abgeschrieben wird. Der Prozentsatz der Abschreibung richtet sich nach der betriebsgewöhnlichen Nutzungsdauer in Jahren.

Leasing > AfA-Tabellen > Diese Tabellen sind Übersichten über die durchschnittliche betriebsgewöhnliche Nutzungsdauer für abnutzbare Wirtschaftsgüter des Anlagevermögens.

Leasing > AfA-Zeit > Diese ist meist identisch mit der betriebsgewöhnlichen Nutzungdauer, welche als Erfahrungswert verschiedener Wirtschaftszweige ermittelt und in den amtlichen AfA-Tabellen veröffentlicht wird.

Leasing > Aktivierung > Nach den allgemein üblichen Leasingverträgen wird das Leasingobjekt wirtschaftlich, rechtlich und steuerlich der Leasinggesellschaft zugerechnet und von ihr aktiviert (und damit abgeschrieben). Eine Aktivierung beim Leasingnehmer erfolgt in diesen Fällen somit nicht.

Leasing > Amortisation > Hierunter wird die planmäßige Tilgung einer Verbindlichkeit bzw. die Abschreibung verstanden. Die dem Finanzierungsleasing zugeordneten Vertragsmodelle zielen grundsätzlich auf eine volle Amortisation der Anschaffungskosten sowie aller Nebenkosten durch den Leasingnehmer ab. Im Falle des Vollamortisationsvertrags werden die Anschaffungskosten und alle Nebenkosten während der unkündbaren Leasingdauer über die Leasingraten voll amortisiert. Wird während der unkündbaren Leasingdauer nur eine teilweise Amortisation erreicht, spricht man von einem Teilamortisationsvertrag. Vollamortisation wird in diesen Fällen erst durch die Ausübung des Andienungsrechts des Leasinggebers beim Leasingnehmer oder durch eine entsprechende Vertragsverlängerung oder durch Kauf des Objekts durch den Leasingnehmer bzw. durch Verwertung des Leasingobjekts bei Dritten erreicht. Liegt ein Leasingvertrag auf unbestimmte Zeit (kündbar) vor, hat der Leasingnehmer im Kündigungsfalle während der kalkulatorischen Laufzeit eine Abschlußzahlung zu leisten, über die Vollamortisation erreicht wird.

Leasing > Andienungsrecht > Bei Teilamortisationsverträgen amortisiert der Leasingnehmer während der unkündbaren Leasingdauer durch die Leasingraten nur einen Teil der Anschaffungskosten sowie aller Nebenkosten. Der Leasinggeber hat daher zum Ablauf des Leasingvertrags (mit Andienungsrecht) das Recht, dem Leasingnehmer das Objekt zu dem noch nicht amortisierten Restwert, der im voraus vereinbart wurde, „anzudienen". In diesem Fall ist der Leasingnehmer verpflichtet, das Objekt zum Restwert zu erwerben - ohne daß er dazu aber ein verbrieftes Recht hat.

Leasing > Annuität > Darunter versteht man den jährlich zu zahlenden Gesamtbetrag, der sich aus einem Tilgungs- und einem Zinsanteil zusammensetzt. Im Zeitablauf nimmt der Anteil der Tilgung zu und der Anteil der Zinsen entsprechend ab.

Leasing > Anschaffungspreis des Leasingobjekts > Er umfaßt den Kaufpreis (ohne Mehrwertsteuer) einschließlich evtl. anfallender Nebenkosten wie beispielsweise für Transport, Montage, betriebsfertige Übergabe - sofern diese nicht, wie oft üblich, direkt zwischen Lieferant und Leasingnehmer abgerechnet werden. Der Gesamt-Netto-Anschaffungspreis ist Berechnungsgrundlage für die Leasingraten und Grundlage für die Bilanzierung bei der Leasinggesellschaft.

Leasing > Barwert > Hiermit wird der Gegenwartswert zukünftig fälliger Zahlungen bezeichnet. Dieser Wert wird durch Abzinsung ermittelt, wobei die Höhe des Zinssatzes vom Einzelfall abhängt. Durch die Barwertermittlung werden Zahlungsströme mit unterschiedlichen Laufzeiten, Zahlungsbeträgen und Zahlungsterminen vergleichbar gemacht.

Leasing > Betriebsgewöhnliche Nutzungsdauer > Diese entspricht der AfA-Zeit gemäß den amtlichen AfA-Tabellen. Die Laufzeit der Leasingverträge darf grundsätzlich nicht länger sein als 90 % und nicht kürzer als 40 % der betriebsgewöhnlichen Nutzungsdauer.

Leasing > Eigentum > Grundsätzlich gibt es zwei Definitionen für den Begriff des Eigentums:

- Das juristische Eigentum gemäß § 903 BGB: Derjenige, der z.B. durch Kauf und Übergabe Eigentum erworben hat, kann andere von der Einwirkung auf das Objekt ausschließen.

- Das wirtschaftliche Eigentum gemäß § 39 der Abgabenordnung: Auch ein anderer als der juristische Eigentümer kann als wirtschaftlicher Eigentümer angesehen werden. Während der Dauer des Leasingvertrags liegt das rechtliche und wirtschaftliche Eigentum am Leasingobjekt bei der Leasinggesellschaft, die es aktiviert und abschreibt.

Leasing > Kalkulatorische Laufzeit > Leasingverträge mit Kündigungsmöglichkeit werden im allgemeinen auf unbestimmte Zeit abgeschlossen und können vom Leasingnehmer grundsätzlich nur zu vertraglich festgelegten Zeitpunkten gekündigt werden. Bei der Berechnung der Leasingraten wird von einer kalkulatorischen Laufzeit ausgegangen. Die Leasingraten sind so berechnet, daß erst nach Ablauf der kalkulatorischen Leasingdauer Vollamortisation erreicht wird. Im Falle der Kündigung durch den Leasingnehmer vor Ablauf der kalkulatorischen Laufzeit ist eine Abschlußzahlung zu leisten.

Leasing > Kaufoption > Bei Vollamortisationsverträgen hat der Leasingnehmer im allgemeinen die Option, das Leasingobjekt nach Ablauf der unkündbaren Leasingdauer zum Restbuchwert oder zum niedrigeren gemeinen Wert bzw. Marktwert von der Leasinggesellschaft zu kaufen. Er kann aber auch eine ihm eingeräumte Verlängerungsoption in Anspruch nehmen.

Leasing > Kündigungsmöglichkeiten > Voll- und Teilamortisationsverträge sind während der unkündbaren Leasingdauer grundsätzlich nicht kündbar. Hiervon ausgenommen ist die Kündigung aus wichtigem Grund. Es gibt jedoch auch ,,kündbare" Leasingverträge (Leasingverträge auf unbestimmte Zeit), die auf der Grundlage einer kalkulatorisch angenommenen Laufzeit strukturiert und frühestens nach Ablauf von 40 % der amtlichen linearen AfA-Zeit vom Leasingnehmer gekündigt werden können. Bei Kündigung ist eine Abschlußzahlung vereinbart, die den abgezinsten restlichen Leasingraten in der kalkulatorischen Leasingdauer entspricht. Kündbare Leasingverträge werden überwiegend dann bevorzugt, wenn für den Leasingnehmer eine hohe Flexibilität hinsichtlich der zeitlichen Nutzung des Leasingobjekts im Vordergrund steht. So kann der Leasingnehmer durch sein Kündigungsrecht beispielsweise technologische Anpassungen vergleichsweise leicht wahrnehmen.

Leasing > Form der Investitionsfinanzierung mit zum Teil erheblichen Vorteilen für Unternehmen.

Leasing > Leasingbeginn > Die Annahme des Leasingvertrags durch die Leasinggesellschaft bei vollständigem Vorliegen aller Unterlagen einschließlich der vom Leasingnehmer unterzeichneten Abnahmeerklärung löst den Leasingbeginn und damit die Zahlung der Leasingraten aus. Danach beginnt die Leasingdauer grundsätzlich mit dem in der Abnahmeerklärung des Leasingnehmers angegebenen Tag der Abnahme des Leasingobjekts.

Leasing > Leasingberechnungsgrundlage > Berechnungsgrundlage für den Leasingsatz und damit für die Leasingrate ist der Gesamt-Netto-Anschaffungspreis des Leasingobjekts.

Leasing > Leasingdauer > Sie richtet sich nach den Vorschriften der *Leasing-Erlasse*. Danach darf die unkündbare Leasingdauer nicht mehr als 90 % und nicht weniger als 40 % der betriebsgewöhnlichen Nutzungsdauer nach amtlicher linearer AfA-Zeit betragen. Ausnahmen bilden Leasingverträge auf unbestimmte Zeit (kündbar). Die kalkulatorische Laufzeit dieser Verträge kann die 90 %-Grenze überschreiten. Sind die Leasingobjekte gebraucht, vermindern sich AfA-Zeit und Leasingdauer entsprechend.

Leasing > Leasingerlasse > Die sogenannten *Leasingerlasse*

- Mobilienleasing-Erlaß vom 19.04.1971
- Teilamortisations-Erlaß vom 22.12.1975

regeln die Zurechnung des wirtschaftlichen Eigentums von Leasingobjekten beim Leasinggeber. Die Erlasse bilden die steuerliche Grundlage für das Leasing in Deutschland. Nur die Einhaltung dieser Richtlinien führt zur steuerlichen Anerkennung der juristischen und wirtschaftlichen Eigentümereigenschaft des Leasinggebers.

Leasing > Leasinggesellschaft > In der Praxis auch Leasinggeber genannt, der rechtlicher und wirtschaftlicher Eigentümer des Leasingobjekts ist. Ihm wird das Objekt steuerlich zugerechnet, und die Bilanzierung erfolgt bei ihm.

Leasing > Leasingnehmer > Der Leasingnehmer ist Vertragspartner der Leasinggesellschaft, er least das Leasingobjekt. Der Leasingnehmer nutzt auf der Grundlage des Leasingvertrags ein im rechtlichen und wirtschaftlichen Eigentum des Leasinggebers stehendes Objekt. Das Leasingobjekt ist beim Leasingnehmer bilanzneutral. In der Gewinn- und Verlustrechnung des Leasingnehmers sind die Leasingraten in voller Höhe als Betriebsausgaben absetzbar.

Leasing > Leasingobjekt > Das ist der Gegenstand, über den der Leasingvertrag abgeschlossen wird. Entscheidend für die Beurteilung, ob ein Wirtschaftsgut leasingfähig ist, ist die selbständige Nutzbarkeit, die Einzelbestimmbarkeit und die Fungibilität. Die Fungibilität ist Wertmesser für die Wiederverwertbarkeit bzw. die Wiederverwendbarkeit eines Leasingobjekts (Drittverwendung).

Leasing > Leasingrate > Es ist der zu bestimmten Zeitpunkten innerhalb der unkündbaren Leasingdauer zu zahlende Betrag. Die (meist monatliche) Leasingrate wird aus dem Leasingsatz in Prozent des Gesamt-Netto-Anschaffungspreises (Leasingberechnungsgrundlage) berechnet und bleibt im allgemeinen für die gesamte Laufzeit unverändert. Dadurch wird dem Leasingnehmer eine präzise Kalkulation ermöglicht. In die Leasingrate kann die Versicherungsprämie für das Leasingobjekt eingerechnet werden. Der Leasingnehmer kann die Leasingraten als Betriebsausgaben steuerlich absetzen.

Leasing > Leasingvertrag > Der Leasingvertrag ist ein Vertrag eigener Art, in dem sich Bestandteile aus dem Mietrecht wiederfinden. In seiner Gestaltung, Durchführung und

Handhabung sichert der Leasingvertrag die Position der Leasinggesellschaft als rechtlichen und wirtschaftlichen Eigentümer, damit die Leasingraten beim Leasingnehmer steuerlich als Betriebsausgaben abzugsfähig sind.

Leasing > Leasingvertragsmodelle > An dieser Stelle werden die Grundzüge derjenigen Verträge skizziert, die in der Praxis von den Leasingnehmern am häufigsten nachgefragt werden:

Vollamortisationsvertrag
Die Amortisation der Anschaffungskosten sowie aller Nebenkosten erfolgt innerhalb der unkündbaren Leasingdauer über die Leasingraten. Am Vertragsende bestehen seitens des Leasingnehmers keine Zahlungsverpflichtungen mehr. Zum Ablauf der Leasingdauer hat der Leasingnehmer im allgemeinen die Wahl zwischen Kauf oder Vertragsverlängerung.

Teilamortisationsvertrag mit Andienungsrecht
Die während der unkündbaren Leasingdauer zu zahlenden Leasingraten ergeben keine volle Amortisation der Anschaffungskosten sowie aller Nebenkosten, sondern lediglich eine Teilamortisation. Der Leasingnehmer garantiert die Erzielung des vereinbarten Restwerts. Dies erfolgt im allgemeinen in Form des Andienungsrechts der Leasinggesellschaft.

Teilamortisationsvertrag mit Mehrerlösbeteiligung
Auch hier erfolgt während der unkündbaren Leasingdauer über die Leasingraten keine volle Amortisation der Anschaffungskosten und aller Nebenkosten. Der Leasingnehmer garantiert die Erzielung des vereinbarten Restwerts. Wird am Ende der Leasingdauer im Zuge des Verkaufs des Leasingobjekts ein Verkaufserlös erzielt, der über dem garantierten Restwert liegt, erfolgt die Aufteilung dieses Mehrerlöses üblicherweise nach folgendem Schlüssel: 75 % an den Leasingnehmer und 25 % an die Leasinggesellschaft.

Leasingvertrag auf unbestimmte Zeit (kündbar)
Die Amortisation der Anschaffungskosten sowie aller Nebenkosten erfolgt innerhalb der kalkulatorischen Leasingdauer über die Leasingraten. Der Leasingnehmer hat ein Kündigungsrecht frühestens nach 40 % der betriebsgewöhnlichen Nutzungsdauer nach amtlicher linearer AfA-Zeit. Bei Kündigung vor Ablauf der kalkulatorischen Leasingdauer werden Abschlußzahlungen fällig, deren Höhe sich nach dem Kündigungszeitpunkt richtet. Auf die Abschlußzahlungen werden im allgemeinen 90 % des Verwertungserlöses bis zur Höhe der jeweiligen Abschlußzahlung angerechnet. Wird der Vertrag während der kalkulatorischen Leasingdauer nicht gekündigt, läuft er bis zu seiner Kündigung weiter.

Leasing > Restbuchwert > Der Restbuchwert ist der Wert, mit dem ein Wirtschaftsgut jeweils nach Absetzung der planmäßigen und außerplanmäßigen Abschreibung in der Bilanz ausgewiesen wird.

Leasing > Restwert > Dabei handelt es sich um denjenigen Teil des Gesamt-Netto-Anschaffungspreises, der bei Teilamortisationsverträgen während der unkündbaren Leasingdauer nicht durch die Zahlung von Leasingraten vom Leasingnehmer getilgt wird. Der Restwert wird vertraglich fest vereinbart. Der Leasinggeber hat im allgemeinen ein Andienungsrecht. Maßgeblich für die Bemessung des Restwerts sollte der zum Ende der Leasingdauer voraussichtlich erzielbare Marktwert des Leasingobjekts sein.

Leasing > Sale-and-lease-back > Bereits im Eigentum des künftigen Leasingnehmers stehende Investitionsgüter werden an die Leasinggesellschaft mit der Absicht veräußert, sie über einen Leasingvertrag zurückzuleasen. Dies bedeutet, daß das Leasingobjekt selbst nicht den Besitzer wechselt.

Leasing > Teilamortisation > Wenn während der unkündbaren Leasingdauer nur eine teilweise Amortisation der Anschaffungskosten sowie aller Nebenkosten des Leasinggebers erreicht wird, spricht man von einem Teilamortisationsvertrag.

Leasing > Verlängerungsvertrag > Sofern vereinbart, kann der Leasingnehmer nach Ablauf der unkündbaren Leasingdauer das Leasingobjekt im Wege eines Verlängerungsvertrags weiter leasen. Prinzipiell gibt es folgende Möglichkeiten zum Abschluß eines Verlängerungsvertrags:
Bei Ablauf der unkündbaren Leasingdauer des Vollamortisationsvertrags übt der Leasingnehmer dazu seine Verlängerungsoption aus. Berechnungsbasis für die neue Leasingrate ist der Restbuchwert bzw. der niedrigere gemeine Wert des Leasingobjekts.
Bei Ablauf des Teilamortisationsvertrags kann der vereinbarte Restwert oder ein darüber liegender Marktwert als Grundlage für einen Verlängerungsvertrag herangezogen werden.

Leasing > Vollamortisation > Die Anschaffungskosten des Leasingobjekts sowie alle Nebenkosten werden während der unkündbaren Leasingdauer durch Entrichtung der Leasingraten voll gedeckt.

Leergewicht > Unter dem Leergewicht (kg) eines Flugzeuges ist das Gewicht des leeren Flugzeuges mit Avionic-Ausrüstung, Öl und nicht ausfliegbarer Treibstoffmenge zu verstehen.

Leistungsbelastung > Die Leistungsbelastung eines Flugzeuges errechnet sich aus dem maximalen Startgewicht (kg) dividiert durch die Leistung des Triebwerkes (PS) und wird in kg/PS angegeben. Zusammen mit der Flächenbelastung (kg/qm) wird sie zur Beurteilung des Flugverhaltens verwendet. Die Leistungsbelastung ist ein Kriterium, um beispielsweise die Sicherheitsreserve eines Flugzeuges beurteilen zu können: Je niedriger die Leistungsbelastung, um so größer die Sicherheitsreserve.

Propeller > Hier ist angegeben, ob es sich um einen starren oder verstellbaren Propeller handelt. Starre Propeller haben eine festgelegte Steigung der einzelnen Propellerblätter, bei Verstellpropellern läßt sich der Wirkungsgrad einstellen (Reiseflug-, Start-, Segelstellung).

Propeller mit Reverse-Einrichtung (nur bei Flugzeugen mit Propellerturbinen) bieten die Möglichkeit, nach der Landung die Schubwirkung des Propellers umzukehren und damit eine zusätzlich zu den Bremsen wirkende Bremsleistung zu erzielen. So ist eine Landung auch auf relativ kurzen Bahnen möglich.

Reichweite > Die bei den technischen Daten unter Transport-Kennzahlen angegebene Reichweite (in km) der Flugzeuge ist die Strecke, die das Flugzeug mit Standard-Tanks bei einer Leistung von 65% in etwa 5.000 Fuß unter Berücksichtigung einer 45-Minuten-Reserve mit voller Beladung zurücklegt. Die geringe, nicht ausfliegbare Menge Treibstoff ist in der 45-Minuten-Reserve enthalten.

Reisegeschwindigkeit > Die wirtschaftliche Reisegeschwindigkeit (in km/h) ist bei den technischen Daten die Geschwindigkeit eines Flugzeuges, die es bei einer Leistung von 65% in VFR-typischer Reiseflughöhe (ca. 5.000 Fuß) und maximal zulässigem Gesamtgewicht abzüglich des bis zum Erreichen dieser Höhe verbrauchten Treibstoffs erreicht.

Sitzplatzkilometerkosten > Die Sitzplatzkilometerkosten gehören wie die Flugkilometerkosten zu den Kosten, die unmittelbar Rückschlüsse auf die Wirtschaftlichkeit eines Flugzeuges zulassen.

Beispiel: Flugzeug A hat Kosten von 330 DM / 169 € je Betriebsstunde bei 300 Betriebsstunden pro Jahr, eine Reisegeschwindigkeit von 250 km/h bei 65% Leistung und 6 Sitzplätze. Es entstehen folgende Sitzplatzkilometerkosten (Skm):

Skm = 330 DM/h : 250 km/h : 6 = 0,22 DM (Skm = 169 €/h : 250 km/h : 6 = 0,11 €)

Sitzplätze > Bei der Angabe der Sitzplätze in den technischen Daten sind die Plätze der Piloten (Crew) enthalten. Es wurden nur die Sitzplätze in der Standardausrüstung jedes Flugzeugs ohne mögliche Erweiterungsoptionen genannt.

Startrollstrecke > Die Startrollstrecke ist in Metern (m) angegeben und als die Strecke definiert, die ein Flugzeug vom Startpunkt bis zum Abheben bei maximalem Startgewicht, Landeklappen in Startstellung in der Standardatmosphäre benötigt.

Steigleistung > Die Steigleistung ist bei den technischen Daten in Metern pro Minute (m/min) angegeben. Als technische Kennzahl informiert sie u.a. über die Leistungsfähigkeit eines Flugzeuges.

Transport-Kennzahlen > Diese Kennzahlen geben durch die prozentualen Anteile auf einen Blick Auskunft über die Transportleistung eines Flugzeuges. Die in den Transport-Kennzahlen ebenfalls angegebene Reichweite und der Treibstoffverbrauchsindex TVI werden gesondert erläutert. Als Beispiel für die Transport-Kennzahlen nehmen wir ein einmotoriges Flugzeug mit einem Gesamtgewicht von 2.000 kg und einer Gesamtzuladung von 700 kg (Nutzladung 400 kg, Treibstoff 300 kg):

Prozentsatz der Gesamtzuladung
(Nutzladung + Treibstoffgewicht)
= (Gesamtzuladung x 100) : Gesamtgewicht
= (700 kg x 100) : 2.000 kg .... = **35%**

Prozentsatz der Nutzladung
= (Nutzladung x 100) : Gesamtgewicht
= (400 kg x 100) : 2.000 kg .... = **20%**

Prozentsatz des Treibstoffgewichts
= (Treibstoffgewicht x 100) : Gesamtgewicht
= (300 kg x 100) : 2.000 kg .... = **15%**

Treibstoff > Flugzeuge mit Kolbentriebwerken benötigen Flugbenzin (Avgas), mit modifizierten Kolbentriebwerken Auto-Superbenzin (Mogas oder unverbleites Superbenzin) und mit Turbinentriebwerken Kerosin. Bei der Angabe der Treibstoff-Zuladung (kg) bei den technischen Daten ist das spezifische Gewicht von Avgas und Mogas mit je 0,72 kg und von Kerosin mit 0,80 kg je Liter berücksichtigt.

Treibstoffverbrauch > Bei der Treibstoffverbrauchsberechnung pro Betriebsstunde (l/h) haben wir eine Triebwerksleistung von 65% in VFR-typischer Flughöhe (ca. 5.000 ft) angenommen. Der Minderverbrauch beim Landeanflug und der Landung sowie der Mehrverbrauch beim Start bis zum Erreichen der Reiseflughöhe und die Rollvorgänge sind berücksichtigt. Als Berechnungsbasis für den Treibstoffverbrauch pro Betriebsstunde wurde ein 2-stündiger Flug unter den o.a. Voraussetzungen gewählt. Der Durchschnitt aller so berechneten Verbrauchswerte ergab eine Treibstoffverbrauchskonstante von 0,22 bei Avgas (0,25 bei Kerosin), die, multipliziert mit der Triebwerksleistung (PS) als „Faustformel" verwendet werden kann. Beispiel (Einmot, Kolbentriebwerk 235 PS):

Verbrauch = 235 x 0,22 = 51,7 Liter/h

Treibstoffverbrauchsindex > Der Treibstoffverbrauchsindex (TVI) gibt die Transportleistung eines Flugzeuges bezüglich Treibstoffverbrauch, Kilometerleistung und beförderte Personen je Betriebsstunde an. Unter Kilometerleistung ist dabei die Reisegeschwindigkeit des Flugzeuges pro Betriebsstunde in VFR-typischer Flughöhe bei Leistungseinstellung von 65% und maximaler Zuladung zu verstehen.

Der Faktor S (S = Streckenleistung) bei der Berechnung des TVI ist allerdings erklärungsbedürftig: Bei der Entwicklung des TVI vor einigen Jahren hatten wir die Transportleistung des Flugzeuges gegenüber einem PKW untersucht und dabei die PKW-Streckenleistung mit 100 festgelegt. Da aber nun die Streckenleistung eines Flugzeuges dank seiner Fähigkeit, direkte Strecken von A nach B mit gewissen Einschränkungen fliegen zu können, günstiger zu bewerten ist, kam nach verschiedenen Untersuchungen ein Mittelwert von S = 80 heraus. Folgende Größen gehen in die TVI-Berechnungsformel eines Flugzeuges ein:

- PS-Leistung des Flugzeuges (L)
- Treibstoffverbrauchsfaktor (T = 0,22 bei Avgas und Mogas, 0,25 bei Kerosin)
- Streckenleistung (S = 80)
- Reisegeschwindigkeit, 65% Leistung (R)
- Personenzahl inkl. Pilot (P)
- Zeitkorrekturfaktor (Z = R : 100)

Berechnungsformel:
TVI = (L x T x S) : (R x P) : Z

Beispiel (Cessna 210 Centurion)

PS-Leistung	L = 300
Treibstoffverbrauchsfaktor	T = 0,22
Streckenleistung	S = 80
Reisegeschwindigkeit	R = 305
Personenzahl	P = 6
Zeitkorrekturfaktor	Z = 305 : 100 = 3,05

TVI Cessna 210 Centurion
= (300 x 0,22 x 80) : (305 x 6) : 3,05 = 0,95

Treibstoffverbrauchsindex, allgemeine Bewertungsrichtlinien >

Idealer Wert	TVI 0,50
Optimaler Wert	TVI 0,75
Sehr guter Wert	TVI 1,00
Guter Wert	TVI 1,25
Mittelwert	TVI 1,50
Befriedigender Wert	TVI 1,75
Noch befriedigender Wert	TVI 2,00
Ausreichender Wert	TVI 2,25
Schlechter Wert	TVI 2,50
Sehr schlechter Wert	TVI 2,75

Triebwerk > Unter der Bezeichnung Triebwerk ist bei den technischen Daten der Herstellername und die Kurzbezeichnung des Triebwerkes genannt. Dabei kann man aus der Kurzbezeichnung i.d.R. die Triebwerksart entnehmen:

- Vergasermotoren: O
- Einspritzmotoren: IO
- Einspritzmotoren (Turboaufladung): TIO, TSIO oder GTIO
- Turbinentriebwerke haben andere Triebwerksbezeichnungen, z.B. PT6A (Pratt & Whitney), TPE (Garrett) usw.

Die Triebwerksleistung bei den technischen Daten ist in PS (auch bei Turbinentriebwerken) angegeben.

Versicherungskosten > Bei allen Luftfahrt-Versicherungen handelt es sich um an das

Luftfahrzeug selbst gebundene Versicherungen. Teilweise sind es sogar gesetzlich vorgeschriebene bzw. behördlicherseits angeordnete Versicherungen, ohne die eine Genehmigung zur Aufnahme des Flugbetriebes bei gewerblichen Unternehmen erst gar nicht erteilt wird. Man unterscheidet folgende Versicherungsarten:

Luftfahrt-Halter-Haftpflichtversicherung

Hierbei handelt es sich um eine Pflichtversicherung gemäß den Vorschriften der § 33 ff. des Luftverkehrsgesetzes (LuftVG). Die Versicherung deckt Ansprüche aus Schäden an Personen und Sachen, die **nicht** im Luftfahrzeug befördert werden (Drittschäden). Die Haftung trifft zunächst den Halter des Luftfahrzeuges bis zur Höhe der in § 37 LuftVG festgelegten Haftungssummen und zwar auch dann, wenn kein Verschulden vorliegt. Man spricht hier von einer verschärften Gefährdungshaftung (Erfolgshaftung).

Luftfrachtführer-Haftpflichtversicherung

Versichert ist die gesetzliche Haftpflicht des Luftfrachtführers gegenüber Personen und Sachen (Obhutsgepäck), die **im** Luftfahrzeug befördert werden. Die gesetzliche Haftung (LuftVG) ist beschränkt auf die Haftungssummen von 320.000 DM / 163.613 € für Personenschäden und 3.200 DM / 1.636 € für Schäden am Obhutsgepäck.

CSL-Deckung
(Kombinierte Luftfahrt-Halter-Haftpflicht- und Luftfrachtführer-Haftpflichtversicherung)

Der Vorteil der CSL-Deckung liegt darin, daß für beide Haftpflicht-Versicherungsarten eine einheitliche Deckungssumme (z.B. 10.000.000 DM / 5.112.919 € pauschal) gewählt wird. Im Schadenfall steht diese Deckungssumme je Schadenereignis zur Verfügung, gleichgültig aus welchem Bereich der Anspruch kommt.

Luftfahrt-Kaskoversicherung

Die Kaskoversicherung deckt den wirtschaftlichen Verlust bei Beschädigung oder Totalschaden des Luftfahrzeuges bis zur Höhe der Versicherungssumme, maximal jedoch bis zum Zeitwert des Luftfahrzeuges am Schadentag. Dieser wird im Totalschadenfall von einem Sachverständigen ermittelt. Für die Kaskoversicherung der Geschäfts- und Reiseflugzeuge sowie Hubschrauber existieren keine festen Prämiensätze; der Tarif wird individuell ermittelt.

Für die Ermittlung der Kasko-Versicherungsprämie sind dabei risikotechnische Details wie z.B. Flugzeugtyp, Kennzeichen, Baujahr, Versicherungssumme (Zeitwert) und vor allem der genaue Verwendungszweck von Bedeutung. Auch die Lizenzen und die Flugerfahrung der einzelnen Piloten können erheblichen Einfluß auf die Prämie haben.

Luftfahrt-Unfallversicherung
(Platzversicherung)

Eine Unfallversicherung ist vorgeschrieben bei Einsatz der Luftfahrzeuge zur gewerblichen Personenbeförderung (s. § 50 LuftVG). Die Mindest-Versicherungssummen betragen hier 35.000 DM / 17.895 € für den Todes- und Invaliditätsfall je Fluggast.

Auch bei Schulflügen - sowohl bei der Anfänger- als auch bei der CPL-/IFR-Schulung - gelten entsprechende Summen für den Fluglehrer- und den Flugschülersitz bzw. Pilotensitz. Die Jahresbeiträge sind bei den einzelnen Versicherungsgesellschaften unterschiedlich und betragen bei günstigen Anbietern je Pilotenplatz 105 DM / 54 € und je Gastplatz 85 DM / 43 €.

**Triebwerks- und
Maschinenbruchversicherung**

In der Kaskoversicherung sind innere Triebwerksschäden nicht mitversichert. Es besteht hier die Möglichkeit einer speziellen Absicherung durch die Triebwerksversicherung.

Für kleinere Kolbentriebwerke lohnt diese Versicherung kaum, wohl aber für Propellerturbinen und Düsentriebwerke. Es gibt nur wenige Versicherungsgesellschaften, die diese Versicherung anbieten, teilweise auch in Verbindung mit einer sog. Loss-of-Use-Versicherung (Betriebsunterbrechungsversicherung).

Die Versicherungsprämien schwanken je nach Schadenverlauf sehr stark, so daß an dieser Stelle keine konkreten Zahlen genannt werden können.

Notwendige Zusatzversicherungen bei grenzüberschreitenden Flügen

Trotz beginnender Harmonisierung der Haftung im europäischen Luftverkehr sind Haftungsvorschriften innerhalb der Europäischen Gemeinschaft immer noch sehr unterschiedlich. Die in Deutschland geltenden Haftungsnormen und die Versicherungsvorschriften sind für die meisten Länder ausreichend.

Lediglich für die Schweiz, Österreich und die skandinavischen Länder gelten höhere Haftungssummen. Bei Einflug in den jeweiligen Luftraum wird hierüber der Versicherungsnachweis verlangt. Ein Verstoß dagegen wird mit Bußgeldern oder sogar Haftstrafe belegt. Über die Höhe der notwendigen Versicherungen und die in Frage kommenden Zusatzprämien geben die Versicherungsgesellschaften oder die Luftfahrt-Versicherungsmakler alle notwendigen Informationen.

Zinsen > Wir haben bei den Betriebsstundenberechnungen innerhalb der kaufmännischen Kalkulation den Anschaffungspreis mit 50% Fremd- und 50% Eigenmitteln als Finanzierungsmodell angenommen. Dabei sind 5% p.a. bei den Eigenmitteln und 7,5% p.a. bei den Fremdmitteln als Kapitalzins eingesetzt. Da aber bei derartigen Finanzierungen lediglich der Zins auf das durchschnittlich p.a. gebundene Kapital berechnet wird, flossen bei den Eigenmitteln effektiv 2,5% und bei den Fremdmitteln effektiv 3,75% Zinsen p.a. in die Fixen Kosten ein.

Beispiel für Treibstoffpreise, Landegebühren und Abstellkosten

Mit dem Betrieb eines ein- oder zweimotorigen Flugzeuges hängen die Treibstoffkosten, die Landegebühren und die Kosten für das Abstellen im Freien oder in einer Halle untrennbar zusammen. Um eine Übersicht über diese Kostenarten zu geben, haben wir den Verkehrslandeplatz Aschaffenburg-Großostheim (EDFC) als Beispiel gewählt. Der Platz liegt etwa 30 km Luftlinie östlich (95°) von Egelsbach (EDFE), dem deutschen Verkehrslandeplatz mit den meisten Flugbewegungen pro Jahr. EDFC hat in Bezug zum Rhein-Main-Gebiet eine verkehrsgünstige Lage und ist problemlos anfliegbar. Platzhalter ist der Flugsportclub Aschaffenburg-Großostheim.

Die folgenden Preise enthalten keine MWSt, unter den Gewichten ist das maximale Startgewicht der Luftfahrzeuge (Maximum Take Off Weight, MTOW) zu verstehen.

Treibstoffpreise je Liter ohne MWSt

AVGAS 100 LL ....2,66 DM / 1,36 €
Jet A1 ....2,19 DM / 1,12 €
Bleifrei Super ....2,21 DM / 1,13 €

Landegebühren ohne MWSt

Die Preise gelten für Luftfahrzeuge mit erhöhtem Schallschutz. Bei anderen Luftfahrzeugen wird ein Zuschlag von 50% erhoben. Schulflüge außer Samstagen, Sonn- und Feiertagen werden mit 40% Nachlaß rabattiert. Mitglieder des Flugsportclubs landen auf Clubflugzeugen kostenfrei, auf Fremdflugzeugen mit einem Rabatt von 50%.

Bis 1.000 kg.....................8,62 DM / 4,41 €
Bis 1.200 kg...................12,07 DM / 6,17 €
Bis 1.400 kg...................15,52 DM / 7,94 €
Bis 1.600 kg...................18,97 DM / 9,70 €
Bis 1.800 kg.................22,41 DM / 11,46 €
Bis 2.000 kg.................25,86 DM / 13,22 €
Bis 3.000 kg.................38,79 DM / 19,83 €
Bis 4.000 kg.................51,72 DM / 26,44 €
Bis 5.000 kg.................64,65 DM / 33,06 €

Abstellkosten ohne MWSt

Das Abstellen im Freien oder in Hallen wird in Jahresverträgen berechnet. Die Unterbringung in Hallen ist Flugsportclub-Mitgliedern vorbehalten, die einen Rabatt von 600 DM / 307 € erhalten.

Im Freien
Bis 1.200 kg.....................1.680 DM / 859 €
Über 1.200 kg...............2.785 DM / 1.424 €
Über 2.000 kg...............3.837 DM / 1.962 €
Über 3.000 kg...............4.917 DM / 2.514 €
Über 4.000 kg...............5.995 DM / 3.065 €
Über 5.000 kg...............7.075 DM / 3.617 €

Sammelhalle
Unter 1.400 kg.............2.900 DM / 1.483 €
Ab 1.400 kg ....226,30 DM / 115,71 €
je volle 100 kg

Beispiel
MTOW 3.485 kg ....7.694 DM / 3.934 €

Boxenhalle
Unter 1.400 kg.............3.100 DM / 1.585 €
Ab 1.400 kg .... 237,24 DM / 121,30 €
je volle 100 kg

Beispiel
MTOW 3.485 kg .... 8.067 DM / 4.125 €

Alle Angaben entsprechen dem Stand September 2001.

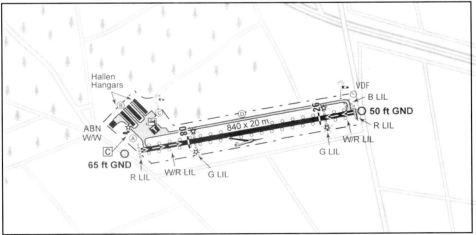

Abb. 7.1 (oben): Luftbildaufnahme des Verkehrslandeplatzes Aschaffenburg (EDFC), mit Blickrichtung Westen (Quelle: Flugsportclub Aschaffenburg-Großostheim).
Abb. 7.2 (unten): Ausschnitt aus dem Flugplatzlageplan von EDFC (Quelle: DFS).

Anschriften

Behörden und Verbände

AOPA Germany
Verband der Allgemeinen Luftfahrt e.V.
Außerhalb 27
63329 Egelsbach-Flugplatz

Deutscher Aero Club
Bundesgeschäftsstelle
Hermann-Blenk-Str. 28
38108 Braunschweig

Deutscher Wetterdienst - Zentralamt
Frankfurter Straße 135
63067 Offenbach

DFS Deutsche Flugsicherung GmbH
Büro der Nachrichten für Luftfahrer
Kaiserleistraße 29-35
63067 Offenbach

Luftfahrt-Bundesamt (LBA)
Lilienthalplatz 6 (Flughafen)
38108 Braunschweig

Vereinigung Cockpit e.V.
Lerchesbergring 24
60598 Frankfurt

Flugzeughersteller und -Vertriebsunternehmen

Aviat Vertretung
T.P. Dietrich
Hegnacher Str. 43
70736 Fellbach

Beechcraft Vertretung
Beechcraft Vertrieb und Service
Flughafenstr. 5
86169 Augsburg

Cessna Vertretung
Atlas Air Service - Atlas Airfield
27777 Ganderkesee

Cessna Vertretung
Röder Präzision GmbH
Flugplatz Egelsbach
63329 Egelsbach

Commander Vertretung
COM-AIR
Flughafen Köln/Bonn Halle 6
51147 Köln

Diamond Aircraft Industries GmbH
N.A. Otto-Straße 5
A 2700 Wiener Neustadt

FFA Flugzeugwerke Altenrhein AG
Flughafen Altenrhein
CH 9423 Altenrhein

Grob Gmbh Flugzeugwerke
Flugplatz
87719 Mindelheim

Maule Air Inc.
Lake Maule, Route 5, Box 319
USA Moultrie, Georgia 31768

Mooney Vertretung
Rheinland Air Service
Flughafen Halle 6
41066 Mönchengladbach

Pezetel Vertretung Mewa
H.C. Hummelbrunner
Eidechsenstieg 11
21614 Buxtehude

Pilatus Flugzeugwerke
CH 6370 Stans

Piper Generalvertretung
Flughafen Kassel
34379 Calden

Robin Vertretung
Intelisano Aviation
Daimlerstr. 2
68723 Oftersheim

Socata Generalvertretung
Socata GmbH
Siegerlandflughafen, Werftstr. 1
57299 Burbach

Flugzeug-Finanzierungen und -versicherungen

Aero Finanz
Aero Finanz c/o Disko Leasing GmbH
Fritz-Vomfelde-Str. 2-4
40547 Düsseldorf

VFS Grümmer GmbH
Flugplatz
44319 Dortmund

Luftfahrtzubehör

Eisenschmidt GmbH
Flugplatz
63329 Egelsbach

Friebe Luftfahrt-Bedarf GmbH
Flughafen Neuostheim
68163 Mannheim

Jeppesen GmbH
Frankfurter Straße 233
63263 Neu-Isenburg

Schorr Aviation Multimedia
Jahnstraße 2
96231 Staffelstein

Siebert-Luftfahrtbedarf
Rektoratsweg 40
48159 Münster

Luftfahrtzeitschriften

Aero International
Jessenstraße 1
22767 Hamburg

Aerokurier Redaktion
Ubierstr. 83
53173 Bonn

Aeromarkt
Airport-Center 2. OG
48268 Greven

Fliegermagazin
Chiemgaustr. 109
81549 München

Fliegerrevue
Magazin für Luft- und Raumfahrt
Schönhauser Allee 6-7
10119 Berlin

Flug Revue
Vereinigte Motor-Verlage
Leuschnerstr. 1
70174 Stuttgart

Pilot und Flugzeug
Bayerwaldstr. 28
94350 Falkenfels

Literatur- und Quellenhinweise

Bachmann, P.:

Air Report Basics
Handbücher für die Luftfahrtpraxis
Ein- und zweimotorige Flugzeuge
Eisenschmidt GmbH, Frankfurt 1999, 2001

Ein- und zweimotorige Flugzeuge
Eisenschmidt GmbH, Frankfurt 1986, 1996

Ein- und zweimotorige Flugzeuge
Motorbuch Verlag Stuttgart 1975, 1976, 1978, 1991, 1993

Flugzeug-Instrumente
Motorbuch Verlag, Stuttgart 1992

Privatpilotenbibliothek Band 9:
  Cockpit Instrumente
  Motorbuch Verlag, Stuttgart 1998

Privatpilotenbibliothek Band 11:
  Fliegen unter extremen Bedingungen
  Motorbuch Verlag, Stuttgart 1999

Privatpilotenbibliothek Band 14:
  Englisch für Piloten
  Motorbuch Verlag, Stuttgart 2000

Cescotti, R.:

Luftfahrtdefinitionen
Motorbuch Verlag, Stuttgart 1987

DFS Deutsche Flugsicherung GmbH:

Luftfahrthandbuch (AIP VFR),
Bundesrepublik Deutschland
DFS, Frankfurt 2000

Wörterbuch der ICAO-Terminologie
Bundesanstalt für Flugsicherung (BfS), Frankfurt 1981

Dorian, A.F., Osenton, J.:

Luftfahrt Fachwörterbuch
R. Oldenbourg Verlag, München 1964

Foster, T.:

Aircraft Owner´s Handbook
Van Nostrand Reinhold Company, New York, Cincinatti, Toronto, London, Melbourne 1978

Mies, J.:

Privatpilotenbibliothek Band 4:
  Luftrecht
  Motorbuch Verlag, Stuttgart 1995

Privatpilotenbibliothek Band 5:
  Flugtechnik
  Motorbuch Verlag, Stuttgart 1996, 2000

Schwahn, K.J.:

Fliegen in den USA
Dr. Schwahn Aviation Guides, Berlin 1998

Autor

Peter Bachmann (Jahrgang 1942) studierte nach dem Abitur Wirtschaftswissenschaften (J.W.v.-Goethe-Universität, Frankfurt).

Nach dem Studium war er fünf Jahre lang Geschäftsführer in drei großen deutschen Verlagen. 1975 gründete er einen eigenen Verlag und ein betriebswirtschaftliches Beratungsbüro. Bis heute sind in diesem Verlag weit über 100 Publikationen, vorwiegend über Luftfahrt-Themen, erschienen.

Daneben werden seit 1975 im Beratungsbereich des Verlages Wirtschaftlichkeitsanalysen über ein- und zweimotorige Privat- und Geschäftsreiseflugzeuge erstellt.

Neben diesem Know-How über die betriebswirtschaftlichen Aspekte in der Luftfahrt stehen die praktischen Erfahrungen aus ca. 3.500 VFR- und IFR-Flugstunden als Pilot und Co-Pilot seit 1973.

Vor diesem Hintergrund ist das vorliegende Handbuch entstanden.

Bisherige Veröffentlichungen des Autors im Motorbuch Verlag:

Einmotorige Flugzeuge
Bilder, Daten, Kosten (1976 und 1978)

Ein- und zweimotorige Flugzeuge
Bilder, Daten, Kosten (1980, 1991, 1993)

Flugzeuginstrumente
Typen, Technik, Funktion (1992)

Handbuch der Satelliten-Navigation
GPS - Technik, Geräte, Anwendung (1993)

Luftfahrtberufe
Voraussetzungen, Ausbildung, Perspektiven (1994)

Internationale Flughäfen Europas
Pläne - Daten - Fakten (1995)

Wetter
Privatpiloten-Bibliothek, Band 6, (1996)

Sprechfunkzeugnisse für VFR-Piloten
Privatpiloten-Bibliothek, Band 7, (1997)

GPS für Piloten
Privatpiloten-Bibliothek, Band 8, (1997)

Cockpit-Instrumente
Privatpiloten-Bibliothek, Band 9, (1998)

Internet für Piloten
Privatpiloten-Bibliothek, Band 10, (1998)

Fliegen unter extremen Bedingungen
Privatpiloten-Bibliothek, Band 11, (1999)

Flugmedizin für Piloten und Passagiere
Privatpiloten-Bibliothek, Band 12, (1999)

VFR-Flugplanung und Flugpraxis
Privatpiloten-Bibliothek, Band 13, (2000)

Englisch für Piloten
Privatpiloten-Bibliothek, Band 14, (2000)

CVFR - Handbuch für den kontrollierten Sichtflug
Privatpiloten-Bibliothek, Band 15, (2001)

Flugzeuge kaufen, leasen, chartern
Privatpiloten-Bibliothek, Band 16, (2001)

Abenteuer Luftfahrt

monatlich neu am Kiosk

FLUG REVUE zeigt Ihnen monatlich die ganze Welt der Militär- und Zivil-Luftfahrt mit den Top-News, aktuellen Hintergrundberichten und Reportagen über Raumfahrt, Luftfahrt-Wirtschaft und Technik. Dazu Portraits legendärer historischer Flugzeuge plus Tipps und Infos für Modellbauer.

http://www.flug-revue.rotor.com

Europas große Luft- und Raumfahrt-Zeitschrift

Sparen Sie beim **FLUG REVUE**-Abo – gleich bestellen beim
FLUG REVUE Abo-Service, Postfach 103455, 70029 Stuttgart
Tel. 0711/182-2576, Fax 0711/182-2550
E-Mail abo-service@motor-presse-stuttgart.de